공감의 윤리학

공감의 윤리학

엄현옥 문학평론집

수필과비평사

작가의 말

우리는 누구나 자기만의 삶을 살아갑니다. 고유한 기억과 상처, 기쁨, 언어를 품고 말이지요. 가끔은 다른 삶들이, 문득 마주 보며 연결되는 순간이 있습니다. 그 찰나의 감응이 나에게는 평론 쓰기의 출발점이었습니다.

수필은 나의 내면을 들여다보는 창이자, 타인의 삶에 조심스레 다가가는 문입니다. 사소한 일상 속에서도 우리는 수없이 감정을 주고받고, 흔들리며 살아갑니다. 그 흐릿한 감정의 결들을 조심스럽게 어루만지다 보면, 결국 그 끝에는 늘 '타인을 이해하려는 나'가 있었습니다. 이 책에 담긴 평론은 타인의 세계를 쉽게 판단하거나 소비하지 않기 위해, 내 안의 속도부터 늦추려는 시도입니다. 우리가 서로를 너무 쉽게 지나치지 않기를 바라는 마음도 담겨있습니다.

수필을 텍스트로 한 평론 작업은 작가의 글을 나의 언어로 되새김질하는 일입니다. 어떤 문장은 아프도록 정직했고, 어떤 문장은 무거운 질문을 던졌습니다. 그 작품들을 읽으며 나는 자주 멈춰 섰고, 말보다 마음이 먼저 움직였습니다. 평론이란, 결국 텍스트 너머의 사람을 향해 다가가는 시선이 아닐까 생각합니다. 그들의 문장은 나에게 사유의 자극이었고, 때로는 하나의 거울이 되어 주었습니다. 나는 그 안에서 질문을 얻었고, 그 질문에 응답하듯 썼습니다. 그렇게 서로의 언어가 만나며 《공감의 윤리학》이라는 이름 아래, 조용한 대화가 시작되었습니다.

《공감의 윤리학》은 수필과 평론 사이에서 천천히 걸어온 사유의 발자국입니다. 수필을 읽고 평론을 쓰는 과정은 '이해'보다는 '공감'에 가까웠습니다. 작가의 삶, 문장, 행간의 침묵에까지 마음을 기울이는 일이야말로 문학을 통해 배울 수 있는 윤리의 방식이 아닐까 생각해 봅니다.

《엄현옥의 영화읽기》(2019), 《통찰과 사유의 시선》(2021)에 이어 세 번째 평론집을 상재합니다. 지난 5년 간 《수필과비평》에 연재한 월평만으로 묶은 이 책은, 귀한 지면을 할애해 주신 '수필과비평사'와 유인실 주간님, 귀한 작품들을 나눠 주신 작가 덕분에 나오게 되었습니다. 글을 쓸 수 있도록 일상의 자리를 지켜준 가족과, 묵묵히 읽어준 독자 여러분, 감사합니다.

2025년 초여름에
엄현옥

차례

작가의 말

제1부

01 '호모나렌스Homo narrans'로서의 화자   10

02 작가의 상상력   23

03 '관찰자'로서의 작가   35

04 자아의 본질에 이르는 몇 가지 방식   48

05 수필의 서두와 결미 톺아보기   62

제2부

01 공감의 윤리학   80

02 욕망Desire의 속성   96

03 대상의 본질과 문학적 형상화   110

04 죽음을 통한 삶의 성찰   124

05 수필에서의 연상작용   137

제3부	01 작가로서의 자각	154
	02 주제의식의 구체화와 의미화	170
	03 유비類比 구조와 다층적 연상	183
	04 작은 것에 머문 작가의 시선	197
	05 일상에서 발아된 수필의 모티브	212

제4부	01 제재와 주제의 상관성	230
	02 수필 속의 가족 서사	247
	03 시점 변용의 허용과 한계	262
	04 자기 성찰 도구로써의 문학	279
	05 병든 사회의 그늘을 읽는 작가의 독법讀法	292

수록작가 색인　　　　　　　　　　　　　　　　　　308

제1부

01 '호모나렌스Homo narrans'로서의 화자
02 작가의 상상력
03 '관찰자'로서의 작가
04 자아의 본질에 이르는 몇 가지 방식
05 수필의 서두와 결미 톺아보기

01 '호모나렌스Homo narrans'로서의 화자

끊임없이 이야기를 향유하고 창작하고자 하는 욕구를 가진 존재인 인간은, 이야기를 통해 세계와 조화를 이루어 나간다. 인간의 삶은 이야기와 연관되어 있으며, 서사는 인간 존재의 본질이다. 나아가 인간은 이야기를 통해 유한한 삶을 극복하려 한다. 오늘날 미디어의 변화에 의해 소통의 양식이 다양한 형태로 발달해 왔으나 이야기의 강력한 잠재력은 여전하다. 상대방의 감정과 상상력을 자극하여 깊은 이해와 공감을 이끌어내는 스토리텔링storytelling이 쉽게 와 닿는 이유이기도 하다. 스토리텔링은 정보의 전달 도구인 문장을 의사소통의 기능에 앞서, 자신의 감정을 적절히 표현하고 상대방의 감정을 수용하는 과정에서 공감을 불러오는 어휘 능력이다.

'이야기하는 사람'을 의미하는 '호모나랜스Homo narrans'는 영어의 '스토리텔러storyteller'에 해당하는 라틴어이다. 미국의 영문학 교수인 존 닐John D. Niles은 그의 저서 《호모나랜스Homo Narrans》

(1999)에서 "인간은 이야기하려는 본능이 있고, 이야기를 통해 사회를 이해한다."고 했다. 여기에서의 호모나랜스는 정보에 대한 사실적 전달이 아닌, 개인적이고 주관적인 이야기를 나누는 사람을 의미한다.

대부분의 수필 속 화자話者는 특정한 경험이나 자신의 사유를 독자에게 생생한 이야기로 설득력 있게 전달하려는 욕망이 있다. 화자는 작품 안에서 정보를 단순히 전달하는 것이 아니라 전달하고자 하는 정보를 쉽게 이해시키고, 기억하게 하며, 정서적 몰입과 공감을 이끌어내는 특성을 가진 스토리텔러다. 이야기는 어떤 논리적인 설득보다도 사람의 마음을 움직이는 힘이 강력하기 때문이다.

인간 존재에 대한 관심에서 비롯된 이야기에는 인생에 대한 해석이 담겨있다. 인간은 자신이 처한 세계와 인생에 대한 보편적 의문을 품고 살아가기 마련이며, 이에 대한 해답을 얻고자 자기 나름의 방식으로 탐구한다. 제 279호에 수록된 작품 중 호모나랜스의 역할에 충실한 화자가 풀어놓은 이야기는 수동적 전달을 넘어 적극적 소통을 통해 이야기를 전달하려는 욕구가 강하다는 점에서 주목된다.

배혜숙의 중편수필 〈지국총 지국총 어사와〉에는 윤선도의 발자취를 따라가 본 보길도 여행담이 담겨있다. 화자는 학창시절 윤선도의 〈오우가〉를 외우며 가슴 뛰었고 그의 작품 〈만흥〉의 탐미적 언어에 심취되었기에 조선 시가문학의 현장을 찾는다는 설렘이 컸다. 그러나 여행의 테마는 작가의 예상을 뒤엎은 '보길도에서 부동산의 귀재 윤선도를 배우다' 였다.

윤선도는 해남에서 병자호란의 소식을 듣고 강화도에 도착하였으나, 인조는 이미 남한산성에서 청나라에게 굴욕적으로 항복한 후였다. 이에 고산은 세상을 버리고 제주도로 가는 길에 보길도의 경치에 취하여 그곳에 머물게 되었다. 보길도 원림은 그가 여생은 보낸 곳으로 〈어부사시사〉 등 주옥같은 한시를 남겼으며 문화재로 지정되었다.

작가가 당일 코스로는 어림없는 보길도를 찾았을 때 과학적 설계가 뛰어난 세연정의 굴뚝 다리에 놀란다. 연꽃이 만개한 듯한 지형에 자신만의 낙원을 세우고 부용동이라 명명했으니 여행의 길라잡이인 젊은 공학도가 '부동산의 귀재' 운운했던 것에 그제서야 공감한다.

그날의 뱃놀이를 재연하려는 듯 일행의 소리가 높아지고 분위기가 고조된다. 작가는 〈어부사시사〉가 비발디 〈사계〉보다 못할게 뭐냐는 일행의 항변에 동조하며, 고산이 거문고를 타며 노래하는 상상에 빠진다. 한때 조선의 과학자 홍대용을 사모했던 작가이기에 그를 최고의 거문고 연주자이자 절대음감을 소유한 탁월한 음악인으로 기억한다. 조선시대의 실학자들도 풍류를 한가락씩 곁들이며 자신의 분야에 매진했던 이들이 아닌가.

여러 분야의 전문가로 보이는 일행 중 한 분은 '지국총 지국총 어사와'라는 아름답고 독특한 의성어를 무심하게 후렴구로 걸친 고산과 그것을 예외 없이 기억하는 현대인을 생각하면 신명이 난다고 했다. 작가도 마음을 연다.

분위기에 취해 나도 고백을 하고 맙니다. 우주와 생명에 관한 통찰이 없더라도, 동천석실 같은 방 한 칸은 욕심이 납디다. 아슬아슬한 절벽에 앉은 그곳이 윤선도가 바라는 이상향이 아니었을까요? 정계에 나가 주류가 될 수 없다면 신선이라도 되어야지요. 부용동이 한눈에 내려다 보이는 그 방은 사색과 명상을 하기엔 더없이 좋은 공간이더군요. 높은 곳을 탐낸다면 거문고를 제대로 탈 줄 알아야 한다고, 그러니 어림없다고 친구가 충고를 합니다. 부끄러워 얼른 욕심을 털어냅니다. (중략)
한 잔 술에 취한 남자가 조선판 사계 어부사시사를 맛깔나게 부릅니다. 정가인 시조창이라고 하는군요. 피아졸라의 〈사계〉를 들을 때처럼 건듯 심장이 뜁니다.

— 배혜숙의 〈지국총 지국총 어사와〉에서

작가가 탐낸 동천석실은 세상의 명리를 떠나 자신만의 삶을 향유하기에 적절하다고 여겼던 정자다. 그곳은 주자학에서 신선이 산다는 선계 세상으로 부용동을 한눈에 굽어 볼 수 있어 부용동에서도 절경이라 꼽히는 곳이다. 고산의 휴식과 독서 공간이었던 석실 앞에는 도르래를 걸었다는 용두암과 차를 끓여 마신 차바위가 남아있다.

고산의 외로움이 명석함과 예지력에 있음을 간파한 일행은, 답사로도 채우지 못한 외로움을 "지국총 지국총 어사와~"를 읊는 것으로 대신한다. '지국총 지국총 어사와'는 어부들 노 젓는 소리를 한자음으로 표시한 어부사시사의 후렴구로, 민초들의 고통도 담겨있어 일견 애처로운 여운이 남는다.

현장감 넘치는 기행의 형식으로 펼친 〈지국총 지국총 어사와〉는 불시로 넘나드는 위트와 진지함, 논리적이고 구조화된 스토리텔링 속에 섬세한 감성이 담겨있다. 윤선도와 보길도에 관한 풍부한 소재와 넓은 범위에서 다루어진 그의 삶을 회상하는 문체의 자유분방함은 후일담을 들려주는 구어체로 독자를 흡인한다.

　이 글을 이끌어나가는 배혜숙의 스토리텔링은 요긴한 선물로 채워진 실속있는 선물세트를 보는 듯하다. 다양한 소재를 적절한 언어로 짜임새 있게 직조하되 나름의 읽는 재미와 작가 개인의 취향을 짐작케 한다.

　특유의 스토리텔링을 구사한 또 한편의 중편수필을 만나보자. 강향숙의 〈당신이 머무는 곳〉에는 자신의 삶에서 큰 비중을 차지한 특정 지역에 대한 토포필리아Topophilia가 담겨있다. 그곳에 정착하기까지의 과정과 작가에게 영향을 미친 골목 사람들에 대한 묘사가 생생하다. 더불어 지역 공동체와 문화 등의 상호작용이 담긴 인문지리학의 개념으로 시공을 가로질러 그것들과 어떤 관계들을 맺게 되는지를 보여준다. 강향숙의 스토리텔링은 자신의 경험과 지식을 공유하고 공동화하는데 기여한다.

　작가는 학창시절 국어 선생님의 첫사랑 이야기에 등장했던 복숭아의 고장 '소사'로 서두를 연다. 부천으로 지명이 바뀐 '소사'에는 그 남자의 집이 있었다. 실속 없이 큰 규모였던 그의 어머니의 2층 집은 한기가 서렸다.

　처음 방문하던 날의 지리적 묘사는 지역의 변천사를 짐작할 수 있을 정도로 섬세하다. 주인보다 세입자가 많았던 골목 풍경은 《응답하라, 1988》이라는 연작 드라마를 방불케 한다.

집집마다 아이가 태어났다. 새댁들은 밖으로만 나가려는 아이들을 데리고 길 한쪽에 돗자리를 펴고 앉았다. 종일 웃음소리와 울음소리가 왁자했다. 그 대열에 끼지 못한 나는 커튼 뒤에서 아래를 내려다보았다. 삼 년이 지나도 태기가 없던 나는 떼를 쓰며 우는 아이 엉덩짝을 두들겨 패는 새댁이 부러워 죽을 지경이었다. 간혹 열린 현관문으로 무리에서 빠져나온 아이가 엉금엉금 계단을 기어올랐다. 나는 후다닥 뛰어 내려가 아이의 말캉한 몸에 코를 박고 살 냄새를 맡았다.

시샘 때문이었을까. 담장에 장미꽃이 흐드러지게 피던 계절에 나도 엄마가 되었다. 엄마가 된다는 건 부른 배 만큼이나 품이 넓어지는 일인지. 그 이름만으로도 충만했다. 하루라도 빨리 새댁들 속에 끼고 싶어 안달이 날 지경인데 시간은 달팽이처럼 느리게 갔다. 기미가 앉은 얼굴을 창밖으로 내밀고 나갈 날을 기다렸다. 조리기간이 끝나기 무섭게 고개를 가누지 못하는 아기를 받쳐 들고 새댁들이 모인 자리를 기웃댔다. 그도 모자라 유모차를 끌고 길이 난 곳은 어디든 쑤시고 다녔다. 골목 지도를 그릴 수 있을 만치 동네가 익숙해졌다. 사람들과도 눈을 맞추기 시작했다.

— 강향숙의 〈당신이 머무는 곳〉에서

작가가 부천에 뿌리내리기 위한 안간힘의 결실인 듯 그제서야 복숭아밭이 눈에 들어왔다. 그 무렵 골목의 새댁 부대들에게는 아파트를 향한 대이동이 시작되던 시기였다. 골목 사람들이 떠난 후에야 주택의 재산가치에 대해 안일했던 자신을 탓하며 뒤늦게 신도시로 이주한다.

단독주택의 땅 맛을 알아버린 작가는 회색 공간에 갇힌 조바심을, 지역에 정착하기 위한 행동으로 헤쳐 나간다. 탈출하리라 생각했던 지역에서 벽을 허물고 사람들과 소통하기 위한 진취적인 행보로 지역신문 창간을 주도한다. 도시 구성원으로서 지역에 안주하거나 매너리즘에 빠지지 않고 지역에 대해 끊임없이 대화하며 도시의 정체성 확립을 위해 노력한다.

작가가 39년째 살고 있는 부천은 유네스코가 지정한 문학창의도시라는 자랑스런 예명을 얻었다. 복숭아밭 추억담에서 시작된 부천과의 인연은 우연이 아닌 셈이었다. 결미에 던진 "당신이 우연히 머물게 된 곳은 어디인가요?"라는 화자의 질문은 각자의 삶의 터에 무심코 안주한 이들에게 사회적 포용력을 키우는 보편적인 화두로 들린다.

부천이라는 특정지역에 정주하게 된 자신만의 연대기를 연결성과 완결성으로 끌어간 작가의 스토리텔링은 문화적, 사회적 연결망을 통해 보편적 공감을 불러온다. 부천에 대한 일반적인 선입견은 근거 없는 부정적 이미지로 연상되기도 하지만, 수도권의 중심 도시로써 과거와 현대가 어우러지는 특색 있는 문화 도시로 도약했다.

작가는 역사와 혁신이 공존하는 부천이라는 도시에서 수동적 구성원이 아닌 튼실하게 뿌리내린 실한 나무로 성장했다. 사람과 장소 또는 배경의 정서적 유대는 인간의 삶에서 그 의미가 크다. 특유의 정체성을 가진 부천만의 도시 미학을 피력한 〈당신이 머무는 곳〉의 스토리텔링은 자신의 경험을 해석하는데 머무르지 않고 독자와 공유하는 수단으로 기능한다. 나아가 작가가 풀어놓은 이야기를 통해 다양한 관점에서 세상을 바라보고 조화를 이루며 살아가는 인간의 발자취에 동참하게 한다. 수필에서의 좋은 이야기는 행복한 삶에 대한 의미있는 물음을 놓치지 않는다.

김잠출의 〈반구천盤龜川에서〉는 1645년 함북 회령의 국경수비대에서 조선시대 명사들의 활쏘기 시합 장면에서 시작된다. 우리 편 병사들이 청나라 군사들을 제치고 명중 퍼레이드를 벌였다는 이 기록은 울산에 살았던 박계숙 부자의 종군기록인 부북일기赴北日記를 토대로 한다. 작가에 의하면 우리 민족이 활의 명수였다는 사실은 '반구천 암각화'에서 기인한다. 시대를 거슬러 작가의 스토리텔링을 따라가 보자.

천전리와 반구대의 암각화 중 활쏘기 그림은 이곳이 신성한 장소임을 증명할 뿐 아니라 고구려 고분벽화의 활쏘기 그림이 시원이라는 기존 학설을 뒤엎는다. 우리 민족의 활쏘기 역사는 반구천에 남은 그림으로 7,000여 년 전까지 끌어올릴 수 있게 됐다.

우리 민족은 '최종 병기 활', '동이족'이란 말이 회자할 정도로 활을 즐겨 사용했고 다루는데 명수였다. 중국이 우리 민족을 동이족(東夷, 활 쏘는 민족)이라 칭한 것은 東夷 즉 동쪽의 큰 활을 다루는 민족이란 뜻이란 설이 있다. (夷는 큰 大 활 弓) 이성계는 한족을 벌벌 떨게 한 신궁이었고 세종대왕의 신기전은 다연발 로켓포로 현대의 미사일 '천궁'으로 맥을 이었다. 우리 민족의 피에는 활의 전통이 흐르고 반구천 활 그림이 최초의 활쏘기 기록이다. 한민족 활 DNA의 기원은 '울산, 울산인', '반구천의 암각화'이다.

— 김잠출의 〈반구천盤龜川에서〉에서

    위의 인용문에서와 같이 믿을 만한 우리 민족의 신궁설에 이어 작가는 1,500년 전으로 독자를 인도한다. 울산시 울주군 천전리 계곡으로, 신라 왕족과 관리, 승려, 화랑 등이 즐겨 찾았다는 곳이다. 계곡의 절경은 당시 신라의 사랑꾼에게도 솔깃한 장소였으리라. 당시 권력자인 갈문왕과 누이 우매가 밀월여행을 다녀갔으나 그들의 사랑은 오래가지 못했다. 인류 역사가 기록으로 완성되듯 신라 왕실의 러브스토리는, 공룡들의 발자국이 선명하던 신성한 공간의 바윗돌에 새겨져 있다.

    화자의 스토리텔링에 의해 천전리 계곡을 넘나들던 러브스토리는 신라 왕족의 맛깔스러운 야사野史로 독자에게 전해진다. 인류 문명의 원천이 이야기이듯이 작가가 현장을 취재한 듯한 실감나는 신라 왕실의 역사를 독자에게 전하는 방식도 이야기이다.

    작가는 왕실의 로맨스가 이루어지지 못한 이유를 독자의 상상에 넘긴다. 〈반구천盤龜川에서〉의 화자는 인간의 이야기하려는 본능과 이야기로 사회를 이해하는 존재임을 직시한다. 나아가 독자는 자신의 경험을 넘어서 세상을 이해하고 작가는 역사의 현장을 되돌리기 위해 자신만의 이야기를 새긴다.

    유영희의 〈트루먼의 인사〉는 영화 《트루먼 쇼》를 소재로 한다. 트루먼은 자신이 살고 있는 세계가 철저히 연출된 가상의 세상임을 모르고 살아가는 반면, 그의 일상과 성장 과정은 전 세계 사람들에게 방송된다. 영화 속 주인공의 이름은 아이러니하게도 '진짜 사람 true man'이라는 의미가 담긴 트루먼이다. 한 인간의 성장에 담긴 진실을 보여준다던 제작의도와는 달리 트루먼 쇼는 제작자에 의해 짜인 각본대로 흘러간 것이다. 사람들은 30년 동안 자신들이 바라던 진실과 정반대인 연출된 방송에 열광한 셈이다.

영화든 소설이든 근본은 모두 사람의 이야기이다. 남들은 어떻게 살까하는 궁금증이 지나치면 관음증이라는 병명의 증상에 이르기도 하지만, 타인에 대한 호기심을 이용하는 TV프로그램이 요사이 많다.(중략)
우리는 영화〈트루먼 쇼〉속의 시청자이기도 하고 또 영화 화면 밖의 구경꾼이기도 하지만, 또 누군가에 의해 관찰되는 트루먼이기도 하다. 사람 사는 세상의 기본 도덕률도 타인의 시선을 의식하는 것이 그 출발점이다. 자연의 절대자이거나 종교적인 가치에 의해 우리는 관찰되고 있다고 믿는 것이 인간이 선악을 행할 때의 기초적인 개념이다. '남의 눈이 두려워' 대부분의 사람들은 염치와 체면을 생각하며 윤리와 도덕에 어긋나지 않게 살려고 노력한다. 어떤 부류는 보편적인 양심의 잣대로 가늠하기 어려운 경우가 있다. 그러나 그들은 그것을 인지하지 못한다. 아니면 목적달성을 위하여 그 가치는 일부러 묵살하고 있는지도 모른다.

- 유영희의 〈트루먼의 인사〉에서

트루먼은 외부의 시선에 의해 규정되었던 현실을 벗어나, 자신을 찾으려는 본능적인 욕구에 의해 자유를 추구한다. 이는 인간이 이야기를 통해 자아를 발견하고, 다른 사람들과의 관계 속에서 자신을 형성하는 호모나랜스임을 입증한다.

영화에서 트루먼은 자신의 삶이 다른 사람들의 연기와 관찰 속에서 만들어졌음을 깨닫고, 진정한 자아와 자유를 찾으려 한다. 이는 인간이 내면의 진정성을 찾고, 스스로 자신의 이야기를 써 나가려는 욕망과 일치한다. 인간은 결국 트루먼처럼 타인의 시선 속에서 자신을 형성하면서도, 동시에 자신만의 이야기를 찾아 나가는 존재다.

화자는 결미에서 영화 속 트루먼이 아닌 우리도 살아가면서 서로에게 구경꾼이 되고 자신의 역할이 상대의 관점에 따라 바뀔 수도 있음을 간파한다. 구경꾼의 시선에서 벗어난 트루먼의 단순한 저녁 인사는 평범함의 축복과 진정한 자아를 찾은 이의 진정성이 담겨있다.

최미아의 〈부록 같은 가을날〉에서는 어제가 오늘과 다르지 않은 반전 없는 일상에서 만난 별책부록 같은 에피소드가 펼쳐진다. 화자는 오십견 증상을 치료하기 위해 한의원을 찾았으나 한의사의 과다한 진료 욕구가 부담스러워 병원을 옮긴다.

조카의 소개로 찾아간 병원은 교통이 번거로웠으나 치료를 위해서라면 발품이 대수랴. 그곳에서 만난 의사는 예상 외로 젊었으며 신뢰감이 갔다. 셔츠를 걷어 올린 팔꿈치도 키보드에서 움직이는 손가락에도 눈길이 갔다. 침대에 엎드려 열여덟 번의 주사를 맞았다.

의사에게는 가급적 고상하게 보여야만 했기에, 속옷에 신경 쓰고 향수를 뿌린 작가, 주사를 맞을 때는 힘을 빼야 한다는 말에 긴장감 속에서도 글에서도 힘을 빼야함을 상기하는 작가, 치료 과정에서 지난 주에 뭘 했느냐는 물음에 살림했다고 답했으나 글을 쓰느라 컴퓨터 앞에 오래 앉아 있었다고 답하지 못한 것을 금새 후회하는 작가…. 〈부록 같은 가을날〉은 구성의 평면성을 극복하기 위한 입체적 구성 전략으로 경험적 서사와 내면의 심리적 파편들을 치밀하게 배치했다.

진료 과정에서 몸이 포개지듯 가까워지자 "창밖 단풍잎들만 보는데 어쩌랴."라는 너스레까지 등장한다. 분위기가 야릇한 색채로 치닫는 그 때 뜻밖의 사태가 발생한다.

> 그런데 이게 무슨 냄새일까. 담배 냄새도 아니고, 컴퓨터 옆에 놓여 있는 커피 냄새도 아니고, 오랜만에 뿌린 내 향수 냄새인가. 낙엽 썩는 냄새 같은. 그것은 그 남자의 구취口臭였다. 세 달은 아직 안 되었고, 내 팔은 아직 올라가지 않는데 어쩌나. 반전 없는 본문 같은 일상에서 부피는 얇으나 산뜻한 부록 같은 날들이었는데. 짧은 가을날이 끝나려나. 그 때문이었을까. 그날 거리는 온통 뒹구는 낙엽 천지였다.
> 그날 밤, 남편에게 반창고를 떼어달라고 등을 내밀었다. 남편은 반창고를 다 떼고 나서 등을 살짝 때리면서 "보리 서 말은 너끈히 갈겠네."했다. 등짝 넓다고 남편이 하는 농담이다. 들을 때마다 뾰족한 말로 응수했는데 그날은 그 말까지 부드럽게 들렸다.
> — 최미아의 〈부록 같은 가을날〉에서

〈부록 같은 가을날〉의 특성은 화소의 배치와 운용이다. 여 한의사의 부담스러운 진료방식을 피해 찾아간 병원의 인상 좋은 의사는 주사를 놓으며 힘을 빼야 덜 아프다고 한다. 그 와중에도 "주사고 글이고 힘을 빼야한다는 사실을 상기한다거나, 의사와 몸이 밀착된 진료 중에도 창밖 나뭇잎만 그 광경을 보았으니 다행이라며 스토리텔링에 공을 들인다. 결미에서 의사의 고약한 구취口臭로 인해, 그간의 환상과 지루한 본문이 아닌 부록 같은 시간이 한 순간에 물거품이 되었다. 집에서 반창고를 떼어주는 남편이 작가의 넓은 등을 보며 던진 "보리서 말은 너끈히 갈겠네."라는 놀림도 기껍다.

  인간은 개별적으로나 사회적으로 스토리텔링하는 이야기꾼이 될 수 있다. 〈부록 같은 가을날〉에서 작가가 직접 체험에서 건져 올린 위트 있는 언어 구사는 문학적 촉수를 일상에서 장전하고 있음을 의미한다. 작가가 구사한 스토리텔링은 지극히 개인적인 에피소드지만 진솔함으로 인해 공감의 진동이 확장된다.

  이야기는 인간 실존의 조건이다. 인류가 등장하는 신화와 전설 등 인류 문명의 원천이 바로 이야기였다는 사실은 인간이 오랜 옛날부터 세상을 이야기로 이해했음을 의미한다. 이야기는 화자를 납득시키고 인간을 이해하는 힘이 있다는 뜻이다.

  위에서 살펴본 작품들은 있는 사실을 그대로 전달하기보다는 화자의 관점으로 재구성하여 독자와 적극적으로 소통한다. 일정한 형식과 규칙에 얽매이지 않고 자신이 포착한 화소에 대해 자신만의 독특한 관점으로 재조명하고 있음을 알 수 있다.

《수필과비평》 2025. 2월호

02 작가의 상상력

　작가는 작품 속에서 미적 체험과 존재의 전환을 경험하게 해주는 장치로 상상력을 동원한다. 과학자의 상상력은 같은 데이터나 동일한 현상에서 기발한 발상으로 새로운 결론을 도출해내는 능력일 것이다. 수필가에게 상상력은 기억을 재구성하는 과정에서 작가의 해석에 동력을 부여하는 윤활유다. 다양한 문화와 예술의 근본을 이루는 상상력은 정도의 차이가 있을지라도, 인간의 모든 행동과 인식은 결코 상상력의 범위를 벗어나지 못한다.

　상상력想像力, immagination의 어원은 라틴어 imaginatio에서 유래한다. 실제로 경험하지 않은 현상이나 사물에 대하여 마음 속으로 그려 보는 능력인 상상력은, 감각을 중심으로 다양한 체험 요소들을 수렴하여 새로운 가치를 창조한다. 상상력은 일반적인 이성적 정신 활동과는 달리, 현실의 시간과 공간을 초월한 환상적인 경험을 가능하게 해준다.

프랑스의 철학자 바슐라르Gaston Bachelard는 상상력을 "인간의 마음 깊은 곳에 자리한 보편성을 지향하는 이미지의 원형이 있는데, 상상력은 이 원형을 향해가는 정신의 자체적인 힘"이라고 했다. 작가는 현존하지 않는 것들을 관념적 이미지를 통해 의식 속에서 재현하고 표상하는 상상력을 발휘한다. 작가의 경험을 토대로 한 정서를 의미화하는 수필 장르에서 상상력은 수필이 넘어야 할 언덕이다. 따라서 상상력은 작가에게 필요한 중요한 요소다.

여기에서는 체험한 사실과 사유를 연결하는 의식적 장치로써의 상상력을 작동한 작품들을 눈여겨 보았다. 작품 속의 화소話素를 하나의 의미체로 수렴하여 기억을 재구성하는 상상력이 담긴 작품 속으로 들어가 보자.

제은숙의 〈쓴다〉는 현상에 대한 상상력이 극대화된 수필이다. 작가는 산길에 남겨진 빗자루를 발견하고 그곳을 쓸었을 누군가를 떠올린다. 그동안 무심코 걸었던 길과 일부러 쓸어놓은 길은 다른 의미로 다가온다. 누군가가 타인을 위해 선행을 베푼 것이다. 누가 산을 쓸었을까.

그를 상상해 보았다. 낙엽이 쉴 새 없이 떨어지는 늦가을부터 연일 쓸었을 테니 산불 관리인임에 틀림없다. 적적하던 차에 시간을 때울 겸 시작했을 것이다. 겨울 부업인지도 모른다. 산을 오를 때 빨간 모자를 쓰고 인사를 건네는 남자가 있었는데 만나면 물어보리라. 그가 아니라면 누군가 몰래 선행을 베풀었는지도 모른다. 자주 비질이 되었으니 인근 주민으로 짐작되고 외진 시간에 혼자 오르기가 꺼려지지 않는다면 남자로 여겨지며 새벽이나 저녁 시간을 낼 수 있다는 점으로 미루어 보아 노인일 가능성이 크다. 생각을 끼워 맞추는 동안 딱따구리만이 인적 드문 계절을 딱딱 쪼아 댔다.

— 제은숙의 〈쓴다〉에서

산길을 쓴 이의 정체에 대한 작가의 상상력은 날개를 단다. 빗자루를 들고 쓰는 일의 수고로움은 이타적인 행동이다. 산길을 쓸고 간 누군가의 노고를 떠올리며, 비질이 그의 번민을 떨쳐내는 고행이자 그를 살게 하는 이유일지도 모른다는 상상을 한다.

이어서 우연히 들어선 작가의 길을 연상한다. 미처 정리되지 않은 감정과 마무리하지 못한 시간들을 써내려가는 작가는 쓰는 일의 어려움을 절감한다. 작가가 정체불명의 누군가의 노고를 가볍게 보아 넘길 수 없는 것은, 자신의 작업인 쓰기의 고뇌를 절감하기 때문이다. 등산로 초입을 쓰는 누군가가 비로 쓸어 길을 만들었듯, 작가가 수필을 쓰는 일도 자신만의 길을 내는 작업이기 때문이다. 좌절에서 헤어나지 못할 때에 삶의 명분을 안겨준 것은 쓰는 작업이었다.

산을 쓰는 익명의 그와, 글을 쓰는 작가는 무언가를 '쓴다'는 소실점에서 만난다. 그가 쓸고 간 등산로와 허물어지며 좌절했던 자신의 글쓰기 작업은 경험의 서술에서 끝나지 않고 재구성된다. 평면적 인식이 입체적 인식으로 전화하는 시점에서 작가의 상상은 객관적 분석을 통해 현실감 있게 다가온다. 작가는 산길을 쓰는 행위와 고난의 행군과 같은 글쓰는 작업과의 중의적인 의미를 화폭의 원근법인

양 입체적으로 배치한다. 〈쓴다〉에서는 자신의 신변 잡기나 서정성에 함몰된 수필에서는 느낄 수 없는, 대상 간의 합리적 배치로 인한 입체감이 드러난다.

> 바람이 몹시 불었던 날부터 산길이 어수선하다. 길 쓰는 이는 어디로 갔는지 흩어진 솔잎과 삭정이가 한동안 그대로였다. 쓸어놓은 낙엽더미는 푹신하게 부풀어 봄꽃을 피우는데 그는 자취를 감추었다. 그가 쥐었을 빗자루도 보이지 않는다. 길의 경계가 흐릿해지던 어느 날 불현 듯 깨달았다. 길은 언제든 사라질 수 있다는 사실을. 빗자루를 찾게 되면 쓸어보리라. 쓰는 사람이 되어 쓸어서 길을 여는 사람이 되어보리라. 겨우내 발 앞을 쓸어준 이가 가르쳐 주었다. 산을 쓰는 일과 글을 쓰는 일은 다르지 않다고. 나는 여전히 제대로 쓰는 법을 모른 채 산길을 쓴 이가 궁금하기만 하다.
> — 제은숙의 〈쓴다〉에서

어느 날부터 그의 비질 흔적이 보이지 않는다. 그로 인해 낙엽더미는 쌓여가고 길의 경계도 흐릿해졌다. 그의 자취가 사라진 산길에서 작가로서의 소명을 곱씹는 작가는 쓸고 간 누군가의 희생과 글 쓰는 일이 다르지 않음을 느낀다. 문학에서 타인의 상황을 공감할 수 있는 능력도 상상력이다. 작가는 인적 드문 새벽이나 늦은 저녁 홀로 산길을 쓸었을 사람의 외로움에 공감한다. 산길을 쓰는 사람의 자세로 글을 쓰리라는 다짐은 작가로서의 신뢰감을 안겨준다. 수필 〈쓴다〉는 무언가를 '쓴다'는 소재를 단순히 작품 속에 동원하는 데 그치지 않고 문학적 상상력과 결부시켰다. 작가가 의도한 글을 '쓴다'와 등산로를 '쓴다'라는 중의적 표현은 의미 해석에 혼동과 중첩을 가져온다. 이런 시도는 독자와의 소통에 방해가 될 수도 있으나, 작가는 두 가지 상황의 '쓴다'에 대한 성찰적 사유로 본질적 접근에 도달한다. 〈쓴다〉에서 작가의 상상력은 작가로서 자신의 체험과, 행인을 위해 산길을 쓰는 누군가의 선행이 구체화되어 드러난다. 동토에 매몰된 감각과 언어, 설산에 묻은 삶의 파편이 작가에 의해 가지런히 정열될 날을 기대하게 한다.

오순진의 〈은비령을 걷다〉에서 작가가 은비령으로 트레킹을 떠나게 된 것은 이순원의 소설 《은비령》에 끌렸기 때문이다. '신비롭게 감춰진 땅'이라는 뜻의 은비령隱秘嶺은 지도에도 없던 고갯길이었다. 소설 제목으로 부각되는 바람에 공식적인 지명이 되었다는 이유도 호기심을 극대화시켰다.

트레킹 당일, 소설의 이미지 덕분인지 산행 초입에는 설렜다. 그러나 설렘은 잠시였다. 걸음을 더할수록 죽음을 생각할 만큼 육체의 고통이 밀려왔다. 거기에 더해 그곳이 소설 속에서 별을 관측하는 사내가 말하던 2천5백만 년 전 생의 한 주기를 끝냈던 장소일지도 모른다는 상상에 두려움이 몰려왔다.

앞서가던 일행은 간신히 올라온 작가의 모습을 확인하고 나면 또 걸음을 옮겼다. 낙오되었다는 심적 고충과 몸의 고통이 엄습해올 때 낯선 청년이 손을 내민다. 그 와중에서 그의 권유대로 배낭을 벗어준 것은 당연한 행동이었다.

점차 주변을 둘러볼 여유를 찾은 작가의 눈에 소설의 주인공들이 오버랩된다. 제몸 하나 가누기도 힘든 산행에, 자신의 속도를 버리고 생면부지 타인의 배낭을 대신 걸머진 미지의 산객과 보폭을 맞추기는 일은 상식적인 상황은 아니다. 작가의 상상을 날개를 달고 남자가 억겁의 시간 이전에 스친 인연이 아니었을까 생각하며 상상이 꼬리를 문다.

상상력의 본질은 기발한 상황이나 특별한 것을 떠올리는 능력이 아니라, 작가가 직접 경험하지 않았으나 실제처럼 그려내는 능력이다. 〈은비령을 걷다〉에서 오순진은 자신만의 관점으로 남다른 연상을 하면서 그 상황에 집중해 자신을 투영한다. 상상력을 발휘하기 위해 초현실적 사고를 할 필요는 없지만, 자유로운 사고로 가능할 수 없는 과거와 현재를 무제한으로 넘나들며 나와 타인의 관계에 대해 사유하고 몰입한다. 급기야 현실적 자아를 잠시 내려놓고 소설 속으로 들어간다.

> 소설 속 남자는 죽은 친구의 아내를 처음 보는 순간 바람꽃을 닮았다고 생각했다. 부대에서 지뢰를 밟아 공중으로 바람처럼 흩어진 신병의 여자 친구도 바람꽃을 닮았다고 생각했었. 이별의 화신이 된 바람꽃이 억겁의 시간이 흐른 뒤에야 다시 만날 수 있는데 그냥 비껴가겠냐며 나 여기 있다고 속삭이듯 서너 발짝 앞마다 한 송이씩 피어있다. 젊은이는 무슨 사연으로 혼자 이곳에 와서 내게 말없이 친절을 베푸는 것일까? 전생에 우리는 다음 생을 기약하며 서로의 가슴에 별 하나씩을 묻고 헤어졌던 연인이었을까 상상만으로도 가슴이 뛴다.
> — 오순진의 〈은비령을 걷다〉에서

주어진 현실에 상상력에 날개를 달면 풍요롭고 충만하게 살아갈 수 있을 것이다. 인간이 가진 내면성은 온전히 자신의 것이기에, 어떤 경우일지라도 타인이 관여할 수 없다. 상상력을 통해 내면성을 확장할 때, 상상력의 주인은 바로 자신이다. 작가는 인습이나 권위에 복속되지 않는 자유로운 사고를 통한 상상력을 발휘한다.

작가는 결미에 자신이 돌아올 곳은 견고해진 감성이라도 균열을 우려하지 않을 수 없는 가정임을 상기한다. 상상력은 사회 규범 테두리의 것을 넘어 상상력 그 자체만으로 유의미한 정신작용이다.

〈은비령을 걷다〉는 오순진 작가의 자아와 현실이 맞물리는 지점에서 발아한 상상력을 토대로 확신에 찬 언술로 작품을 이끌고 나간다. 상상력은 이미지를 기억하는 정신 기능을 넘어 특정 대상의 원형적 이미지를 짐작해 볼 수 있는 통찰력이다. 오순진에게 〈은비령을 걷다〉속의 상상력의 또 다른 의미는 다른 세상을 꿈꿀 수 있는 권리였다.

박영득의 〈쌍봉 낙타의 눈물〉에서 작가가 어려웠던 중학생 시절 창밖으로 보이던 유달산을 떠올린다. 그 시절 작가가 바라본 유달산은 지치고 힘든 다리를 쉬고자 주저앉은 쌍봉 낙타의 모습이었다.

오랜 시간이 지나 노년기에 찾아온 몽고 여행에서 낙타를 만난다. 여행에서 만난 노쇠한 낙타가 졸린 듯 눈을 감고 해바라기를 하고 있다. 눈에는 눈물자국이 선명하다. 지쳐 울었을 낙타의 모습은 나무 한 그루 풀 한 포기 없던 그 옛날 민둥산이었던 유달산을 불러온다. 다시 눈앞의 낙타에 시선이 머문다. 녀석이 눈물을 흘리는 사연에 대한 작가의 상상력은 꼬리를 물고 이어진다.

이 글에서 박영득의 상상력은 내부에 자리한 유달산이라는 이미지 원형과 낙타라는 외부의 대상 사이에 놓인 가교로 작용한다. 광활한 사막의 주인으로 행세깨나 했을 시절의 낙타를 그려보는 작가의 상상은 시공을 초월하여 확산된다. 녀석의 눈물을 보았기에 슬픔에 동참한다. 쌍봉 낙타는 노을녘 모래사막을 유유히 걸었던 조상들의 장엄한 카라반 행렬을 그리워하고 있는지도 모른다. 비단길을 따라 서역을 향했던 조상들의 삶을 선망하고 있을까.

> 적자생존의 피비린내 나는 정글을 피해 초원과 사막으로 삶의 터전을 옮긴 낙타는 한때 이 넓은 사막에서 주인 행세하며 살았을 것이다. 그렇다고 해와 달과 별과 그리고 모래만을 보고 살아온 순하디 순한 낙타가 다른 동물에게 어찌 텃세나 행세를 부리며 살았을까. 그런데 언젠가부터 간교한 호모 사피엔스들에게 이리 순한 낙타가 강제로 입에 재갈이 물린 채 자유를 빼앗긴 신세가 되었다. 맹수의 공포로부터 자유를 찾아 온 이 낙타에게 또 다시 입에 재갈이 물리는 억압받는 신세가 되었으니 아무리 선한 낙타라 할지라도 어찌 마음이 아프지 않으랴.
>
> — 박영득의 〈쌍봉 낙타의 눈물〉에서

위의 인용문에서처럼 저잣거리에 범람한 자본주의는 사막을 피해 가지 않았다.

점차 설 곳을 잃은 낙타는 언제부턴가 낙타축제라는 미명하에 달리기 경주에 내몰렸다. 관광 상품으로 전락한 것이다. 실크로드를 무대로 교역의 중심에서 맹활약했던 과거는 간데없고, 사막을 찾은 관광객의 문화체험에 동원되었다. 작가 역시 몰이꾼의 안내대로 낙타를 타야했다.

임마누엘 칸트는 상상력이 경험과 이성의 간극을 상상력이 메워준다고 보았다. 그는 《순수이성비판》에서 우리가 본연의 인식틀을 통해서 세상을 바라본다고 주장했는데 이 인식틀이 상상력에 기반한 것이다. 따라서 상상이 인식의 근본인 셈이다. 〈쌍봉 낙타의 눈물〉에서 작가가 쌍봉 낙타의 슬픔에 이입하여 흩어진 과거의 경험을 소환해 자신만의 낙타의 이미지를 구현하기까지 상상력은 필수 조건으로 작용한다. 인간은 공감 능력이 부족한 게 아니라 상상력이 부족한 것은 아니었을까.

최미아의 〈의문의 일패〉는 특유의 스토리텔링으로 이어진다. 작가가 동행한 패키지여행의 멤버는 저마다 개성적인 스타일이 뽐내는 여성들이다. 그들 중 작가의 시선을 유난히 끈 것은 한 여성의 카고팬츠다. 상대방은 알 리 없었겠지만 작가는 매일 그녀의 차림새에 관심을 기울인다. 한 눈에 반한 그녀의 패션은 작가의 상상력을 자극한다.

> 목적지에 내려서 오후 일정을 보내면서도 카고팬츠가 눈앞에 왔다 갔다 했다. 내가 입는다고 같은 맵시가 날 리 없겠지만 자꾸 눈길이 갔다. 일부러 옆에서 걷는 척하면서 훑어보았지만 메이커를 알 수 없었다. 흔히 가슴이나 팔, 등, 지퍼 꼬리에라도 로고가 인증 되어있는데

그 옷은 어디에도 표식이 없었다. 그러고 보니 그녀가 입고 쓰고, 신고 있는 것이 다 그랬다.

— 최미아의 〈의문의 일패〉에서

며칠 간의 일정을 함께했으나 직접 대화를 나눈 적은 없다. 그래서인지 그녀에 대한, 아니 매일매일 바뀌는 그녀의 옷차림의 출처에 대한 상상력은 증폭된다. 차내에서 오며가며 귀동냥해 들은 것이 전부지만 그녀의 성향과 근황까지 파악하게 된다. 그녀가 휴게소에서 유창한 일본어로 커피를 주문하자, 자신도 귀국하면 '고레에다 히로카즈' 감독 영화를 열심히 볼까라는 생각도 해본다. 그쯤 되면 스토커 여행자인가.

패션의 출처를 알아내고자 상상력을 동원했으나 직접 찾아내지는 못했다. 함께 여행한 조카에 의해 한순간에 알게 된 그녀의 차림은 머리부터 발끝까지 크리스찬 디올이었다. 증폭된 상상력과 호기심 때문이었을까. 단념도 빨랐다. 진즉 알았더라면 바로 마음을 비웠을 텐데 뒤늦게 알아낸 것이 아쉽기만하다.

그녀에 대한 어떤 단서를 직접 찾아내지는 못했으나, 노력은 헛되지 않았다. 의외의 장면에서 이름표를 발견한 것이다.

여인의 캐리어에 '김O인'이라는 이름표가 붙어있었다. 그녀를 본능적으로 검색해 보았다. 그녀의 이름은 어디에도 나오지 않았다. 이어서 내 이름 석 자를 검색창에 두드렸다. 예서제서 글이 떴다. 무명 수필가가 디올을 이긴 순간이었다. 언젠가 동료 문우가 그랬다. 자신에게는 글이 있으니 명품 가진 사람이 부럽지 않다고…. 속으로 콧방귀를 뀌었다. 그러나 그 순간만큼은 그 말에 급격히 공감했다. 영문도 모른 채 의문의 일패를 당한 그녀의 소매에서는 여전히 새가 오르락내리락하고 있었다.

— 최미아의 〈의문의 일패〉에서

  위의 인용문에서처럼 여행 기간 동안 그녀의 옷차림에 대한 집착과 선망을 키웠으나 반전의 기회를 맞았다. 그녀의 이름을 검색했으나 아무런 자료가 검색되지 않은 것이다. 반사적으로 작가의 이름을 쳐 보니 그동안 썼던 작품들이 줄줄이 올라왔다. 그녀는 작가를 향해 어떤 말이나 행동을 한 적이 없다. 며칠 내내 일방적으로 갖은 상상력을 동원하며 그녀의 패션에서 자유롭지 못했다. 작가는 그동안 홀로 쌓았던 의문의 벽을 한순간에 통쾌하게 부순다. 접할 수 없기에 작가의 상상력은 상대적 허탈감을 안겨주었으리라.
  여기에 반전이 있다. 작가의 상상력은 그쯤에서 멈추었으나, 기발한 상상력 하나로 그녀를 쥐락펴락한 것은 도리어 작가다. 스스로 판정한 결과는 그녀의 패배였으나, 사실 그녀는 무죄였다.
  문학 작품의 소재는 상상력에서 기인한다. 신분제도가 사라진 현대사회에서 명품은 계층 상승감을 넌지시 안겨주는 일종의 신분 증명이다. 〈의문의 일패〉에서 그녀에게 크리스찬 디올은 자신과 타인을 차별화시켜주는 시각적 상징물이지만, 작가는 명품 여부조차 인지하지 못했다. 그녀의 차림이 명품 일색인 것조차 알지 못한 채, 문제의 카고 팬츠에서 시작된 상상력을 키운 작가는 그 옷의 브랜드를 알게 된 즉시 단념한다. 그 이유가 명품 선호에 대한 자신만의 소신 또는 반감인지, 머리부터 발끝까지 명품으로 무장하기엔 버거운 경제력인지 알 수 없다. 그녀로부터 점화된 작가의 예기치 못한 상상은 몰입감과 공감을 높여 준다.

    수필은 작가의 내면을 반영하는 풍경이다. 위에서 살펴본 작품들은 가시적인 현상을 기술하는 데 머무르지 않고 기존의 경험으로 얻어진 심상을 새로운 형태로 재구성하였다. 자신의 내면에 몰입한 작품으로 새로운 수필쓰기의 방식을 모색하는 일은 수필가에게 주어진 사명이다.

《수필과비평》 2024, 8월호

03 '관찰자'로서의 작가

　문학은 인간 존재의 다양한 경험을 탐구하는 과정이다. 작가는 그 과정에서 자신이 관찰하는 대상에 대한 단순한 기록을 넘어, 그것에 대한 독특한 시선과 깊은 성찰을 작품에 담아낸다. 수필에서의 작가는 관찰의 주체로서의 자신과 세계 사이의 인식의 경계를 설정하고 세계를 인식하는 방식을 드러내기 마련이다. 세상과의 관계를 설정하는 관찰자로서의 작가는 세상을 바라보는 자체만으로 고유의 역할을 부여받은 존재라고 할 수 있다.

　수필 작품에서 관찰자인 화자는 현실을 객관적으로 바라보며, 자신의 주관을 토대로 현실을 재구성하는 이중적 임무를 행한다. 작품을 통해 새로운 관점을 제시하거나 세상의 구조를 비추는 거울 역할을 수행하는 작가가 세계를 이해하는 방식에 따라 작품 세계는 달라지기 마련이다.

전미란의 〈에로틱한 창〉은 상가가 훤히 보이는 번화가 아파트에 입성한 작가의 경험을 토대로 펼쳐진다. 이사한 집은 삼면이 유리창으로 다양한 볼거리가 펼쳐져 집안에서도 산책하는 느낌이 들 정도다. 졸지에 수많은 창을 갖게 된 작가는 굳이 의도하지 않아도 세상의 풍경을 스캔하게 된다.

텔레비전의 채널이 바뀌듯 다양하게 보이는 풍경은 식당과 마사지샵, 미용실 등이다. 저마다의 사연을 지닌 행인도 다른 풍경을 수시로 연출한다. 다채롭게 변주되는 풍경에 시선을 주노라면 어딘가로 정처 없이 떠밀리는 느낌이 든다.

어느 날 블라인드를 내리려다 청소년 관람불가 판정을 받을 만한 장면을 목격한다. 침대 위의 남녀가 본격적인 거사를 치르기 위한 도입부에서 작가는 눈을 떼지 못한다. 그 순간 상대 여성이 재빠르게 커튼을 친다. 은밀한 순간 앞에서 상대가 커튼을 닫자 화자는 자신의 존재가 들킨 것처럼 움찔한다. 그녀와 마주친 것처럼 놀란 작가는 어지럼증을 느낀다.

내게 관음의 도화선을 놓았던 창은 아무것도 드러내고 싶지 않다는 듯 열리지 않았다. 창과 내통하고 싶은 은밀한 매복, 얄궂은 나의 엿보기는 예의가 따라오지 않는다. 내안에 무엇이 사적 영역을 탐하게 하는 것일까. 초봄에 보았던 그녀는 벚꽃이 다 떨어질 때까지 나타나지 않았다. 눈 먼 바람만 창을 드나들고 있었다. 창틀에 끼인 호기심에서 나는 벗어나지 못했다.

집집마다 밤이 되면 눈꺼풀처럼 내려앉은 커튼 사이로 희미한 빛이 흘러나왔다. 검게 물든 유리창에 내 모습이 얼비쳤다. "이러면 밖에서 당신이 보이지 않나."라며 남편이 염려스러운 목소리로 말했다. 많은 창을 전유물처럼 여기는 나는 무례한 시선으로 익명의 사람들을 소비하고 있는 건 아닌지.

— 전미란의 〈에로틱한 창〉에서

창밖에서 펼쳐지는 다채로운 풍경의 노예가 되어 타인의 사적 공간을 엿보는 화자의 호기심은 인간의 본능이다. 처음에는 단순한 관찰자로서 창밖을 바라보기 시작했으나, 점차 엿보기라는 쾌락에 빠져든다.

여기에서 간과할 수 없는 것은 화자 스스로 자신의 행위에 대한 불편함을 인지하고 있다는 점이다. 이는 관음증적 행위가 단순한 시각적 탐닉을 넘어 감정적, 심리적 개입까지 수반함을 암시한다. 무례한 시선으로 익명의 사람들을 소비하고 있다는 사실을 자문自問한 점은 호기심에서 벗어나지 못하는 인간의 이중성을 여실히 드러낸다.

창을 통해 타인을 관찰하던 화자가 역설적으로 자신도 누군가에게 감시당할 가능성을 인식하는 순간 관찰자에서 피관찰자의 위치로 이동한다. 이는 타인의 시선이 우리를 객관화하고, 존재의 의미를 변화시킨다고 한 사르트르Jean-Paul Sartre의 '타자의 시선' 개념과 무관하지 않다. 작가는 타인을 몰래 엿보는 입장이었지만, 상대가 커튼을 닫는 순간 자신의 존재가 그들에게 포착되었음을 깨닫게 된 것이다. 관찰하는 자와 관찰당하는 자의 경계가 모호해지는 순간, 자아는 흔들릴 수밖에 없다.

가랑잎처럼 떠밀려 다니며 맴돌거나 흘러가는 창밖 풍경을 보며 작가는 자신의 현 위치에 대해 자문한다. 스스로에게 던지는 본질적인 질문은 여러 개의 창문에서 유동적으로 변하는 풍경과 다양한 타인의 삶의 장면을 통해 자신의 위치를 재정립하는 계기로 작용한다.

결국 창을 통해 타인을 관찰하지만, 자신도 그 창을 통해 노출되고 있다는 깨달음에 이른다. 이는 단순한 관음자voyeur가 아닌, 감시자이자 피감시자가 되는 현대인의 초상을 그려낸다. 〈에로틱한 창〉은 소재에 대한 형상화와 작가의 주관으로 재해석하는 문학적 변용으로 주제에 다가간다. 관찰한 화소에 대한 직접적 서술을 넘어 문학적 심미성에 도달한다.

서순옥의 〈그녀의 보따리〉의 배경은 유동인구가 빈번한 지하철역 부근이다. 작가는 매주 정기적으로 드나드는 역 출구 부근에서 수많은 비닐봉지 사이에 앉아 있는 노인을 발견한다. 그녀의 사연에 궁금해졌으나 겨울이 되자 보이지 않았다. 대신 역사驛舍에서 보관한 것으로 보이는 초록색 테이프로 붙여진 봉지들만 쌓여있었다.

얼마 후 통로 구석을 차지했던 봉지들이 치워지고 그녀도 사라지자, 작가의 관찰은 상상으로 전이된다. 한몸 지탱하는 일조차 버거워 보였던 그녀의 행방과 사라진 짐들은 어떻게 되었을지 그에 대한 연민과 걱정이 앞섰다.

겨울의 끝 무렵 그녀가 다시 나타났다. 신문을 보고 있던 그녀는 여전히 봉지들과 함께였으나 그 개수가 줄었다.

말을 걸어볼까 했지만 그녀가 너무 진지해 그만 두었다. 그러고 보니 그녀는 누구에게 손을 내밀고 구걸하는 사람은 아니었다. 추위 속에서도 당당했다. 예전에는 무엇을 했으며 어떻게 살았을까. 삶에서 예기치 못한 큰일을 겪었을까. 나올 때마다 봉지는 왜 들고 나오는지 내 머릿속이 어지러웠다. 그녀에게는 소중하겠지만 더 이상 버릴 수 없는 봉지를 들고 나오지 않기를 바랄 뿐이다.

늦은 시간 집으로 돌아가는 충무로역에 그녀도 봉지도 보이지 않았다. 아무 일 없는 듯 출구를 향해 사람들 발자국만 바쁘게 오고 갔다. 그녀를 떠올리며 나에게는 절실한 물건이지만 타인에게는 쓰레기로 보일 수 있겠구나 싶었다. 버리지 못하면 채울 수도 없다는데 가장 소중한 것 외에는 과감히 정리하려고 마음먹었다. 만남이 있으면 헤어짐도 있는 법, 비우면서 환하게 살고 싶어졌다. 하마터면 잡동사니에 둘러싸여 인생을 낭비할 뻔했다.

— 서순옥의 〈그녀의 보따리〉에서

〈그녀의 보따리〉는 일상 풍경의 관찰이 발단이었으나 소유와 집착, 그리고 삶의 정리로 확산된다. 자본주의 시대를 살아가는 현대인은 소유를 통해 자신을 정의하지만, 때로는 그것이 삶에서의 짐이 될 수도 있다. 짐을 떠안고 거리를 배회하는 노인은 타인의 동정을 원치 않는 것으로 보인다. 이는 인간은 타인의 삶을 쉽게 단정 지을 수 없으며, 저마다의 사연과 존엄성을 가진 존재임을 보여준다. 노인이 단순한 노숙자가 아니라, 어떤 삶의 이유와 가치관을 가진 인간이라는 점을 인지한다. 그녀를 불쌍한 사람으로 단정하지 않고, 한 인간으로서의 면모를 찾고자 하는 관찰자의 태도를 견지한다.

이를 계기로 작가는 자신의 옷장과 물건들을 보며 소유가 많아질수록 자유롭지 못하고, 결국 그것에 얽매이게 됨을 자각한다. 버리지 못한 물건들은 퇴적된 추억과 과거의 흔적이기에 그것들을 통해 가족과의 추억을 떠올린다. 그러나 과거에 집착하는 것 또한 현재의 삶을 가로막을 수도 있음을 알게 된다. 자신의 삶 역시 노인의 비닐봉지처럼 무한 증식을 거듭해왔을 것이다. 거리를 방황하며 자신만의 방식으로 물건을 쌓아둔 노인의 삶에 자신의 정체성을 투영한다. 글의 후반부에서 '버리지 못하면 채울 수도 없다'는 깨달음은 집착을 내려놓아야 새로운 삶을 맞이할 수 있음을 시사한다.

〈그녀의 보따리〉에서 작가는 목요일마다 같은 장소에서 노인과 마주치며 그녀의 존재와 변화를 관찰자의 시선으로 바라본다. 이렇듯 외부 세계의 관찰에서 출발하지만, 대상의 외적 묘사에 머무르지 않고 자신의 삶과 자연스럽게 연결하며 성찰한다. 노인의 봉지 무더기와 자신의 옷장, 책장, 베란다의 놋쇠 그릇 등 버리지 못하는 것들을 비교하며, 버리지 못하는 것이 단순한 물질적 집착이 아니라 삶의 태도와도 관련이 있음을 깨닫기에 이른다. 관찰자로서의 화자는 노인의 행색이나 비닐봉지에 대한 직접적인 평가나 감정을 드러내기보다, 그녀는 구걸하는 사람이 아니었다는 묘사를 통해 독자가 해석할 여지를 남긴다. 버리지 못하는 작가의 성향과 거리에서 삶을 이어가는 노인의 삶의 형태는 동일 범주 내의 대비에 부합하지 않지만, 타인의 삶을 자신 비추는 거울로 인식하며 자기 성찰을 이끌어내는 깊이에 도달한다.

임철호의 〈산길에서 만난 노인〉에서 작가는 공기 좋은 한적한 곳으로 이사왔으나 집 주변의 산은 오르지 못하던 차, 모처럼 새벽녘에 산길에 들어섰다. 인적 없는 적막한 산길을 걷다가 홀로 걷는 노인을 만났다. 노인은 동이 트기 전부터 산행을 시작했을 터였다. 허리 굽은 노인이 경사진 길을 내려오는 모습을 본 작가의 심정은 조마조마했으리라.

어느 날 작가는 배우자의 묘소를 돌보는 일이 중요한 일상이 된 노인의 애틋한 사연을 알게 된다. 그가 매일 새벽 산길을 오르내리는 이유는 아내의 산소 참배를 위해서였다. 묘역 관리와 추모를 위해 왕복 네 시간을 넘는 길을 오간다는 것이다. 작가는 반복적인 면밀한 관찰을 통해 노인의 삶을 나름대로 예측하며 그의 내면에 다가간다. 배우자의 죽음뿐 아니라, '사람은 누구나가 죽는다'라는 대명제 앞에 인간은 겸손해질 수밖에 없다. 기억을 통해 존재를 지속하려는 노인의 안간힘은 동이 트기 전의 먼 길을 나서게 한 것이리라.

작가는 그가 현대판 시묘살이를 자청한 사랑꾼이라고 생각한다. 배우자 사별을 겪은 그의 애도는 진행 중이다. 아내의 죽음을 객관적으로 바라보기엔 그분들이 함께한 과거의 시간에 대한 애틋한 추억이 남아있는지 모른다.

〈산길에서 만난 노인〉은 작가의 인간적인 면과 관찰자로서의 면모를 유지하며 조화롭게 글을 풀어간다. 작가는 자연과 삶의 변화를 감성적으로 받아들이며, 한 노인의 사연에 깊은 공감을 표하며 작가는 단순한 기록자에 머무르지 않고, 노인의 삶을 존중하고 그 마음에 다가가려 한다.

프랑스의 철학자 '샤를 페팽(1973~)'은 《삶은 어제가 있어 빛난다》에서 과거를 단순히 흘러간 시간이 아닌, 현재에도 영향을 미치며 살아있는 존재라고 말했다. 그는 '과거를 외면하는 것은 나 자신을 외면하는 것과 같다.'라고 했다. 인간은 누구나 자신이 겪은 세월과 같이 살아가기 마련이므로 과거는 가버리거나 사라지지 않는다. 과거 속에서 사는 사람은 옛날에 붙잡혀 과거를 곱씹으며 그 안에 갇혀서 살아간다. 삶이 비루했던 경험을 했던 사람은 고통스러운 기억이나 상처에 갇혀 괴로운 날을 보내는 사람도 있다. 과거와 더불어 사는 사람은 지혜롭다.

– 임철호의 〈산길에서 만난 노인〉에서

이 글에서 작가는 단순히 외부 세계를 객관적으로 바라보는 관찰자의 역할을 넘어, 자신만의 내적 해석을 통해 새로운 시각을 제시한다. 그가 힘든 산행을 반복하는 것은 아내와 함께했던 날들을 과거라는 시간에 묻어두지 않기 위해서라는 것이다. 작가는 과거와 더불어 그것을 현재삼아 고독과 그리움을 견디기 위한 행보를 멈추지 않은 노인의 순애보에 공감한다.

강추위가 기승을 부리자 노인의 모습이 보이지 않았다. 작가가 노인의 정서에 감정이입하며 그를 기다리는 마음은 독자의 공감을 불러온다.

관찰자로서의 작가는 산길의 모습, 노인의 복장과 행동, 계절의 변화 등 주변 환경과 상황을 섬세하게 묘사하며 독자에게 현장감을 안겨준다. 노인의 반복적인 산행과 그 과정 속에서 형성되는 이야기의 흐름을 따라가며, 한 인간이 과거와 현재를 잇는 방식에 대한 철학적 성찰을 더한다. 작가만의 주관적인 기록을 넘어, 노인의 삶을 통해 기억과 사랑, 그리고 시간의 의미를 탐구하며 여운을 남긴다.

마르틴 하이데거M·Heidegger는 인간이 죽음을 직시할 때 비로소 자신의 존재를 깊이 인식한다고 했다. 아내를 떠나보낸 후, 매일 묘소에서 죽음과 대화하는 일은 과거와 현재를 공유하는 그가 선택한 삶의 방식이다. 인간은 죽음을 자각하는 능력을 가진 유일한 존재다. 인간에게 가족의 죽음은 관계의 단절이 아니라, 현재 자신의 삶 속에서 고유의 의미를 형성할 수 있음을 보여준다.

김진삼의 〈파지 모으는 할아버지〉의 서두는 분주한 아침 지하철역의 정경에서 시작한다. 역사에 가득찬 그들의 모습이 '깊은 산속 다양한 외피를 두른 나무들이 서 있는' 것처럼 보인다. 그들이 이루는 물결무늬는 달려오는 전동차로 인해 사라진다. 이는 도심의 군상들에 저마다의 존재 의미를 부여하고자 하는 작가의 내면으로 읽힌다.

일상의 아침 풍경을 관찰한 작가는 미아처럼 우두커니 서 있다가 전동차 안으로 밀려들어간다. 차내의 인파를 표정 없는 마네킹에 비유하며 현대인의 기계적인 삶을 비판적으로 바라본다. 작가가 관찰한 아침 풍경을 통해 그 안에 담긴 철학적 사유를 자연스럽게 녹여낸다.

일상의 루틴인 듯 지역 도서관을 향하는 작가에게는 도로변의 화단도 비어 있는 나무의자도 예사롭지 않다. 배롱나무, 금잔화 등 자연의 요소들은 인간의 감정과 삶을 은유하며 자연과 도시의 대비를 통해 관찰자적 시선을 드러낸다.

그 때 손수레에 파지를 가득 실은 노인을 만난다. 그에게 잠깐 쉬어가기를 권유하며 생수를 내민다. 이를 계기로 작가는 노인과의 심리적 경계를 허물며 그와 진지한 대화를 나눈다. 종일 힘든 노동으로 파지를 모은 수입은 소액이지만 그에게는 소중한 일거리였다. 그가 적은 수입에도 불구하고 파지를 모으는 이유는 누군가 수거해야 동네가 깨끗해지기 때문이란다. 의외의 답변에 대한 놀라움도 잠시, 어느덧 작가는 자연스럽게 할아버지의 수레를 밀고 있다. 그의 만류에도 횡단보도를 몇 개 건너 고물상까지 그와 동행한다.

그날은 도서관 행도 포기했다. 쉼터에서 우연히 만난 노인의 모습과 대화에 대한 언술은 단순한 기록을 넘어, 노동과 생존에 대한 작가의 사색이 더해진다.

> 카뮈는 신화 속 시시포스의 노력과 저항을 현대인인 우리가 취할 수 있는 실존적 저항으로 보았다. 아침에 눈 뜨면 출근한다. 개개인의 역할에 따라 매일 다람쥐 쳇바퀴 돌듯이 똑같은 일상이 반복된다. 출퇴근 시간, 지하철 플랫폼의 파도치듯 출렁이는 물결이 이를 일러 준다. 불볕 더위 속에서도 아랑곳없이 파지를 모으며 살아가는 할아버지의 삶도 마찬가지다. 서로 닮은 듯 하루하루를 끝임 없이 펴고 그리고 걷는다.

위 인용문에서처럼 작가는 노년에도 노동을 멈출 수 없는 인간의 고단한 삶을 시시포스의 형벌에 비유했던 카뮈를 떠올린다. 제우스의 화를 부추긴 적 없는 인간이 어떤 이유로 노동의 굴레를 벗어나지 못하는 것인지 자문한다.

결미에서 저승에 있는 어머니를 떠올리는 장면은 글 전체를 관통하는 서정성과 철학적 고찰을 더욱 깊이 있게 만든다. 〈파지 모으는 할아버지〉는 일상적 현상에 대한 관찰과 단순한 묘사를 넘어 삶의 본질에 대한 깊은 질문을 던지며, 삶과 노동, 그리고 인간의 실존에 대한 성찰을 담고 있다.

김영도의 〈벚꽃이 흐드러지는 날〉은 수필의 보편적이고 전통적인 방식인 자아 성찰의 시선이 외부로 향함으로써 사회와 세계관에 대한 관점을 제시한다.

지난 연말 대한민국 전역에 심야에 비상계엄을 선포한 사건으로 인해, 작가는 한 달 이상 밤잠을 설치고 있다. 종북과 반국가세력을 척결하고 자유대한민국을 수호하겠다는 명분으로 선포한 비상계엄은 계엄사령부를 설치하고 계엄군을 동원했다. 그로부터 6시간 후 국회의 비상계엄 해제 요구 결의안 가결 처리로 계엄군은 국회에서 철수하였고, 상황은 종료되었다.

그러나 사법부의 판단에 대한 일부 극우층의 극단적인 행위는 급기야 서부지법 점거 사태를 야기했다. 계엄 선포 과정에서의 국헌문란의 목적 인정 여부에 대한 법적 논쟁은 현재 진행형이다. 이러한 일련의 상황을 외면할 수 없어 예민해진 상황에서 작가는 '백골단'을 앞세운 모 국회의원의 기자회견을 접한다.

2025년 1월 9일 오후 서울 여의도 국회 소통관에서 '백골단'이 되살아났다. 김민전 국민의 힘 의원이 허연 헬멧을 쓴 청년들을 병풍으로 세우고 기자회견을 했다.
   – 김영도의 〈벚꽃이 흐드러지는 날〉에서

과거 백골단은 이승만 정부의 민주화 운동의 탄압에 앞장 선 폭력 조직이었다. 민주화 운동 저지의 중심에 선 그들의 잔인함은 일명 '토끼몰이'라 불린 방식으로 학생들과 시민들을 공포의 수렁으로 내몰았다. 1991년 강경대 학생의 죽음에 이은 한진 중공업 사태의 중심에도 그들이 있었다. 작가 역시 그들에게 심신의 고초를 겪었다.

그렇게 잊힌 이름이 2025년에 버젓이 되살아났다. 그것도 국회에서. 어째서 사람이 이 모양인가! 라는 외침이 저절로 나온다. 발끝에서부터 차오르는 한기가 삼십여 년 전으로 이어진다. 대학 4년 내내 강의실보다 민주 광장에 서 있는 날이 많았다. 매일 치러지는 가두 투쟁, 사진 채증, 폭력 진압과 남발되는 수배와 구속영장 속에서 많은 선·후배가 고초를 겪었다.
   – 김영도의 〈벚꽃이 흐드러지는 날〉에서

수필의 서정성은 작가 개인의 주관적 감정에 함몰될 수 있다. 반면 사회 현실과 모순에 대한 작가의 비판적 시선은 논리성과 객관성에 근거한다. 존엄해야 할 인간의 삶을 훼손하는 사회문제에 대한 견해 피력은 작가의 책무이다. 사회 현상을 직시하고 관찰에서 나아가 삶의 조건으로써의 사회와 현실을 향한 작가의 시선은 시도 자체만으로도 의미가 크다.

작가가 겪은 고초에 이은 오늘날의 사태에 대한 소회는 폭력의 시대를 후손에게는 물려줄 수 없다는 절박감에서 기인한다. 아직도 폭력의 후유증과 길고도 힘든 싸움 앞에서의 무력감을 떨쳐낼 수 없으나 벚꽃이 만개할 그 날을 기다린다. 2025년의 봄, 흐드러진 벚꽃을 우리는 만날 수 있을까.

〈벚꽃이 흐드러지는 날〉에서의 작가의 사회적 상상력은 단순히 현상을 관찰하는데 머무르지 않는다. 현실을 객관적으로 바라보며, 내면의 주관을 바탕으로 그것을 재구성했다. 세상의 구조와 인간 존재에 대한 깊은 통찰을 지닌 관찰자로서의 책무에 충실하다.

수필은 작가의 경험과 사유를 바탕으로 그 속에서 의미를 찾고, 독자와의 공감을 이끌어낸다. 예시한 작품에서와 같이 관찰자로서의 작가는 자신의 경험을 전하는데 머무르지 않고, 주어진 현실을 재구성하고 그 속에서 진리나 의미를 탐구한다. 그 과정에서 작가의 관찰은 주관적인 인식과 객관적인 현실을 연결하는 중요한 지점에 도달한다. 이는 존재의 일상성과 의미를 재발견하는 필연적인 과정이다.

《수필과비평》 2025, 4월호

04 자아의 본질에 이르는 몇 가지 방식

　인간은 자신이 누구인지를 끊임없이 질문하는 존재다. 자아의 본질이 외부로부터 규정된 역할과 사회적 기대에 의해 형성되는 것인지, 아니면 그 너머에 숨겨진 진정한 내가 존재하는 것인지 궁금증을 갖기 때문이다. "나는 누구인가?"라는 물음은 철학적 궁금증을 넘어, 개인의 정체성과 삶의 방향성을 결정짓는 중요한 질문이다.

　현대사회의 비중 있는 소통체계인 사이버 공간에서의 개인의 정체성은 자신이 의도하는 바에 따라 다양한 모습으로 표현될 수 있다. 자신의 개별성과 정체성이 여러 형태로 확장되는 이런 현상은 각기 다른 자아의 모습조차 자신의 정체성이라고 규정지을 수밖에 없는 모순을 안고 있다. 이렇듯 현대 사회의 인간은 다양한 매체를 통해 끊임없이 타인의 시선에 노출되고, 그에 따라 스스로를 규정짓기도 한다.

　자아를 잃어버리기 쉬운 상황에서 자아를 찾는 일은 자신의 정체성을 재확립하고 진정한 자아를 발견하는 유의미한 일이다. 수많은 철학자와 예술가들이 다룬 주제인 자아 탐구는 인간의 삶과 존재 그 자체를 이해하는 핵심적인 열쇠다. 데카르트는 "나는 생각한다, 고로 존재한다."라는 명제를 통해 자아의 존재를 확립하려 했다. 프로이트에 따르면 자아ego는 외부세계와 내부세계의 통합자이다. 따라서 자아가 강한 사람은 외부세계의 이해나 통찰력이 객관적이다. 자신이 결단한 대로 실행하며 충동에 휘말리지 않고 그것은 충동을 사회적으로 유용하게 전환해 나간다.

자아의 본질과 만나기 위한 논의는 자아가 단순한 개인의 정체성을 넘어, 인식과 경험의 구조를 형성하는 중요한 요소임을 시사한다. 많은 문학작품도 주인공의 내면적 갈등과 자아 발견의 과정을 통해 인간 존재의 다면성을 탐구했다.

지난호에 발표된 작품 중 작가만의 다양한 방식으로 자아를 만나는 작품들을 텍스트로 삼았다. 주변의 물리적·사회적 세계에 반응하는 자아가 개인의 삶과 사회적 맥락에서 어떤 의미를 가지는지 살펴보는 과정에서 자아 탐구가 개인적 성찰을 넘어, 인간 본성의 심층적인 이해로 이어지는 과정임을 알 수 있다.

김보성의 〈안심安心〉에서 작가는 안심安心이라는 개념을 중심으로 자아 탐구의 과정을 풀어간다. 작가는 자신만의 장소가 절실했기에 시공을 초월한 그 어느 곳이라도 깃들기를 바라며 자신만의 '가재가 노래하는 곳'을 찾아나선다.

영화《가재가 노래하는 곳》은 '델리아 오언스'의 동명 소설을 토대로 한 영화다. 영화에는 외부 세계의 폭력과 사회적 압박 속에서 자신을 보호하고 안식을 찾는 한 여성의 삶의 여정이 담겨있다. 그녀의 삶을 통해 고독한 인간의 사회적 자아가 자연 속에서 어떻게 완성되는지 알 수 있다. 주인공 카야는 가족과 사회로부터 버림받고 외면당한 채 자연 속에서 홀로 살아간다. 외부와 단절되어 자신만의 세계를 형성해 나가던 그녀는 사회적 규범 안에서 볼 때 이상한 존재로 보이지만 그것은 편견일 뿐이다. 카야는 타인과의 소통이 아닌 자연과의 상호작용을 통해 자신의 정체성을 발견하고, 자연의 원리와 생명력에 동화되며 자아를 확립해 나간다. 카야가 세상의 폭력과 외로움으로부터 자신을 보호하기 위해 찾는 통나무집은, 각자의 삶에 필요한 안식을 찾는 장소로 비유된다.

어느 날 작가는 다솔사를 찾았다. 그곳에서 안심료安心寮라는 편액을 보는 것만으로 마음이 편안해진 작가는 스스로 도래지라 규정하고 문객을 자처한다.

> 나는 철새였다. 무작정 시류를 좇았다. 나의 고통을 마주할 용기도 내지 못하고 무리에 섞여 물갈퀴만 저어댔다. 오랜 시간을 나아가지도 않고 떠나지도 못하고 제자리만 맴돌았다. 문文 물에 발을 담그고 있다는 사실에 안도하며 오래된 나를 외면했다. 하지만 다른 기류를 탐미하던 무리가 군무를 추며 날아갔고 홀로 미조가 되어 불안정했다. 자신을 확신시켜줄 방법이 모호해졌다. 날개를 펼친 곳이 어디쯤인지 어디를 향해 나아가야 하는지 알 방도가 희미했다. 두 발은 자꾸 펄 속으로 빨려 들어갔다.
>
> — 김보성의 〈안심安心〉에서

작가가 안심료에 마음을 부리게 된 이유는 한용운과 김동리 같은 인물들이 그곳에서 글을 쓰며 독립운동과 창작 활동을 이어간 장소였기 때문이다. 방은 소박했으나 그곳에서 탄생한 업적은 위대했다. 불안 속에서도 안심을 껴안았을 한용운과 인간의 삶과 죽음, 구원이라는 화두에 매달린 김동리의 예술혼에 몰입한다. 작가가 자신의 내면과 만나는 과정은 방이라는 한정된 공간에서 이루어지지만 그 영향력은 무한하다. 그들의 창작 과정과 고뇌가 남아있는 공간에 마음의 방을 마련한다. 안심을 찾기 위해서는 믿음이 필요하며, 자신을 돌아보는 과정이 중요하다는 메시지를 전달한다.

'안심'이라는 단어는 단순히 걱정이 없는 상태가 아니다. 흔들리기 쉬운 감정인 자아는 외부의 기준으로 형성되는 것이 아니다. 방황하던 작가가 자신만의 안심처를 찾아낸 것은 스스로를 신뢰하고 안심하는 과정에서 이루어진다. 이 글에서 진정한 자아 탐구의 장場으로 자리매김한 안심료는 물리적 건축물이 아니라 주인공이 자신의 본질을 직면하고 신뢰하게 되는 공간이다. 그곳은 자아의 본질을 마주할 수 있는 내면의 도피처로 작용한다.

작가는 자신의 삶을 돌아보며, 아직 쓰여지지 않은 인생의 후반부에 대한 희망을 말한다. 〈안심安心〉은 개인의 내면적 여정과 역사적 맥락이 어우러져 깊은 사유를 이끌어낸다. 자아의 본질을 탐구하는 과정에서 사유가 깃든 공간에 닿기 위한 작가의 여정은 인간 존재의 의미를 찾는 여정이라 할 수 있다.

글의 결미는 열린 형태로 마무리한다. 작가는 자아와 대면하며 그 속에서 안식을 찾을 수 있는 '가재가 노래하는 곳'을 만들어 나갈 것이다. 자아의 본질은 고정된 것이 아니라, 우리가 겪는 경험과 감정 속에서 끊임없이 변하고 성장하기 때문이다. 자아를 탐구하는 일도 완성된 상태가 아닌, 계속해서 쓰여지는 이야기임을 상기시킨다.

박랑숙의 〈분명 진화입니다〉는 '대화 금지'가 쓰여진 집단 상담을 위한 강의실 장면에서 시작한다. 침묵 속에서 자아를 직면하도록 자연스럽게 이끈 것이다. 여기에서의 침묵은 단순히 소리가 없는 상태를 넘어, 자신의 내면과 불편한 진실을 대면하게 하는 필연적 과정으로 묘사된다. 〈분명 진화입니다〉를 관통하는 침묵은 정적이지만 예민하고 무겁게 흐르는 긴장감으로, 작가의 내면을 흔들어 깨우는 자극으로 인지된다. 자아는 침묵 속에서 자신의 내면을 정리하고, 두려움을 이겨내며 고요한 자아 탐구를 시작한다. 작가가 상실과 변화를 통해 자아의 재발견으로 들어가게 된 것과 밀접하다.

작가는 중요한 일을 겪으며 목소리를 상실한 적이 있다. 과제의 부담으로 성대결절을 앓거나 혈육의 죽음을 당했던 때다.

부모상 중에 소리를 잃은 작가가 경험한 상실은 인간의 취약함을 드러낸다. 이를 통해 새로운 자아를 발견하는 계기로 나아간다. 작가는 목소리의 상실을 겪으며 말하기보다 경청하게 되고, 이를 통해 관계의 진정한 의미를 절감하게 된다. 친구들과의 여행 중 경험한 갈등과 자신만의 자유가 절실했던 경험은, 자아의 독립성과 타인과의 경계 설정의 중요성을 일깨운다.

작가 내면의 진화 과정은 자신 앞에 놓인 상황을 이해하는 단계를 넘어, 변화를 통해 새롭게 나아갈 수 있음을 의미한다. 침묵과 상실,

고독을 통해 작가는 자아의 의미와 성숙한 관계의 본질을 발견한다. 또한, 진정한 자아 탐구란 스스로를 포기하지 않고 타인의 존재를 포용하며, 내면의 변화가 진화로 이어짐을 알게 된다.

> 머릿속 대화까지 줄이고 판단 없이 상대를 똑바로 보는 시도. 당연하게 여겼던 나의 신체조차도 내 것이 아님을 알게 한 침묵. 사랑하는 사람이 떠난 텅 빈 자리를 가득 채우는 그리운 공명. 목소리를 내어주고 타자의 말을 귀 기울여 듣는 소통의 방식. 혼자 이겨내야 한다는 착각을 깨뜨려준 타인의 도움들. 나는 하나의 물리적 존재이지만 주어진 환경에 따라서 기능을 다르게 하는 인간이 되었다. 가을 낙엽 떨군 자리에 봄의 새싹이 돋듯 가진 것을 내어주고 빈 곳에 새것을 받았다. 게다가 침잠하는 동안에도 묵묵하게 시간의 밥을 먹고 자신을 정성껏 돌볼 줄 알게 되었다. 목소리 없이 실천할 수 있는 진리 아닌가.
> 나는 고즈넉한 진화를 하는 중이다.
>
> — 박랑숙의 〈분명 진화입니다〉에서

이 글에서의 진화는 외부의 기준이나 타인의 시선이 아니라, 오직 자기 내면의 변화와 선택을 통해 이루어짐을 의미한다. 스스로 침묵과 고독을 선택하면서 경험한 자아의 변화는 자연스러운 성장을 추구하는 진정한 자아 탐구의 태도를 의미한다. 작가는 단순한 상처 치유를 넘어 자신을 관조하고 내면을 단단히 다지는 단계로 나아가며, 이러한 경험과 사유는 자아 탐구의 깊이를 더해준다. 작가가 스스로 진화하였음을 단정하게 되는 근거다.

〈분명 진화입니다〉에서 자아 탐구는 자신의 본질을 향해 다가가는 경험이며, 이를 통해 비로소 자신을 중심에 두고 진정한 관계와 소통으로 나아간다. 그 과정에서 침묵, 상실, 그리고 새로운 관계 속에서 자기 존재의 의미를 되찾아가며 외부 환경과 내면의 감각이 상호작용하는 진정한 진화로 받아들이게 된다.

노혜숙의 〈우연과 운명 사이에서〉는 인간의 삶을 구성하는 주요 인자인 '우연'과 '운명'의 상호작용에 대한 성찰이 담겨있다. 작가는 자신의 삶을 돌아보며, 예상치 못한 사건들과 통제 불가능한 요소들이 인생에 미친 영향에 대해 천착한다. 글을 관통하는 핵심 주제이며 현대인들의 실존적 고민이기도 한 우연과 운명 사이에서, 균형을 찾기 위한 작가는 스스로의 삶의 본질을 추적한다.

인간은 태어나면서부터 무작위적인 삶의 흐름 속에 놓이게 된다. 〈우연과 운명 사이에서〉의 작가에게도 운명은 삶을 무한히 흔들고 변화시키는 절대적 힘으로 그려진다. 삶이란 통제 불가능한 우연과 운명의 조합이며, 이를 수용하고 자신만의 시선으로 해석하는 과정이다. 인간의 삶은 다양한 사건들로 엮여 나가기 마련이다. 자신을 둘러싼 우연과 운명이라는 이질적 실타래 속에서 존재를 찾아가지만, 그 실마리는 쉽사리 풀리지 않는다. 작가는 우연과 운명을 빗대 그간의 여정을 반추하며 삶의 불확실성에 대해 통찰한다. 나아가 자아 탐구가 내적 평화와 자기 이해를 찾기 위한 과정이라 여기며 자신의 삶을 이끈 우연과 운명에 대해 파고든다.

예측할 수 없는 우연과 인간의 의지와는 무관한 운명이라는 두 가지 상반된 힘은 우리의 삶에서 때론 혼란을 초래한다. 인간은 그 안에서 자신만의 삶의 질서를 원한다. 작가는 이러한 삶의 흐름 속에서 자신을 발견하고자 애쓰지만, 예측 불허한 우연과 운명에 좌우될 뿐이라는 점을 되새긴다.

첫 문단부터 자신이 통제할 수 없는 우연과 운명으로 인한 불안을 토로한다. 이렇듯 불안 속에서도 질서와 안정을 추구하는 자신의 모습을 서술한 솔직한 대목은 이후의 성찰을 위한 중요한 배경이 된다. 자신의 삶을 흘러가는 대로 산 것인지 반추하는 내용에서 자기 성찰의 깊이가 느껴진다.

작가는 "한 번도 비행기를 놓쳐보지 않은 사람은 그만큼 공항에서 시간을 허비한 사람"이라는 언술로 스스로 통제된 삶을 살아온 자신을 돌아본다. 이는 독자들에게 완벽주의와 안전지향적인 삶의 함정에 대해 고민하게 만든다. 이어서 우연의 다양성을 보여주는 일화들, 예를 들면 우연히 발생한 자동차 사고를 통해 예기치 못한 위기에서의 구원을 경험하고, 이를 신의 개입으로 해석하는 사람들의 반응을 통해 우연과 운명의 경계를 사색한다.

> 딱 한 가지 내 의지로 선택한 게 있다. 글쓰기다. 알 수 없는 갈증이 컸다. 쓰고 또 썼다. 쓰면서 들여다보고 들여다보면서 되는대로 흘러온 내 삶을 반추했다. 반추의 성찰과 서정이 성향에 맞았던가. 글쓰기를 통해 자기 객관화를 할 수 있었고 비껴가는 행운과 불운도 거리를 두고 바라볼 수 있었다. 질서와 안정을 추구하면서도 한구석 강렬한 모반의 충동을 글쓰기를 통해 푸닥거리하듯 풀어냈다. 혹 콜럼버스처럼

우연히 글쓰기의 성지라는 신대륙을 발견할 수 있을지 누가 알겠는가.
- 노혜숙의 〈우연과 운명 사이에서〉에서

　작가는 글쓰기를 통해 자신을 되돌아보며, 이를 통해 우연과 운명이라 할 수밖에 없는 사건들을 관조하고 수용하는 태도를 형성해 간다. 이는 자아를 객관화하는 도구가 되어, 자신의 삶과 경험을 성찰하게 만드는 힘으로 작용한다. 이렇듯 삶을 규정하는 것은 외부의 질서나 구조가 아닌, 나 자신이 삶의 의미를 어떻게 해석하고 받아들이는가 하는 삶의 태도이다.
　결미에서는 '행복'이라는 단어가 우연이라는 의미도 내포하고 있음을 강조하며 우연과 운명을 수용하는 태도의 중요성을 상기한다. 우연과 운명은 우리가 통제할 수 없는 요소지만, 그 해석은 각자의 몫이다. 작가는 우연과 운명 사이의 본질적인 삶에 대해 탐구하고, 내면의 안정과 삶의 질서를 추구하며 결국 우연과 운명을 긍정적으로 해석하려는 균형 잡힌 태도가 중요한 것임을 깨닫게 된다. 이는 자아 탐구가 본질적으로 외부의 사건을 통제하려는 것이 아니라, 삶을 어떻게 받아들이고 살아갈 것인지에 대한 주체적인 태도에 달려 있음을 시사한다. 삶의 예측 불가능성 속에서도 내적 균형을 추구하며 살아가는 모습은 독자에게 우연과 운명을 어떻게 받아들이고 이해할지에 대한 철학적 여지를 남긴다.

　이양주의 〈어린 나그네〉는 자신의 삶에 작용한 인연으로 자아의 본질을 찾아나선다. 인생의 주요 구성인자인 다양한 인연에 대한 깊은 성찰에 이어 인연이 작용했던 삶의 경험과 깨달음을 풀어낸다. 작가는 인연이 자신을 형성하는 힘으로 작용했다는 확신으로, 삶의 중요한 출발점이자 모든 만남의 근원인 인연에 대해 진중하게 그려낸다.

서두에서 인연을 다양한 자연의 이미지로 묘사하는 방식은 인연이 가지는 다층적인 의미와 그로 인해 발생하는 불확실성을 상징적으로 표현한다. "안개 같기도, 바람 같기도"하다는 인연의 비유는 한편으로는 흐릿하고, 다른 한편으로는 강한 영향을 미칠 수 있다는 복합적인 성질을 담아낸다. 이는 인연을 통해 혼란스럽고 힘든 상황에 처하기도 하지만, 환하게 빛나는 순간을 맞이하기도 하는 인생의 다양한 측면을 상기시킨다.

어머니를 여의고 삶의 불확실성 속에 처했던 외로움도 인연이었다. 상실이라는 외로움에 사로잡힌 작가에게 선재라는 인물이 다가온다. 선재는 고은의 소설 속 주인공이자 작가에게 큰 영향을 미친 인연이며 스승이다. 선재와 함께 한 삶의 여정은 작가에게 '모든 인연이 스승이 될 수 있다.'는 깨달음을 준다. 나아가 인간의 삶이 단지 종교적 깨달음에만 머무는 것이 아니라 생활 속에서 진리를 찾고자 존재라는 의미를 내포한다. 사람과 사람 사이의 인연이 우연이 아니라 서로에게 깊이 영향을 미치는 존재인 것이다. 이러한 인연의 확장은 독자들에게도 각자의 인연을 새로운 시선으로 바라보게 한다.

작가는 과거와 인연을 되짚으며 인연에 대한 철학적 접근을 시도한다. 특히 구도회 시절의 경험과 개인적 깨달음들은 삶의 깊이를 더해 주고, 삶의 각 여정이 그 자체로 큰 의미를 지니고 있음을 설득력 있게 전달한다. 나아가 인연에 얽매이거나 고정된 틀에 자신을 맞추려 했던 점을 돌이키며, 인연을 자유롭게 수용하는 마음가짐으로 거듭난다.

> 시간의 길을 따라 멀리도 왔다. 거울 앞에 서면 오래된 내가 보인다. 세월이 나를 무디어지게 하는 걸까. 인간의 집에 너무 오래 머물며 안주한 건 아닐까. 순수함도 총명함도 의지도 흐려지고 있는 것 같다. 나도 모르게 세상의 인연법에 안주하며 길들여져 오고 있었던 건 아닐까. 인연법이란 게 따로 있는 게 아닌데, 고정적인 것 같으나 수시로 변하며 예측할 수 없는 것이 인연인데, 정해진 틀이 있는 양 스스로를 끼워 맞추고 있었다는 생각이 든다.
> — 이양주의 〈어린 나그네〉에서

선재의 조언인양 다가온 "모자라면 모자라는 대로, 흔들리면 흔들리는 대로" 살라는 말은 모든 인연을 받아들이고 인생의 다양한 순간을 담담하게 받아들이는 태도를 강조한다. 〈어린 나그네〉는 불안정한 삶을 살아가는 현대인에게 인연과 자신을 대하는 균형 잡힌 마음가짐과 태도를 제시하는 메시지로 다가온다. 외로웠던 어린 나그네의 시간을 버티며 견고하게 삶의 변화를 받아들여 자유롭게 살아가는 화자의 다짐은 큰 울림을 남긴다.

황선유의 〈적막의 두 관점〉에서 작가는 가을의 서정적인 풍경을 통해 자신의 감정을 부각시킨다. 가을의 적막함은 단순한 계절의 변화에 머무르지 않고 가을의 적막함과 그 속에서 느끼는 내면적 감정으로 파고든다. 작가는 도시 생활 속에서 타인과의 소통마저 번잡함을 덜어낸 때 느끼는 고독과 적막을 통해, 과거의 기억과 가족, 특히 어머니와의 관계를 회상한다.

'내 마음이 적막강산이다.'

고즈음이었다. 방학이거나 하여 고향 집에 내려가면 철 덜 든 나에게 엄마가 했던 말이다. 엄밀히 따지자면 그것은 꼭 들으라고 하는 말은 아니었다. 들었다는 표현이 외려 맞겠다. 혼잣말이라는 게 더 옳았다. 아래채 툇마루에 걸터앉아 막 뽑아온 남새의 전잎을 다듬다가 손을 멈추고…. 늦가을 감잎 우수수한 마당을 쓸다가는 먼 데를 보며…. 더하여 부엌 아궁이 속 벌건 불씨를 뒤집다가도 부지깽이를 털며…. 밤이 되면 오랜만에 막내딸과 나란히 누우니 좋다고 말하면서도 어느새 일어나 앉아서…. 새벽녘 문살 창호지 동살에 부신 눈을 떴을 때도 등을 보이고 앉은 엄마의 실루엣이 뿌옜다. 엄마는 나에게 더 자거라 손짓하면서도 입으로는 나지막하게 또 적막강산이라 했다. 엄마가 더 무슨 말을 했는지, 딸 앞이라고 쌓인 속내를 덜어냈는지 모르겠다. 나는 지금 그때의 철없어 무정했던 나를 못 견디겠다. 엄마에게 미안하고 또 미안해서 온몸을 저린다.

— 황선유의 〈적막의 두 관점〉에서

어머니가 독백처럼 읊조렸던 "내 마음이 적막강산이다."라는 표현은 그 자체로 깊은 슬픔과 무상함을 내포한다. 당시 철없는 작가로서는 이해할 수 없었던 어머니의 삶 속에서의 고독은 결국 자신이 느끼는 적막으로 전이된다. 이는 세대 간의 감정의 연속성을 보여주며, 가족 간의 소통 부족이 가져오는 정서적 고통으로 이어진다. 서정적인 문체로 묘사한 감정의 흐름을 자연스럽게 따라가며 적막의 깊이에 다다른다. 어머니와의 기억을 회상하는 부분에서는 감정의 진폭이 더욱 두드러지며, 내면적 갈등과 성찰을 경험하게 된다.

〈적막의 두 관점〉에서 중심 주제인 '적막'은 단순한 고독이나 외로움이 아니라, 내면의 평화와 성찰의 공간으로 묘사된다. 작가는 적막을 통해 자신을 돌아보고, 잊고 있었던 감정들과 다시금 마주한다. 이는 현대 사회에서 소통의 단절과 개인의 고립을 반영하며, 적막이 주는 고요함 속에서 오히려 진정한 자아를 발견하는 과정을 보여준다.

작가는 '적막'이라는 주제를 통해 개인의 내면을 탐구하고, 가족과의 관계, 그리고 자연과의 연결을 깊이 있게 파고든다. 나아가 적막을 단순한 고독으로 한정하지 않고, 그것이 가져다주는 평화와 성찰의 기회를 포착한다. 고독을 수용하는 법을 깨우치며 적막이 단순한 외로움이 아니라, 내면의 평화와 공감에 도달한다.

자아의 본질 탐구는 단순히 자신의 과거를 들여다보는 일이 아니다. 이 작업은 우리의 존재 이유와 삶의 방향을 찾기 위한 필수적 과정으로써, 한 사람의 삶을 통찰하고 자기 자신을 마주하는 과정이다. 현대 사회는 성공과 행복의 기준을 타인과의 비교를 통해 결정한다. 그러나 진정한 자아 탐구란 이러한 외적 기준을 넘어서, 스스로를 있는 그대로 수용하고 이해하는 여정에서 시작된다.

이상의 작품들은 저마다의 방식으로 자아를 직시하거나 세상과 단절되었던 경험을 통해 자신만의 안식처를 찾아낸다. 우연과 운명, 인연을 통해 자아를 만나는 것은 자신을 완전하게 이해하고자 하는 욕망의 다른 표현이다. 이를 통해 삶의 본질적 의미에 한 발짝 더 다가갈 수 있을 것이다.

《수필과비평》 2024, 12월호

05 수필의 서두와 결미 톺아보기

첫 단추를 제대로 끼워야 일이 잘 풀리듯, 글쓰기에서도 시작은 중요하다. 수필의 서두는 화자가 이야기하려는 글감에 대해 어떤 견해를 갖고 있는가를 포괄적으로 보여줄 수 있는 부분이다. 독자는 무언가 걸리는 듯 매끄럽지 못한 서두를 참아낼 인내심이 없어서인지 서두부터 글의 전반적인 내용을 예측하고 싶어한다.

좋은 수필의 서두는 글 전체의 분위기나 주제를 암시하며 독자의 관심을 불러온다. 서두를 여는 방식은 작품마다 다르지만, 인상 깊은 경험이나 장면 묘사로 시작하기, 질문으로 시작하거나 속담이나 명언 인용하기 등의 방식이 있다. 반전이 있는 문장으로 호기심을 유발하거나 진솔한 감정을 담담히 고백하는 것도 서두에서 자주 쓰이는 방식이다. 수필은 '나'의 목소리를 담아내기 때문에 서두에서부터 미문이나 관념적인 문장을 나열하기보다는 진심을 담는 것이 중요하다.

이렇듯 글의 방향을 제시하는 서두는 주제는 물론 결미와 상호 연계된다. 수필에서 서두와 결미가 서로 긴밀하게 연결될 때 글은 완성도 있게 느껴진다. 수미상관首尾相關을 이룬 글에서 주제의 일관성이 유지되는 것은 당연하다. 서두에서 시작한 이야기가 결미에서 마무리되거나 해결과 성찰로 이어지는 경우 글의 흐름이 자연스러울 뿐 아니라 공감과 여운을 남긴다.

지난 호의 작품 중 글의 방향성을 제시한 서두와 본문, 결미의 내용이 자연스럽게 배치된 작품을 살펴보고자 한다.

최명임의 〈누괵, 그 아우성을 읽다〉

이 글의 서두는 우리에게 다소 낯선 누괵螻蟈의 아우성에서 시작된다. 누괵은 개구리의 일종이다. 세상이 어수선하니 작가는 그들의 요란한 울음을 따라 한바탕 소리치고 싶은 마음이다.

저 작고도 기꺼운 物, 오늘같이 궂은날 밤 내게 살아있다고 알려온다. 생계가 순조로웠을라. 등진다고 바람이 피해 갔으랴. 돌팔매도 맞고 된서리도 맞았다. 비만 오면 팔딱팔딱 뛰더라니. 장난삼아 댓돌 하나 던진 기억밖에 없는데 내게 할 말이 많은가 보다.

개골개골, 와골와골 저들이 아우성친다. 무슨 사연이기에 한곳에 모여 저 난리인가. 정치 좀 잘하라고? 누구에게나 공정한 법의 저울을 들라고? 밥 좀 먹고 살자고? 내막을 해석하다가 그만 잠을 놓친다. 하긴 세상 돌아가는 꼴이 하도 이상스러워 밤잠 못 자고 뒤척이느니, 저 목청에 맞춰 볼멘소리라도 터뜨리면 좋겠다.

— 최명임의 〈누괵, 그 아우성을 읽다〉의 서두

  화자에게 생명체의 살아있는 아우성으로 들린 울음소리는 '듣다'와 밀접한데 작가는 왜 제목으로 '읽다'를 내세웠을까. 소리는 청각을 통해 들린다는 일반적인 견해를 탈피하겠다는 작가의 의도가 선명하게 다가온다.
  대상에 대한 묘사는 보이는 형상을 언어를 통해 담아내면 그만이다. 그렇다고 쉽사리 듣지 못하는 누괵의 아우성에 대한 체험만을 묘사하거나 이야깃거리를 정리하는데 머물렀다면 그것을 창조적 예술 행위로 보기는 어렵다. 〈누괵, 그 아우성을 읽다〉는 누괵의 울음소리를 통해 작가만의 세계관을 분명하게 드러낸다.
  작가에게 들리는 누괵의 울음소리는 공정한 법의 저울을 염원하는 사람들의 바람과 자신의 생을 변변히 꾸리지 못한 서민들의 아우성이다. 잠을 못 이루고 뒤척이는 작가에게 그것들은 포한의 함성이 된다. 벗어날 수 없는 가난과 육친과의 준비 없는 이별은 지난 일이라지만 그리움이 뭉친 아픔으로 남아있다. 그것들을 속으로만 품어내다 못해 내지른 고함은 소통의 한 방편이었다. 밤을 지새우며 잦아들다 다시 이어지는 누괵의 울음소리는 어느덧 광장에 모여 목청을 높이는 민초들의 함성으로 나아간다.

  아우성이 돌아간 광장엔 언제나 어둠이 뒤척인다. 착잡한 거리를 청소하며 살아온 빗자루가 나설 테다. 쓸어버리고 돌아서면 쾌감을 느낄

까. 그 또한 썰렁한 바닥에 몸뚱이를 굴릴 때마다 얼마나 소리쳤을까. 한 작은 소리에 무슨 힘이 있어 벽창호가 뚫리랴. 말은 담아두면 죽어버리거나 속이 곪는다. 홀로 벽을 보고라도 외쳐야만 숨을 쉴 수가 있다. 다시 끓어오를지라도 그 순간엔 숨통이 트일 테니. 부득부득 청하건만, 잠은 올 생각도 없고 불면한 채 밤이 중천을 넘어간다. 방 안 가득 저들의 소리가 차오르고 난 둥둥 떠다닌다. 가만, 청한 잠이 오시나 보다. 소리가 점점 빠져나간다. 썰물처럼 멀어진다. 그들이 잠들었는지 내가 잠든 것인지. 저 아우성이 잦아들면 분명 새날이 온다.

— 최명임의 〈누괵, 그 아우성을 읽다〉의 결미

수필의 구성은 단순히 형식의 틀이라기보다는 인식의 내용이다. 심야에 들리는 생명체의 울음소리에서 시작된 상념은 작가 자신의 내면의 응어리를 토로하기에 이른다. 나아가 우리 사회의 권력의 모순을 반영하는 광장에서 터져 나온 함성으로 확산된다. 최명임 작가는 누괵의 울음을 통해 세태의 날선 비판과 삶에 대한 물음을 자신만의 고유한 방식으로 제기한다. 결미에 이르러 잦아드는 누괵의 아우성, 광장의 함성을 청소할 빗자루의 쾌감, 소음이 빠져나간 자리에 오는 잠을 기대한다. 작가는 모든 소리가 잦아들면 찾아올 새날을 갈망한다.

이에스더의 〈소년과 안개꽃〉

문학은 인간 삶의 체험을 토대로 한다. 이 글은 한강 작가의 소설

〈소년이 온다〉에 담긴 서사와 작가의 개인적인 체험이 녹아있다. 작가는 흑백 배경의 안개꽃이 낯선 〈소년이 온다〉의 표지를 만났으나 본문을 차마 펼치지 못한다. 표지의 꽃무리 가운데의 주황색 문에서 귓전을 두드리는 환청 때문이다. 소년을 만날 준비가 되어있지 않았으나 어두운 기억의 문이 열린다.

> 왜 안개꽃일까. 흐드러지게 피어 있는 안개꽃을 흑백으로 처리한 책 표지가 낯설었다. 왠지 그 낯섦이 가신 후에라야 책을 펼칠 수 있을 것 같았다. 보름 남짓 한쪽에 밀어 둔 것은 그녀의 다른 소설을 힘들게 읽었던 기억 때문이기도 했다.
>
> 곁눈질만 하고 다니던 어느 날, 귓전을 두드리는 소리가 들렸다. 스러져가는 것 같기도 하고, 피어나는 것 같기도 한 안개꽃 무리 한가운데 있는 주황색 문에서 나는 소리였다. 소년이 문을 두드리고 있었다. 나는 아직 그를 만날 준비가 되지 않았는데, 다가오는 소년을 마주할 용기가 없는데… 마침내 책을 들었다. 깊숙이 묻어 두었던 기억의 문이 무겁게 열린다. 내 고향 광주의 오월을 소년이 기어이 불러내고야 만다.
>
> — 이에스더의 〈소년과 안개꽃〉 서두

오월, 광주의 그날 학교는 휴교령이 내렸다. 작가는 선생님과 친구들과 기약 없이 헤어져 불안함을 안고 귀가하던 중에 트럭에 실린 무장 군인의 핏발선 눈과 마주친다. 트럭이 지나가고 간신히 집 부근에 이르렀으나 대검이 번쩍이는 총을 든 군인들이 부상당한 청년들을 추적하는 것을 본다.

　대학생이 되어서도 작가는 운동권에 가담하거나 데모를 한 적이 없다. 정의감과 신념도 날려버릴 만큼 공포의 대상이던 군인들의 핏발선 눈동자에 대한 기억 때문이었다. 무기력한 자신과 불화했던 청년기에는 군인들에 쫓기는 꿈을 꾸었다. 책 속의 소년과 함께 비로소 5월의 광주에 동참한다. 책을 덮는 순간 아픔으로 간직했던 그 시절과 조우한다.

> 표지의 안개꽃이 훅, 안긴다. 안개꽃 무리가 오월에 스러져간 이들의 영혼처럼 다가온다. 내 친구의 친구였던 수많은 소년과 소녀들의 영혼이, 내 이웃들의 하얀 영혼이 어둠 속에서 꽃으로 피어나고 있다. 안개꽃이 별처럼 보인다. 기나긴 어둠 속에서 새벽을 기다리던 영혼들이 마침내 별이 되어 빛으로 내려온다. 어둠 깊은 세상의 깨진 틈새로 별빛이 스며든다. 그들이 조용히 새벽을 깨운다. 안개꽃 무리 사이로 하얀 아침이 걸어온다.
>
> 　　　　　　　　　　　　　　　　－ 이에스더의 〈소년과 안개꽃〉 결미

　작가는 소설에서 만난 소년과 그 시절의 어두운 기억 속을 헤맨다. 안개꽃 무리 속으로 사라지는 소년을 보내고 소년 엄마의 한 맺힌 넋두리를 가슴에 묻었다. 안개꽃의 작고 소박한 꽃송이는 다른 꽃을 돋보이게 한다. 이 글의 마지막 문장 "그들이 조용히 새벽을 깨운다. 안개꽃 무리 사이로 하얀 아침이 걸어온다." 는 작가의 상상을 내포한 문학적 장치로 읽힐 수 있으나 역사적인 사실과도 일치한다. 필자 역

시 그날의 광주를 경험했기에 수십 년이 지난 지금도 금남로의 새벽을 열며 시민들을 일깨우던 아침 방송의 낭랑한 음성을 기억한다. 그것은 새벽을 여는 희망의 소리였다. 책에서 빠져 나온 작가에게 표지의 안개꽃은 이름 없이 스러져갔지만 별이 된 영혼들로 남았다. 표지의 흑백 배경으로 화사함 없이 피어난 안개꽃은 역사의 제단에 올린 민초들의 헌화獻花였으리라.

〈소년과 안개꽃〉은 1980년 광주에 대한 해석과 가치 평가를 전면에 내세워 직접 교술하지 않았다. 그로부터 오랜 시간이 지난 후 만난 책 〈소년이 온다〉 표지의 의미를 형상화하는 과정과 작가가 겪은 예화로 주제를 구축한다. 수필은 제한된 길이로 인해 서사성을 완벽히 구현하는데 한계가 있다. 화자는 자신의 경험적 서사를 수필이라는 장르에 적절하게 구현해 내면적 자아성찰에서 우회적으로 거대담론을 지향한다.

글의 형식은 주제를 형상화하는 방식이라 할 수 있다. 대부분의 문학작품 형식의 토대는 서사의 전개와 시간의 흐름으로 인한 구성을 기본으로 한다. 〈소년과 안개꽃〉은 시간의 흐름과 무관한 화소 배치로 고유의 미적 효과를 획득한다.

심선경의 〈인생 수선〉

이 글의 제목은 수선이 불가한 '인생'을 '수선修繕'과 함께 배치했다. 이는 "삶을 고치거나 수리한다"는 의미로, 마치 낡은 옷을 꿰매고 다시 입는 것처럼 상처받거나 잘못된 방향으로 흘러간 삶을 다시 다듬고 고쳐나간다는 비유적인 표현으로 보인다.

> 시장 골목 귀퉁이에 서서 유리문 안쪽을 훔쳐본다. 불은 켜졌는데, 작업대에 가게 주인은 없고 객들만 너덧 명. 마치 고요한 정물화처럼 앉아있다. 각기 다른 색과 모양의 찻잔처럼, 따스한 빛을 머금고 서로를 비추며 조화를 이룬다. 그들은 시간 속에 녹아든 그림처럼 부드럽게 어우러져 있다.
> "화장실 갔으니 조금만 기다리세요."
> ― 심선경의 〈인생 수선〉의 서두

주인이 자리를 비운 가게의 손님들이 작가가 기다리지 않고 가버릴세라 건넨 말이다. 어떤 가게이기에 손님이 손님을 붙잡아둔단 말인가. 서두에서 독자의 호기심이 작동한다.

60대 후반, 주씨라 불린 수선집 주인은 이름난 재단사였으나 인생 유전人生流轉의 급류에 휩쓸려 재래시장에까지 밀려왔다. 그는 총기 있는 눈빛으로 수선품과 고객을 정확히 찾아내는 전문가다. 수선 솜씨에 탄복하며 웃돈을 주는 고객에게는 그것을 돌려주려고 달려가는 사람이다. 그가 수선해 놓은 것을 보면 예술품에 손색이 없다. 그에게 수선은 돈벌이의 수단을 넘어 바늘을 통해 세상과 소통하는 것으로 보인다. 손님들은 그곳에서 저마다의 이야기를 털어놓고 아픔을 나눈다. 주씨에게 낡은 재봉틀은 그의 마음과 영혼을 담아내는 도구이자 세상을 바라보는 통로다. 그렇다면 이 가게는 단순히 의류나 인형 등을 수선하는 가게가 아니라 인생을 수선하는 가게라는 생각에 다다른다. 자기 회복과 삶의 리셋이 필요한 현대인이 발길이 머물 만한 따뜻한 공간이다.

주氏의 작업실을 드나들며 알게 된 것이 있다. 진정한 예술이란 단순히 눈에 보이는 것 이상의 무언가를 담아내는 것이며, 낡은 재봉틀은 그 자체로 하나의 우주였다는 것을. 그가 만든 옷들은 단순한 천 조각이 아니라, 시간과 공간을 초월한 이야기들이었다. 야무진 손끝에서 탄생한 작품들은 나에게 삶의 의미를 다시금 생각하게 했고, 나 역시 내 삶의 조각들을 어떻게 꿰매야 할지 깊이 고민하게 만들었다. 시장 수선 집 주氏의 재봉틀 소리는 오늘도 멈추지 않는다. 그 진동은 영원히 내 영혼을 울리며, 나를 앞으로 조금씩 나아가게 할 것이다.

— 심선경의 〈인생 수선〉의 결미

작가가 특정 수선집을 애용하는 것은 삶의 교차로 같은 그 장소 특유의 분위기와 그것에 감동한 손님들의 따뜻한 발걸음, 주씨가 실천하는 삶의 태도 때문이다. 작가의 경험적 서사라는 사실 요소에 사실에 대한 의미를 부여하는 가치 요소를 적절하게 결합하여 실제 경험과 그것에 의미를 부여하는 방식을 차용한다. 시공을 초월한 듯한 수선가게의 묘사는 그 공간이 하나의 우주이며 그 진동은 작가에게도 삶의 동력으로 작용한다. 심선경은 〈인생 수선〉에서 의미 있는 삶에 관한 물음을 놓치지 않는다. 거기에서 나아가 윤리적 주체성을 일깨우고 자기 성찰의 단계로 나아간다.

이 글은 서두에 이어 본문의 전체 내용을 요약하고 수선이라는 간결하면서도 상징적인 표현으로 깊은 의미를 부여한다. 우리네 삶도 그의 가게에서라면 수선할 수 있을 것만 같은 여운을 남긴다.

김희숙의 〈동動〉

이 글은 바퀴에 보내는 헌사다. 제목 〈동動〉은 바퀴의 속성인 움직임을 의미한다. 바퀴의 세상에 인간이 있는 것인지, 인간의 세계에 바퀴가 굴러온 것인지 경계가 모호할 정도로 바퀴는 현대인의 생활과 밀접하다. 독자의 관심을 사로잡는 서두의 첫 문장은 호기심을 불러오고 바퀴의 대표적 속성인 움직이며 굴러가는 것들에 대한 탐색으로 이어진다.

> 당신 덕에 삽니다. 밥벌이하고 배웁니다. 땅을 갈고 씨앗 심어 거둡니다. 눈 쌓인 도로를 뚫고 바닥을 쓸고 닦습니다. 타인의 손을 맞잡고 연인은 팔을 껴안습니다. 아이는 걸음을 떼기도 전에 보행기를 몰아 집안을 휘젓고 유모차에서 바깥세상을 알아갑니다. 어른이 되어서도 자동차를 운전하든 대중교통을 이용하든 종일 같이 지냅니다. 당신 세계에 사람이 살고 있는지 인간 세상에 당신이 존재하는지 헷갈립니다만, 많은 순간을 함께하는 걸로 보아 따로인 듯 하나인 것만은 확실합니다.
> – 김희숙의 〈동動〉의 서두

바퀴가 선물한 생활의 편의로 인해 세상은 어느덧 바퀴 위주로 바뀌었다. 그럼에도 불구하고 바퀴는 호화로운 모터쇼 같은 자리에서도 결코 자신을 드러내지 않는 미덕까지 갖추었다. 있는 듯 없는 듯 차체의 하부下部에서 존재감을 드러내지 않는 바퀴야말로 인간의 무량한 삶의 무게를 지탱해주는 존재라는 생각에 다다른다.

바퀴에 대한 상념을 표현하는 문장은 대체적으로 단문短文이다. 간결한 문장은 주제 전달에 필요한 탄력을 지니게 된다. 〈동動〉에서의 함축적 표현은 언어의 절제에서 출발한다. 시에 비해 상대적으로 설명적 진술과 어휘 확산이 가능한 산문의 속성은 아이러니하게도 그것을 극복하는 데서 문학적 성과를 획득한다.

인간은 삶에서 바퀴로 인한 삶의 나락을 경험하기도 한다. 불의의 사고를 겪은 이는 휠체어를 거쳐 전동 휠체어의 편의를 누리게 된다. 그 뿐만 아니다. 구르는 것이 소임임을 입증하듯 현대인의 구매 욕망을 부추기는 물류의 중심에도 바퀴가 버티고 있다. 움직이는 것에 대한 공功과 변화와 리듬을 인정하는 만큼, 미동微動도 없는 상황에 잠기고 싶은 것도 사실이다.

> 당신의 언어는 움직이다 멈추고 힘을 가하면 다시 굴러갑니다. 가로지르고 경쟁합니다. 운동과 정지의 운율 속에서 굼뜨거나 쉼이 길어지기도 합니다. 사람도 때와 장소에 따라 자신에게 맞는 속도나 보폭을 가졌음을 알려주고 싶은 게죠. 또 신속하고 편리함으로 나아가는 시대에 앞만 보고 달리기보다 뒤처지고 고립된 이들도 돌아보라며 그녀의 전동스쿠터를 통해 귀띔도 해 주었습니다.
>
> 오늘도 덕분에 심장은 뛰고 피는 돕니다. 눈동자는 좌우 위아래로 굴리고 입은 말을 건네고 귀는 열어 듣습니다. 바퀴, 당신의 동動이 무엇

을 하든 자유롭기를 바랍니다.

– 김희숙의 〈동動〉의 결미

어떤 상황에서도 움직여야만 하는 바퀴의 긍정정인 면을 인정하지만 그로 인한 불행도 외면할 수 없다. 수필에서의 구성은 작품 전체의 틀을 어떤 방식으로 짜느냐의 문제다. 〈동動〉은 도입부분의 바퀴에 대한 일반론적인 서술에서 바퀴와 밀접한 세상사의 묘사를 거쳐 결미의 바람에 이르기까지 바퀴라는 대상에 대한 미적 인식과 균형을 잃지 않고 주제에 도달한다.

진가록의 〈두루마리를 풀다〉

〈두루마리를 풀다〉는 화자의 주요 관심과 관점을 암시하며 서두를 연다. 이 과정에서 지나친 수식과 과장 없이 풀어낸 진솔한 기억은 글의 깊이를 더한다. 할머니에 대한 기억을 감상에 치우치거나 감정에 매몰되지 않고 객관적이며 안정된 문장을 이어간다.

할머니와 살면 자연스레 배우는 삶의 기술들이 있다. 내가 그것을 배운 것인지도 모를 만큼 은근슬쩍 스며들어 알고 있는지도 모르는 채 지내다가 시간이 흘러 어느 순간 갑자기 등장하여 깜짝 놀랄 일도 생긴다.

"가는 세월 바람 타고 흘러가는 저 구름아 수많은 사연 담아 가는 곳이 어드메냐" 드라마 장녹수의 노래를 전화번호부 수첩에 받아쓰게 했던 할머니의 마지막 모습은 할머니가 떠나고 몇 년이 채 지나지 않아 고등학교 수업시간에 불쑥 떠올랐다.

— 진가록의 〈두루마리를 풀다〉의 서두

수업 시간에 시신을 관에 고정하기 위해 무엇을 넣는지 아느냐는 선생님의 질문에 작가는 엉겁결에 '휴지'라고 대답했다. 선생님과 친구들이 놀란 것은 당연한 일이다. 경황이 없던 참에도 무의식에 잠재해 있던 할머니의 마지막 모습이 떠오른 것이다. 깻잎을 실로 꿰면 장아찌를 쉽게 만들 수 있고, 마른 호박씨를 쉽게 까는 것은 손톱깎기가 제격이라는 사실도 할머니를 통해 알게 되었다. 합리적인 생활의 지혜로 몸에 새겨진 흔적은 작가의 감각에 남아 있는 할머니를 기억하는 방식이다.

어릴 적 할머니를 따라간 약장수의 거리 공연에서는 할머니의 무릎에 머리를 대고 잠이 들곤 했다. 할머니가 굳이 어린 화자를 데리고 간 것은, 퇴장 때 줄을 서서 받았던 두루마리 휴지 때문이었다. 당시는 그것을 받는 자체가 싫어 투덜댔으나 할머니가 틈만 나면 모아둔 그것들은 안방 장롱 위를 가득 채우고도 남았다.

이제는 간장 깻잎지의 깊은 맛도 가물가물하건만 할머니와 함께 살았던 시간은 아직도 내 속 어딘가에 겹겹이 두루마리처럼 쌓여 있다. 할머니 흔적을 다 잊은 듯 살다가도 이십 년 세월이 무색하게 추억이 툭툭 풀려 나온다.

— 진가록의 〈두루마리를 풀다〉의 결미

이 글에서의 〈두루마리를 풀다〉라는 제목은 주제를 상징한다. 두루마리 휴지처럼 감긴 할머니에 대한 애틋한 기억과 그것을 풀어냄을 의미한다. 또한 두루마리는 유용한 소재임은 물론 주제를 수렴하는 데 한몫을 한다. 할머니와 겹겹이 쌓인 시간의 켜를 두루마리 휴지를 풀어내듯이 들춘다. 함께 지낸 긴 세월에 감긴 그것들을 펼친다. 그 시간들에 대한 묘사는 감상적이거나 추상적인 언어가 아닌 절제되고 사실적인 언어를 채택하여 감동을 더한다. 할머니의 삶과 동행했던 유년의 시간이 두루마리처럼 쌓여있으며 그것들은 세월이 무색하게 툭툭 풀린다는 결미에 이르기까지, 서두와 본문, 결미가 조화롭다.

장미숙의 〈여러 개의 눈〉

이 글의 제목인 '여러 개의 눈'은 고향집 노모의 안전을 위해 설치한 CCTV 카메라의 렌즈다. 혼자 살던 이웃이 갑자기 변을 당하고, 설상가상으로 노모의 건강이 악화되자 자식들에게는 엄마를 살피는 눈이 절실해졌다. 엄마를 돌볼 수 없는 작가에게 CCTV는 안부를 물을 수 있는 요긴한 장치였다. 그것은 장소나 시간의 제한 없이 핸드폰에서도 열어볼 수 있으니 새벽부터 고향집과 엄마의 안위가 궁금했다.

새벽 다섯 시, 거실 창문을 열자 보름달이 건너편 아파트 지붕 위에 앉아 있다. 신비한 빛 속에 잠긴 고요한 도시를 바라보았다. 달빛이 흥건할 고향 집 마당이 떠올랐다. 아랫집 기와지붕 용마루 위에서 고즈넉한 시골의 어둠을 밝히던 달, 그 풍경 속으로 아흔 노모의 새벽이 문득 궁금해졌다.

— 장미숙의 〈여러 개의 눈〉의 서두

노모의 안부를 살피려던 새벽, 불이 켜진 안방에서 엄마는 유연한 동작을 이어간다. 작가의 예상을 뛰어넘은 의외의 상황이다. 이어서 기도를 드린다. 스트레칭과 근력운동, 기도는 새벽을 여는 노모의 경건한 의식이다.

엄마의 움직임을 따라가던 작가는 영상 속의 동작을 보며 긴장하고 응원한다. 하루를 시작하는 엄마만의 의식은 신선한 충격이다. 그것을 자세하게 들여다 본 적이 없었기에 그 의식에 방해가 될까봐 통화도 자제한다.

어느덧 달은 구름 사이를 오가며 숨바꼭질이 한창이었다. 고향 집 마당을 비추는 달빛도 지붕 위에 앉아 잠시 쉴 것 같았다. 달빛 너머로 희망의 아침이 밝아오고 있었다.

— 장미숙의 〈여러 개의 눈〉의 결미

새벽 다섯 시 아파트 지붕 위에 앉아 있는 보름달로 서두를 연 〈여러 개의 눈〉은 CCTV 영상을 통해 노모의 새벽을 관찰한다. 결미에 고향집 지붕을 비추는 달빛이 지붕 위에 잠시 쉴 것 같다는 문장으로 어머니의 안위에 안도하는 작가의 심사를 내비친다. 고향집 마당까지 생생하게 보여주는 CCTV 영상은 엄마를 응원하는 작가의 마음을 담아 희망의 아침으로 비춰진다. 영상을 통해 노모의 안부를 확인하는 과정은 기록을 넘어 작가의 마음이 담겨있다.

위에서 살펴본 몇 작품의 서두는 본문을 거쳐 결미에서 안정적인 마무리로 주제를 각인시켜 작품의 완성도를 높였다. E.A. 포우는 "소설 첫머리의 실패는 소설 실패의 첫걸음이다."라고 했듯이 작품의 서두는 독자가 더 읽을 것인가를 결정짓는 요인이다. 그러므로 작품의 서두는 참신하고 인상적이어야 한다. 결미 또한 서두와 긴밀한 연관성으로 주제에 접근해야 한다.

감동은 진솔한 데서 온다. 독자는 현학적인 문구나 작가 자신에 도취된 어려운 문장보다는 소박한 문장이 감동을 안겨주기 때문이다.

《수필과비평》 2025, 6월호

제2부

01 공감의 윤리학
02 욕망Desire의 속성
03 대상의 본질과 문학적 형상화
04 죽음을 통한 삶의 성찰
05 수필에서의 연상작용

01 공감의 윤리학

공감Empathy은 다른 사람의 상황과 기분을 느낄 수 있는 능력으로, 적극적으로 다른 사람의 경험의 일부가 되어 그 느낌을 공유하며 그것을 통해 상대방과 소통하는 것을 의미한다. 사회적 존재인 인간은 타인의 행동을 이해할 수 있는 능력을 가지고 있는 공감의 동물이다. 인간이 가지고 있는 공감의 범위는 인간뿐 아니라 동물에게까지 미친다. 미래학자 제레미 리프킨J. Rifkin은 그의 《공감의 시대(The Empathic Civilization, 2009)》에서 "인간이 세계를 지배하는 종이 된 것은 뛰어난 공감 능력을 가졌기 때문이다."라고 했다. 그는 공감하는 인간을 '호모 엠파티쿠스Homo Empaticus'라 명명하며, 인류의 역사를 주도하는 가장 강력한 에너지는 공감이며, 미래는 확실히 '공감의 시대'가 될 것이라고 했다.

공감의 윤리학을 자신의 철학의 중심에 둔 대표적인 철학자는 쇼펜하우어다. 그는 공감은 '이기주의Egoismus'를 변화할 수 없는 인간의 본성으로 보았고 '고통에 대한 공감Mitleid'을 윤리의 기초로 삼았다. 이렇듯 쇼펜하우어의 윤리학은 타인의 고통을 배려하고 제거하는 것을 원칙으로 한다. 모든 고통의 근원은 이기주의에서 비롯된 것이기에, 윤리학은 궁극적으로 이기주의의 극복을 목적으로 삼아야 하며, 이기주의는 공감을 통해서만 극복될 수 있다고 하였다.(《공감은 이기주의를 극복할 수 있는가》소병일, 고려대학교 철학연구소, 철학 제124집. 2015.에서 발췌) 나아가 감정을 함께 느끼는 상태를 의미하는 일상적인 공감 개념보다, 역동적이며 이성적인 공감 능력에 더 많은 의미를 부여했다.

수필은 문학의 다른 장르에 비해 관조적이며 자성적인 성격이 강하다. 소통지향적이며 보편성을 추구하는 수필은, 독자에게 감동을 주었을 때 빛을 발한다. 지난 호의 작품 중 감동을 동반한 공감이 담긴 작품을 중심으로 살펴보자.

신정호의 〈겨울여행〉에서는 혼자 떠난 여행에서의 에피소드가 펼쳐진다. "본래의 자리로 돌아가기 위한 발돋음으로" 떠난 안동여행에서, 자신처럼 일행이 없는 젊은 여성을 만난다. 그녀와는 각자 혼자만의 시간을 여유롭게 누리다가 가끔 눈이 마주치면 미소를 보내곤 했다.

점심은 자유식이었다. 삼삼오오 일행끼리 테이블에서 식사를 하는데, 혼자 참석한 그녀와 자연스럽게 동석했다. 식사가 끝날 즈음, 그녀는 담배를 피워도 되는지 작가에게 동의를 구했다. 식사 전까지는 일면식도 없던 젊은 여성이, 담배를 피우겠다는데 말릴 명분은 없다.

좋을 대로 하라고 했으나, 이유는 물어야 했다. 치료를 위한 흡연이라는 의외의 답변이 돌아왔다. 그녀는 3년 전부터 조울증이라는 양극성 장애로 고생을 해왔단다. 우울증보다 더 위험하다는 증상을 치료 받기 위해, 직장도 그만두고 마음을 안정시키기 위해 혼자 여행을 다니는 중이었다. 흡연은 그녀에게 긴장을 풀기 위한 심호흡에 도움이 되는 치료의 한 방편이었다. 작가는 안쓰러운 마음이 들었다.

여행을 마치고 서울로 돌아와 뿔뿔이 흩어지는 시간. 그녀는 활짝 웃으며 내게 손을 흔들어주고 어둠 속으로 빨려들어 갔다. 당연히 이름도 묻지 않았고 나도 담담하게 돌아섰다. 그러나 내 마음을 마구 휘저어 놓은 듯 그녀의 잔영이 눈앞에서 맴돌았다. 그저 소극적인 방관자가 되어 그녀의 아픔을 어루만져주고 토닥거려줄 너그러움이 내겐 없었다는 것이 부끄러웠다. 오늘 여행은 들떴던 나를 잠재우고 새해 새 다짐도 다지기 위해 출발한 혼자만의 여행이었는데 종일 그녀의 굴레에서 벗어나지 못했다. 뿐만 아니라 내 바람에 한 가지가 더 보태졌다. 가파른 젊음의 언덕을 힘겹게 오르고 있는 그녀가 건강을 되찾고 밝은 모습으로 사회의 일원이 되어주기를 바라는 것.

— 신정호의 〈겨울여행〉에서

인간은 서로의 감정을 공유하는 동물이다. 과거에는 인간과 동물의 다른 점을 높은 인지능력에서 찾았으나, 현대사회는 지능이 아닌 공감으로 그 차이를 인식한다. 인간의 본성에는 사람은 남의 고통을 외면하지 못하는 마음이 있다. 공자는 사람으로서 평생 행해야 하는 가장 중요한 덕목으로 '서恕'라 꼽았다. 이는 자신의 마음이나 사정으로, 다른 사람을 헤아리고 깨닫는 마음이다.

더불어 살기가 쉽지 않은 환경으로 변한 현대사회 속의 개인은 소외감과 고독감 속에서 살아간다. 여행길에서 우연히 만난 젊은 여성의 고통과 슬픔에 공감한 신정호 작가는 공감이 주는 힘의 본질인 동질성의 확대에 이른다. 투병생활을 털어놓은 초면의 그녀에게, 작가가 해줄 수 있는 명백한 위로는 없어 보인다. 홀가분함을 즐기기 위한 혼자만의 여행길이었으나, 그녀의 이야기를 경청하는 순간 작가에게 마음의 여유는 사라졌다. 그녀의 상황에 몰입하고 공감하여 일상적인 대화를 나누는 것이 위로의 전부였다.

공감은 단순한 감정의 발현이 아니다. 오늘날의 인간은 본인의 의사와는 무관하게, 인터넷 네트워크를 통한 연결의 영역 초월이 이루어지고 있는 '초연결 사회'를 살아간다. 이런 사회일수록 정작 공감적 소통에는 소홀하기 마련이다. 〈겨울여행〉 결미에서 작가는 그녀가 마음의 상처를 치유받기만을 바라는 심정을 토로한다. 그녀의 고통에 대한 작가의 공감은, 조급함보다는 여유롭게 기다리며 보낸 시간에 대한 보상이 해피엔딩으로 이어지기를 바라는 간절함으로 이어진다.

이성환의 〈역린을 건드리다〉는 도입부터 심상치 않다.

벤치 위에 권력 아닌 권력이 누워 있다. 누군가를 꾸짖듯 입을 연다. 장벽처럼 우람스레 서 있는 청사를 향해 손가락질하고, 가끔 소리

를 버럭 지르지만 아무도 관심조차 없다. 누구도 저 여인을 통제하거
나 간섭할 수 없다.

— 이성환의 〈역린을 건드리다〉 중에서

여인은 백발의 노숙자다. 첫 문단의 분위기로 보아 그녀는 쉽사리 범접할 수 없는 예사롭지 않은 인물이다. 그녀가 출근하듯 도착한 검찰청 청사는, S가 업무상 들르는 곳이기도 하다. 그녀는 추운 날에는 민원실 안에 앉아있거나 여름철에는 청사 뜰의 벤치에 누워있기를 일삼았다. 그녀가 어지간한 세간 살림이 다 들어있는 무거운 짐으로 인해 인도의 턱을 넘지 못했을 때, S는 그녀의 짐을 승강기까지 옮겨준 적이 있다. 그녀는 혼자서 공연 비슷한 행위를 하거나 무당처럼 보이기도 했으나 출근길의 S는 발걸음을 돌리곤 했다

반복되는 행동으로 배회하는 그녀를 보며 S는 사뮈엘 베케트 원작 〈고도를 기다리며〉의 주인공 블라디미르와 에스트라공을 떠올린다. 부조리극의 고전으로 꼽히는 이 연극은, 한적한 길가의 나무 옆에서 '고도'를 기다리는 두 남자의 반복적인 대사가 큰 비중을 차지한다. 막이 끝날 때마다 소년이 등장해 연극의 중심 테마인 고도가 오지 않으리라는 것을 알려주지만, 두 사람은 막연하게 그를 기다린다. 〈고도를 기다리며〉의 주제는 "기다린다, 오지 않는다, 그래도 기다린다." 이다. 이러한 단순한 구성에 착안해, "오지 않는 것은 절망이지만, 무엇인가 기다린다는 것은 희망이다."라는 보편적 해석을 내릴 수도 있겠다.

관찰자로서의 S는 단순한 방관자의 자세에 머무르지 않는다. 그녀

에게 필시 무슨 사연이 있으리라 짐작한다. 법정에서 판결의 부당함을 경험했거나, 기득권층 앞에서 소신을 펼쳤던 열정의 소유자일지 모른다. 정의 실현에 앞장선 투사였거나 이성과 감정의 부조화로 통곡하는 교양인이었을 수도 있다. 세상이 그녀를 냉대했으리라는 S의 예측을 뒷받침할 만한 근거는, 그녀가 줄기차게 배회하는 장소가 검찰청 청사라는 점이다.

공감은 상대방의 감정이나 생각이나 가치관이 나와 다르더라도, 그가 어려움에 처했을 때 돕고 싶거나, 상대방을 이해하기 위해 경청할 수 있는 열린 마음이다. S는 자신이 어느 정도 예측한 그녀의 처지에 공감하며, 그녀를 볼 때마다 법의 정당성에 대한 회의에 빠지곤 했다. 공감력을 갖추는 것에 머무른다면 그것은 공감이 아니다. 소통을 전제한 공감이 진정한 공감이다. S가 시도한 공감은 그녀가 길거리로 나올 수밖에 없었던 상황을 유추하거나, 그녀의 짐을 들어주거나 유심히 바라봐주는 것이었다.

그런 S가 출근길에 그녀로부터 봉변을 당한다. 혼잣말로 중얼거리는 그녀를 뒤돌아보았다는 단순한 이유에서다. 카랑카랑한 음성으로 S에게 사기꾼, 양아치라던 그녀의 호통은 욕설이 아니었다. 그에겐 고독한 영혼의 절규로 귀에 꽂혔다.

> 그것은 욕설이라기보다 우울하고 고독한 영혼의 절규에 가까웠다. 그녀의 호통은 허명과 허욕에 여전히 집착하는 S 자신을 향한 죽비 소리처럼 들렸다. 현실의 부조리에 맞서는 함성이었고, 위선의 탈을 쓰고 잘난 척하며 어깨에 힘을 주는 자들을 혼내는 회초리인 듯도 싶었

다.
 산다는 것은 참으로 예측 불허다. 언제 어디서 어떤 일을 당할지 모른다. 거미줄처럼 촘촘한 법망에 걸리지 않고 살아야 할 세상. 서로 먹고 먹히는 치열한 먹이사슬의 세계나 우리네 인생살이가 무슨 차이가 있으랴.

- 이성환의 〈역린을 건드리다〉 중에서

 그에 대한 호통이 허욕에 집착하는 자신을 향한 죽비 소리로 들리는 순간, 약자는 누구였을까. 누구라도 약자로 나락할 수 있는 예측 불허한 삶에서, 현재 호화호식한다 해서 미래를 장담할 수 있을까. 그녀가 처한 상황을 짐작하며 공감하려 했던 S, 자신이 해줄 수 있는 도움을 베풀었던 그녀에게서 돌아온 것은 비난과 호통이었다. 아이러니하게도 S는 험담을 들으며 자신을 성찰한다. 그녀에 대한 공감 또는 역린을 건드린 답례치고는 씁쓸하다.
 〈역린을 건드리다〉에서 필자가 주목한 점은 서사의 시점視點이다. 작가가 노숙여인의 행동과 사건을 바라보는 각도는, 작품에서 중요한 의미를 지닌다. 작가는 3인칭 관찰자 시점을 차용하여 여인의 외면적 행동을 이야기한다. 표정이나 외적 행동을 통해 내면세계를 암시한다는 점에서는 1인칭 관찰자 시점과 일치한다. 독자가 보지 못한 시공간에 대해 서술하지만 여인의 내면 상태에 대해서는 말하지 않으려는 의도가 분명하다.
 이 작품은 3인칭 관찰자 시점으로 구성했으나, 독자들이 S를 1인칭으로 읽을 개연성이 크다. 그렇다면 왜 작가는 굳이 자신의 이야기를 서술자 시점이 아닌 3인칭 시점으로 구성했을까. 작가 자신이 직접 등장하는 것에 대한 부담감이나, 감정적인 요인을 차단하여 여인의 상황을 더욱 객관화시키려는 포석布石이었을 확률이 높다. 이는 1인칭 서술자의 시점에서라면 피할 수 없는 '말하기telling' 기법의 해설적 성격을 지양하고자 했을 것이다. 3인층 서술 시점의 특성인 보여주기showing를 통한 현장감 유지와 일관성 획득은 작가의 의도에 적중한 것으로 보인다.

김정화의 〈막장〉의 배경은 어휘만으로 상황을 유추할 수 있는 광산이다. 일반적으로 대중문화에서 소비되는 막장은 탄광에 대한 사회적 인식을 단적으로 보여준다. 사회적인 시각에서 막장은 산업전사라는 의미를 내포한다. 막장의 주체인 광부의 삶의 내면을 담아내지 못한 단편적인 연상일 뿐이다. 현실 속의 막장은 탄광 노동자들의 삶이 막다른 곳으로 내몰려야 했던 지난한 삶을 대변한다. 그들에게 탄광촌은 정주하는 삶의 공간이 아니라, 삶을 지탱하기 위해 필연적으로 머물러야 했던 공간이었다. 그들의 바람은 막장을 벗어나는 것이었으리라. 작가 역시 이 점에 집중하며, 광부와 그들 가족의 삶에 공감한다.

작품 속의 탄광촌은 강점기의 일본 기업이 광산을 개발하고, 자원 약탈을 위해 인력을 강제 동원했던 아픈 역사의 잔재가 남아있는 현장이다. 작가가 어렵게 찾은 마을 이름이 '꽃 피는 광산마을'이라니, 광산이라는 낱말이 안겨주는 고정관념과 꽃피는 마을은 조화를 이루지 못한다. 그러나 작가가 답사한 마을은 깨밭 이랑에까지 야생화가 군락을 이루는 명실상부한 꽃피는 마을이었다. 전성기에는 황금의 땅으로 불렸다지만, 당시 광부들의 아내 몇몇은 백발의 할머니가 되어 마을에 남아있었다. 사투의 현장이었을 갱도는 출입이 금지된 상태다.

〈막장〉에서 작가의 공감은 인지의 결과물이다. 대상을 파악하지 못하고서는 공감할 수 없기 때문이다. 작가의 지인도 삶이 바닥에 이르렀을 때 광부 생활을 한 적이 있다. 고통에 대한 공감은, 자신의 고통에서 시작하건 타인의 고통에 대한 자각에서 시작하건, 물자체物自體에 대한 인식에서 기인한다. 즉 고통 속에서 살아갈 수밖에 없는 그들의 삶의 의지에 대한 작가의 인식 혹은 통찰에 의해 발생한다.

'꽃 피는 광산마을'이 광산으로서 전성기였을 당시, 광산은 저렴하고 효율적인 에너지원의 상징으로 산업 부흥의 토대가 되었으리라. 나아가 다수의 국민들에게 생존의 문제를 해결하는 방편이었으며, 보다 나은 삶에 대한 욕구 충족의 방식이었다. 현재 남아있는 광부의 가족들은 무덤덤하게 당시 삶의 밥줄이 되어준 막장에 대해 눙치고 있지만, 삶의 막다른 현장이었던 '막장'은, 광산촌 사람들에게는 금기어였다. 막장은 우리 사회 어느 곳에서나 존재한다.

창작의 고통을 안은 산실을 두고도 작가들은 저마다의 은유로써 이름을 붙여왔다. 소설가 김훈은 자신의 서재를 막장이란 말로 표현했다. 어찌 가만히 책상에 앉아 글 쓰는 일을 가지고 목숨이 달린 갱도의 막장과 비교할 수 있을까마는, 막장의 굴을 파듯 생사를 걸고 한 땀 한 땀 글 삽을 파는 글쟁이들도 존재하는 것이다. 그는 막장에서 광부가

할 수 있는 일은 딱 두 가지뿐이라고 한다. 앞으로 더 나아갈 것인지 아니면 멈출 것인지 결정하는 일이라는 것을. 만약 멈추기를 선택했다면 내려왔던 길을 따라 지상으로 되돌아가면 된다.

하지만 더 깊은 곳으로 들어가고 싶다면 어찌해야 하는가. 단단한 벽을 파내어야 할 것이다. 갱도를 개척하려는 의지를 갖고 곡괭이를 들 수 있는 곳이라면 세상 어딘들 막장 아닌 곳이 있으랴.

— 김정화의 〈막장〉에서

작가는 치열함으로 창작에 임하는 글쟁이의 자세에 대해 언급한다. 작가의 숙명인 창작의 노고는 광산처럼 생사를 판가름할 위험까지는 아닐 수 있다. 그러나 긴장의 연속인 창작자의 입장 역시 앞으로 나아가거나 그 자리에서 멈출 수밖에 없다. 나아가기 위한 방법은 한 가지, 자신만의 갱도를 개척하는 일이다. 글의 굴을 파는 작가야말로 저마다의 삶의 도구인 곡괭이를 점검해야 하리라. 김훈 작가의 표현을 빌린, 창작의 자세에 대한 작가로서의 명제가 서늘하다.

광부와 그들 가족의 치열한 삶에 공감했던 작가의 시선은 보편적인 인간의 막장으로 확산된다. 나아가 "막장까지 무너졌던 한 여자의 옛 기억"에 머문다. 탄광촌을 찾아 광부와 그의 가족의 삶에 대한 공감은, 창작자로서의 작가의 치열함을 대변하는 작가의 막장에서, 작가 인지모를 한 여자에 대한 기억으로 수렴된다. 나아가 막다른 삶의 터에 뿌리를 내렸던 광부와 그들의 가족과의 공감을 획득한다.

공감의 대상은 타인만이 아니다. 이행희의 〈나와 친구가 되고 싶다〉는 지금까지의 작품과는 달리 작가 자신과의 공감을 시도한다. 타인에 대한 공감의 시작은, 자신에 대한 이해가 우선되어야 한다. 모두冒頭에서 언급한 리프킨도 "자신의 취약함과 고통을 인정할 수 있어야 다른 사람의 취약함과 고통에 공감할 수 있다."고 하였다. 공감은 상대방과 일정한 거리를 유지한 채 객관적으로 상대를 관찰하는 행동이 아니라, 상대방의 마음을 나의 마음과 같이 깊이 헤아리는 것이다.

〈나와 친구가 되고 싶다〉에서 작가는 자신을 노골적으로 비난하고 학대한다. 평가는 타인을 대상으로 하지만, 작가의 주된 평가 대상은 바로 자신이다. 스스로를 적으로 규명하고 총구를 자신에게 겨누는 격이다.

삶은 자신을 발견하기 위한 항해이며, 인간이 평생 가져갈 수 있는 관계는 자기 자신과의 관계다. 사실 인간이 밖에서 찾는 모든 힘은 이미 우리 내면에 있다. 마음의 문제를 다루는 심리상담가들은 자신을 사랑하기 시작하면 삶이 놀라울 정도로 나아진다고 한다. 이렇듯 단순한 것들의 심오함을 우리는 알고 있다.

작가의 비판은 자신에 국한된 것은 아니다. 대부분의 사람들이 그렇듯이 작가도 상대방을 무의식 중에 평가한다. 자신의 행동에는 당위성을 부여하고, 상대방이 동일한 행동을 하는 경우에도 적나라한 비판을 불사한다. 마침내 작가는 자신의 이중성을 인식하며 허점투성이인 인간도 존재 자체로 귀하다는 사실을 인식한다.

온갖 깨달음이 늦은 것이 나이다. 진즉 알았어야 할 것을 이제야 알

앉다. 나에게 맞게 진도가 나가는 중이겠거니 여기자. 각자의 때는 다 다른 법이다. "당신이 알아야 할 때 알아야 할 것을 알게 될 것입니다." 란 구루의 말씀을 믿어 보자. 이런 나 자신을 알고, 다른 이들과 공감할 수 있어야겠다. 이해되지 않는 세상사도 받아들이며 품으려 노력해 보자.(중략)

목청 큰 어머니 밑에 자라서였을까. 어릴 때부터 고아이기라도 한 듯 늘 춥고 외로웠다. 칼바람을 온 몸으로 맞고 있는 겨울나무를 보며 나와 동일시했다. 못 생기고 뭐 하나 잘 하는 것 없다고 생각하여 주눅이 들었다. 분명히 사랑받고 있었는데 나는 사랑받고 있다고 느끼질 못했다. 이제라도 두 팔을 들어 스스로 다정하고 온화하게 품어주자.

— 이행희의 〈나와 친구가 되고 싶다〉에서

자아존중감의 결핍으로 인해 고통 받는 이들이 있다. 있는 그대로의 자신에 공감하지 못하는 이유는 자신에 대한 근거 없는 열등감과 단점부터 생각하기 때문이다. 인간은 불완전한 존재이기에 자신에게 완벽함을 요구하는 것 자체가 엄청난 압박이다. 스스로에 대해 비판적인 사람이 과연 무슨 역할을 해낼 수 있을까. 인간은 타인과의 관계에 조건을 붙이기 마련이지만 자신에게 공감하기 위해서는 조건을 따질 이유가 없다. 자신을 사랑할 수 있는 능력이 있을 뿐이다. 작가는 〈나와 친구가 되고 싶다〉에서 나와 친구가 되기로 작정했다. 이행희 작가는 지극히 주관적일 수밖에 없는 자신을, 객관적으로 인식하며 공감해야 할 대상을 자신으로 설정했다. 자신의 취약점을 인정했기에, 스스로 열어놓은 자유로움을 통해 일어날 기적을 체험할 수 있으리라.

홍정현의 〈위풍당당 저주 사건〉에는 상대방과 자신에게 공감하는 작품들과는 달리, 공감이라는 정서가 결여된 듯한 교사가 등장한다. 인간은 유전과 환경에 의해 형성되는 존재다. 공감 능력 역시 타고나지만 그 사람이 자라온 환경의 영향으로 능력에 차이가 있기에 누구나 공감능력을 가진 것은 아니다. 자칭 모범생이 아니었다고 고백한 작가는 열등감, 자책, 회의, 반문 등의 잔재에서 자유로울 수 없다. 억울함도 포함되어 있으나, 자신의 내면에 충실한 점이 모범이나 성실과는 다른 쪽으로 분류되는 것은 모순이다. 저주 사건의 전말에 '위풍당당'이라는 어휘를 붙인 것은 작가도 이 점을 인지하고 있음이리라.

중학교 3학년 시절의 사회교사는 명문대 출신이었다. 영문판《뉴욕 타임스》를 양복주머니에 보란 듯이 꽂고 다니곤 했다. 이과 성향인 작가에게는 지루했던 사회 시간, 사건이 발생한다. 여드름 때문에 고민이 많았던 친구 정민에게, 여드름과 교회 오빠에 관한 장시를 쓴 쪽지를 접었다. 그것을 직접 전달하지 않고 쪽지를 던졌다. 장난삼아 던진 쪽지가 위풍당당하게 그려낸 포물선을 사회 선생님에게 들키고 말았다. 작가의 시는 쪽지를 가지고 나온 학생에 의해 낭독되었다.

사춘기 중학생의 위트와 은유를 여유롭게 받아넘기기엔《뉴욕 타임스》선생님의 사고는 편협했다. 그는 체벌 아닌 단호한 어조의 저주에 가까운 말을 퍼부었다. 시를 쓴 학생은 제대로 된 삶을 살지 못하고, 시 수준의 삶을 살 것이 뻔하다는 내용이었다. 만일 교사가 이

상황을 여유로움과 위트로 받아넘겼다면, 학습 분위기는 긍정적으로 향상되었을 확률이 매우 높다. 거기에 더해 수업 시간의 일탈을 에둘러 지적하며, 시에 대한 극찬과 격려를 보냈다면 싹트기 시작했을 문학혼의 발아에 동기를 부여했으리라.

작가가 교사의 저주 내용을 지금껏 분명히 기억하는 것을 보면, 35년이라는 시간도 희석시키지 못할 강펀치였음이 분명하다. 십대의 제자에게 훈계의 수위를 넘은 저주는 일종의 언어 폭력이었다. 정작 작가 본인은 크게 상처받지 않았다. 그 이유는 아이러니하게도《뉴욕 타임스》가 선생님 말의 신뢰를 떨어트렸다는 확신이 있었기 때문이다. 십대였으나 조숙하게도 그의 영자英字 신문이 지적 허영과 우월감의 표상이었음을 눈치채버렸음을 입증한다.

오래 전 선생님이 내린 저주의 정도를 객관적으로 가늠해 봐도, 저주라 할 만한 징후는 보이지 않는다. 작가는 도리어 선생님의 안위가 궁금할 뿐.

글을 쓰며 '저주 사건'을 무한 재생하다 보니, 그 교실 정경과 사람이 친근하게 느껴진다. 시공간이 필터를 낀 것처럼 서서히 변해간다. 그때 선생님의 처진 입꼬리, 그 끝이 슬슬 올라가 옅은 미소를 만들고, 장난이 심한 제자가 귀여워 역시 장난으로 '이따위' 어쩌고저쩌고 말을 하는, 즐겨 보던 TV 시트콤의 웃기면서도 따듯한 분위기로 바뀌어 간다. 선생님의 저주가 억센 일직선에서 방향을 틀어 부드러운 포물선을 그리며 고개를 숙이며 내게 인사를 한다. 다정하게 '안녕하세요'라고. '반백'의 세월이 선물하는 필터링이다. 이럴 때는 늙어가는 게 꽤

괜찮아 보인다.

– 홍정현의 〈위풍당당 저주 사건〉에서

그날의 선생님의 저주가 위풍당당하게 부드러운 포물선으로 작가에게 우회한 것은 기억의 사후성과 세월이 안겨준 선물이다. 공감 능력 제로인 사회 교사의 비교육적인 대처는 고작 학생을 향한 저주였다.

〈위풍당당 저주 사건〉을 읽으며 영화《죽은 시인의 사회》가 떠오른다. 그 이유는 시로써 학생들과 소통하던 키팅 선생과, 학생의 시에 저주의 말을 던졌던《뉴욕 타임스》사회 교사와의 괴리 때문이다. 모교인 월튼 아카데미의 영어 담당 교사로 부임한 키팅은, 제자 앤더슨의 소심함을 고치기 위해 시인 '월트 휘트먼'의 초상화와 대면시켜 대화할 정도의 창의적인 교육 방식을 펼친다. 또한 교과서의 시를 평가하는 구절이 마음에 들지 않자 찢어버리라고 하거나, 학생들에게 현재를 즐기라는 의미의 카르페 디엠carpe diem을 외친다. 학생들은 키팅의 자유로운 교수방식에 의해 성장한 모습으로 변모한다. 학생들의 자유로운 영혼을 지지했던 키팅의 교육 철학은 학생들의 억압된 영혼에 활력소를 부여했으니, 아이비리그 대학 진학을 목표로 한 기존 체제와 전통에 익숙한 학교와의 마찰은 당연했다.

키팅은 과거에 친구들과 일탈을 즐기던 '죽은 시인의 사회'라는 동아리를 구성한 바 있다. 그 일이 드러나자, 학교에서 비밀 조직을 주동했다는 이유로 해고된다. 키팅 선생이 학교를 떠나는 날, 엔딩 장면에서 "캡틴! 마이 캡틴!"을 외치며 책상 위로 올라가던 모습은 불후의 명장면으로 남아 있다.

 사람들은 문학작품에서 낯선 감성과 언어를 수용한다. 수필은 세상에서 보고 듣고 느낄 수 있는 다양한 경험을 작가만의 방식으로 해석하여 독특한 의미를 부여한다. 수필가는 작품을 통해 자기 안의 이질성과 공존하고, 다양한 대상에 공감하기 위해 노력한다. 공감은 다른 사람의 마음에 들어가 타인을 이해하고 그의 관점으로 바라볼 줄 아는 힘이다. 문학 작품과 뇌의 관계를 분석한 연구들은 독서가 공감 능력을 향상시킨다고 한다. 수필 속의 화자인 작가들은 자신이 만난 타인과 대상에 대한 감정이입을 통해 공감에 도달한다. 작품을 통한 공감은 독자에게 이기주의를 극복할 수 있는 윤리의 기초로 작용한다.

《수필과비평》 2024, 2월호

02 욕망Desire의 속성

　인간의 욕망Desire은 맹목에 가깝다. 욕망의 함정은 무한한 자기증식이다. 따라서 욕망은 근본적으로는 충족될 수 없다. 마실수록 갈증이 나는 바닷물처럼 채워도 모자란다. 욕망은 특정한 주체와 대상이 없이도 그 자체만으로 존재하고 기능한다. 욕망은 욕망을 욕망하는 것이다. 그러나 욕망은 적극적인 행동을 촉발시키는 동인動因으로 작용하며, 세상을 살아가게 하는 의미가 되기도 한다.

　욕망은 근본적으로 마음 속에 채워질 수 없는 근본적 결여를 의미한다. 쇼펜하우어는 "인생이란 충족되지 않는 욕망과 권태 사이를 오락가락하는 시계추와 같다."고 했다. 한 가지 욕망이 성취되면 권태를 불러오고, 권태에서 벗어나기 위해 또 다른 욕망을 불러오는 욕망은 악순환을 반복한다. 집착으로 이어지는 욕망은 이기심을 확장하는 속성이 있다.

　나의 욕망이 확장되면 타인과의 갈등을 불러온다. 홉스Thomas

Hobbes로 대표되는 유물론자들은 사회 존속과 발전을 위해서는 개인의 욕망을 합리적으로 제어되어야 한다는 부정적인 입장을 취했다. 칸트Immanuel Kant 역시 욕망에서 나온 행동은 자유로울 수 없고, 오로지 이성에서 비롯된 행동만이 자유를 가져다준다고 했다.

욕망에 대한 이러한 견해는 동양의 전통에서도 반복된다. 불교에서는 탐욕을 극복해야 할 대상으로 설정해, 인간은 수행을 통해서만 이 욕망을 조절하고 에너지를 제어할 수 있다고 했다. 맹자도 "마음을 수양하는 데는 욕심을 적게 가지는 것보다 더 좋은 것이 없다(養心莫善於寡欲)."며 절욕과 과욕을 강조했다. 고통으로부터의 해방을 위해서는 욕망을 소멸해야 한다지만, 인간은 존재 자체가 욕망이다. 따라서 그것을 완전히 소멸시키는 일은 쉽지 않은 일이다.

전통 철학에서는 이렇듯 욕망의 실체를 의식적인 속성으로 여겼기 때문에 명쾌하게 설명하지 못했다. 그동안 무관심 속에 방치된 욕망의 정체가 철학의 주요한 테마로 떠오른 것은 현대에 이르러서다. 이성 중심주의에서 벗어나기 시작한 20세기에는 욕망을 이성과 대립되는 개념으로 받아들였기에, 욕망이 철학의 주요 개념으로 수용되는 것은 당연한 일이다.

이번 호에는 인간의 욕망을 합리적으로 제어하기 위해 노력하는 작가의 내면이 드러나는 작품들에 포커스를 맞추었다.

윤석희의 〈곳간 헐어내다〉

작가는 태국에 머물던 숙소에서 이사를 하게 되었다. 그동안 지낸

치앙라이 숙소는 볕과 바람이 들지 않았기 때문이다. 임시 거처라지만 생활용품은 물론 책이며 옷가지가 넘쳤다. 여행을 일삼는 작가가 모아들인 눈요깃거리는 그 규모가 개인 박물관을 능가할 정도다. 작가가 이국생활에서도 많은 짐을 소유하게 된 것은 저마다 지닌 사연이 각별했기 때문이다. 그것들을 비워내야 할 시점이었다. 꼭 필요한 것이 아닌 물건은 버리거나 현지인들에게 나누었다. 감당할 수 없는 짐들을 덜어내니 가벼워졌다. 물건을 받아들고 기뻐하는 이들이 도리어 고마웠다. 작가는 애면글면 소중히 감당했던 짐들을 과감히 처분하며 변모한 세태를 떠올린다.

> 바로 지금이다. 앉은 자리를 정리할 때다. 대신해 줄 누가 없다. 용역 업체에서 들이닥쳐 떠난 이의 세간을 포대로 쓸어 담는 영화를 보았다. 부모님 가시고 유품을 나누어 갖던 시절은 옛이야기다. 자녀들도 현금통장이나 재산에만 관심 둔다. 내게 살뜰한 것이 타인에겐 쓰레기에 버금간다. 정으로 반질반질 윤을 냈어도 새것에 밀려 세월이 무색해지기도 한다. 남은 이들에게 폐가 되지 않으려면 실속 없는 곳간부터 비워낼 일이다.
>
> — 윤석희의 〈곳간 헐어내다〉에서

겉치레에 불과했던 읽지 않을 책도 처분했다. 해묵은 옷장마저 털어내니 의식이 명료해짐을 느꼈다. 작가의 의식이 저당 잡힌 것은 물상뿐만이 아니었다. 부질없는 욕망과 욕심으로 채워진 의식의 실체는 헛것이었다. 욕망의 속성은 그 무엇으로라도 채워야만 하고, 채워진 다음에는 그것을 지켜내야 한다. 혈육에게 남겨주기 위해서다. 욕망의 악순환이 삶의 모토가 되어버린 듯한 현대사회를 반영하는 작가의 의식은 자녀를 대상으로 한 증여에 천착한다.

이성의 관점에서 보면 욕망의 근원은 결핍이다. 욕망은 자신에게 없는 것을 바라는 마음이며, 무언가를 소비하려는 마음 상태를 의미한다. 결핍이 없는 존재는 욕망하지 않는다. 욕망은 본능적인 욕구에서부터 인정의 욕구에 이르기까지 유기적으로 연계되어 있다. 작가는 곳간을 비워내는 일을 계기로 자신과 자녀에게 진정으로 원하는 것이 무엇인지 성찰한다.

많은 물건을 가지고 다닐 필요가 없는 유목민들은 소유에 대한 집착이 덜하다. 그래야만이 이동성과 유목민으로서의 존재감을 지킬 수 있기 때문이다. 여행의 목적에 방해되는 소유의식을 걷어낸다면 불필요한 내부의 욕망으로부터 벗어나 새로운 차원의 자유를 누릴 수 있다. 자유는 여행 이후의 삶으로도 확장되어 마음의 에너지를 구축하게 된다.

〈곳간 헐어내다〉에서는 작가가 자신의 곳간을 비우는 과정에서, 빈 몸으로 와서 가는 것이 삶의 실체임을 직시한다. 나아가 모으고 채워 남겨주는 행위의 무용함을 자각한다. 그동안 자신도 모르게 소유 양식에 길들여진 삶을 통찰하여 존재 양식으로 이행하는 서술의 과정에서 보편적 공감성을 확보한다.

빠르게 변화하는 시대의 트랜드는 동시대인들의 삶의 양식을 반영한다. 근래에는 삶에 필요한 최소한의 물건만 갖추고 사는 미니멀 라이프minimal life의 가치를 추구하는 이들이 증가하고 있다. 생각의 전환은 삶의 변화를 가져온다. 작가는 자신이 쌓아올린 공간을 허물기로 한다. 비워 쌓아둘 것이 없으니 자물쇠도 무용하다. 부모가 자식에게 물려줄 유산은 생의 순환 고리로써의 세대교체다. 작가의 의식 전환은 자신을 둘러싼 주변을 다른 관점에서 바라볼 수 있는 능력을 부여한다. 삶에 대한 통찰이야말로 후대에게 이어줄 정신적 유산이 아닐까.

백남일의 〈소유의 득실〉

작가가 소장한 다양한 소품은 종류와 그 양이 실로 아마추어 수준을 넘어섰다. 그것을 수집할 때의 열정을 다른 분야에 기울였다면 그 방면의 대가가 되었으리라 여길 정도다. 고물상 리어카의 도움까지 받아 많은 물품들을 비워내니 가벼워졌다. 있어도 그만 없어도 그만인 것들이었다. 물욕을 경계하라는 불가의 가르침을 실감할 정도다.

학창 시절, 작가는 오매불망 그리던 삼천리 자전거를 선물로 받았다. 소원을 이룬 기쁨도 잠시, 내리막길에서의 자전거 사고는 깊은 흉터를 남겼다. 자전거를 탐하지 않았더라면 피할 수 있었던 부상이었다. 작가는 흉터가 자전거라는 물상에 집착했던 과욕에 대한 인과응보라고 자책한다.

묵화에 열중인 작가의 아내는 액자 수집을 즐긴다. 취미를 넘어 수집광이다. 그녀가 가져다놓은 액자를 다시 내다 버린다. 아내의 눈을 피해 물건을 다시 버리는 일은 새로운 갈등을 유발할 소지를 안고 있다.

물건을 버리지 못하고 모으는 저장강박증의 사례는 점점 늘어나고 있다. 소유에 대한 믿음은 물상에 대한 과도한 의미 부여와 깊이 연결되어 있다. 그들에게 물건은 단순한 물상이 아니라 중요한 관계의 대체물이거나 결핍의 보상이 된다. 현대인들의 과잉 소유와 저장은 불안감이나 공허감과 무관하지 않다.

작가는 소유와 함께 부여된 권리와 의무에 대해 생각하며 '버리다'의 어원에 천착한다.

> '버리다'의 어근語根은 '벌'이다. 이는 팔 또는 손의 뜻을 지닌다. 버린다는 건 내 수중에 든 획득물을 방기放棄하는 행위이다. 허공을 훨훨 날아다니는 날짐승은 먹고 남은 것을 몸에 지니는 법이 없다. 배고프면 그때그때 벌레 따위를 잡아먹고, 배부르면 나뭇가지 위에 앉아 여유를 지지배배 노래 부르며 생의 열락을 찬미한다.
>
> 한데, 인간은 배부르면 부를수록 곳간에 욕심을 비축하는 데 여념이 없다. 그래서 어리석은 사람은 닫는 사슴을 보고 얻은 토끼를 잃기 다반사다. 그래서 가진 것에 만족할 줄을 모르고 늘 없는 것에 연연하기 때문에 인간의 비극은 끊이지 않는다. 소유한다는 건 권리와 함께 의무가 부여된다는 사실을 결코 망각해선 안 되겠다.
>
> — 백남일의 〈소유의 득실〉에서

소유는 자유가 아니다. 대상이 무엇이든 마찬가지다. 어떤 대상을 소유할 때, 그것이 무엇이든 상대가 누구이든 내가 소유하고 붙잡는 것은 아니다. 내가 소유한다는 것은 착각일 뿐, 실은 자신이 소유당하고 붙잡히는 것이다. 대상으로부터 자유롭고 싶거든 그것을 자유롭게 놓아주어야만 한다.

〈소유의 득실〉에서 작가는 물상의 노예가 되었던 집착에서 벗어나고자 한다. 그것들로부터 해방되기 위해 먼저 그것들을 풀어준다. 정리가 필요한 것은 집 안을 채운 물상이 아니라 우리 자신인지 모른다. 결미에서 작가는 소유야말로 자기를 구속하는 올가미라는 생각에 이른다. 이렇듯 자신의 경험을 의미화하여 소유와 존재를 통찰하여 보편적 공감에 도달한다.

김용순의 〈꽃향유가 핀 작은 액자〉

욕망이란 생산적인 활동을 이끄는 동력일 뿐 아니라 생산적인 능력 자체를 뜻하기도 한다. 〈꽃향유가 핀 작은 액자〉에는 김용순 작가가 은퇴 이후, 물질적 사회적 욕망을 내려놓고 자유로운 의식의 흐름에 순응하는 삶이 담겨 있다. 작가가 송년 모임에서 받은 캘리그래피 액자에는 보랏빛 풀꽃 몇 송이와 "누군가의 꿈이 되는 삶을 살자."라는 문구가 적혀 있었다.

이 문구는 작가에 누군가의 꿈은 물론, 가족의 꿈도 이루어주지 못했던 시절을 불러온다.

> 두 아이를 키우면서 아이들의 꿈이 되려고 애썼지만, 오히려 그들의 꿈에 걸림돌이 된 경우도 없지 않다. 큰애가 미국에서 어학연수를 마치고 학업을 계속하고자 했을 때 도움이 못 됐었다. 비싼 학비와 체

류 비용 문제는 아무리 계산을 거듭해도 당시 형편에서는 답이 나오지 않았다. 꿈을 접고 돌아오는 딸을 공항으로 마중 가서 보니 그 발랄하던 모습은 어디 갔는지 그늘진 얼굴에 기운이 하나도 없었다. 장시간 비행으로 멀미가 났을 뿐이라고 억지로 웃어 줄 때 같이 웃지 못하고 고개를 돌려야 했었다. 작은애에게도 꿈길을 마냥 응원해 주지는 못했다. 학문의 길에서나 직업을 선택할 때 집안 사정을 감안해서 꿈으로 가는 지름길을 두고 우회하는 눈치가 역력했지만, 그냥 지켜볼 수밖에 없었다.

— 김용순의 〈꽃향유가 핀 작은 액자〉에서

경제적 지원이 절실했던 시절에 그들에게 꿈이 되어주지 못했으나, 부모로서 그들이 잠시 한숨을 고르는 의자가 되어주고 싶었다. 당시 지켜보던 부모의 마음이 닿았는지 그들은 자신의 길을 가고 있다. 이제 일선에서 물러난 작가는 자신의 욕망을 비워낸 조촐한 터에 타인을 위한 의자를 내주고 싶다.

누군가의 꿈이 되어주고자 한 작가에게 마침 그 뜻을 펼칠 계기가 찾아온다. 퇴직 후 찾은 장애인복지관 현관에 놓인 낡은 의자는 쓰임새가 다양했다. 다리가 불편한 분들이 신발을 벗을 때 몸을 받쳐주고 편마비 장애인들의 지팡이와 가방을 대신 받아주는 유용한 의자였다. 작가가 그들의 삶에 수필이라는 의자 하나를 놓아주자 다짐했다. 그들이 가파른 일상에서 한숨을 고를 수 있도록 배려한 의자는 단순한 의자 이상의 의지처가 되었다.

작가는 욕망의 대상을 선회하여 그것을 장애인복지관의 문우들에게 투영한다. 그들에게 수필이라는 의자가 되어주었듯이, 세상에는 기꺼이 자리를 내준 빈 의자들이 곳곳에 있기를 바란다. 세상의 모든 존재에게는 몸과 마음을 기댈 수 있는 의자가 필요하다. 이정록 시인은 사는 게 "그늘 좋고 풍경 좋은 데가 의자 몇 개 내놓는 거여."라는 어머니의 말을 빌어 의자라는 물상을 바탕으로 한 따뜻한 배려와 교감의 시귀를 남겼다.

〈꽃향유가 핀 작은 액자〉에서 작가는 서두의 작은 액자에 적힌 문구라는 소재를 상징적으로 배치했다. 개인적인 체험에서 출발했으나, 작가만의 주관적 체험에 머무르지 않고 인간 삶의 보편적 영역으로 확대했다. 의자는 은퇴 후 조촐하게 비워낸 작가의 삶에서, 주제 의식을 드러내기 위한 유의미한 장치다.

이치운의 〈짠맛, 익숙함을 깨우다〉

욕망은 부도덕하거나 의지로 통제할 수 있는 대상이 아니다. 물길을 인위적으로 바꿀 수 없듯이 욕망의 흐름을 의도적으로 차단할 수 없다. 들뢰즈와 가타리가 욕망의 흐름은 자본주의적 장치로부터의 탈주하는 것을 참된 의미의 혁명이라고 보았던 것도 이 때문이다.

〈짠맛, 익숙함을 깨우다〉는 인간의 보편적인 감각 현상으로 서두를 연다. 바닷물의 짠맛에 익숙해지면 사람들은 점차 감각이 무디어져 그것을 느끼지 못한다. 삶에서의 즐겁고 행복한 순간들도 시간이 지나면 익숙해진다. 이러한 익숙함은 과거에 느꼈던 만족감과 감동을 희석시킨다. 인간이 갈망하던 소유하지 않은 것에 대한 욕망은 점차 수그러들기 마련이다. 때론 익숙함에 젖어, 본연의 가치가 사라진 것이 아님에도 더 이상 가치를 부여하지 않는다. 익숙함으로 인해 무디어진 많은 것들의 의미에 대해 더 이상 가치를 부여하지 않고 살아간다.

우리 가까이에 있어 익숙해진 것들에 대한 안도감은, 의지나 의욕을 불러일으키는 욕망의 에너지를 희석시킨다. 욕망은 새로운 타자와 마주쳐서 그것을 연결하려는 긍정적이고 생산적인 힘을 의미한다. 자신의 주변에서 만나는 특정한 연결 관계만을 고수한다면 욕망의 기존의 틀에서 축소되고 만다. 그러나 인간에게는 익숙해짐으로 인해 본연의 가치를 잃어버린 것들의 소중함을 깨닫게 되는 시기가 언젠가는 오게 마련이다.

오감五感도 예외가 아니다. 익숙해지면 무디어진다. 강한 냄새의 경우 처음 맡았을 때와 달리 시간이 지나면 무디어져 계속해서 인지하지 못하게 된다. 이렇듯 감각기관은 항상 존재하고 접촉하고 있음에도 우리가 인식하지 않으면 느끼지 못한다.

익숙한 것에 길들여지면 욕망이 사라진다. 사그라진 욕망은 무감각하거나 만족을 몰라서가 아니라 의욕이 없어서다. 욕망이란 무엇인가 하고 싶어 하는 의지나 의욕을 불러일으키는 에너지다. 매일 같은 일이 반복이 되면 지치고, 만사가 귀찮아지고, 몸이 무거워진다. 일상이 익숙해지면 관찰력 또한 무뎌진다. 낯선 곳을 여행을 하는 이유도 익숙함에서 벗어나기 위함일지도 모른다. 늘 다니는 골목, 늘 타고 다니는 버스나 지하철, 늘 먹는 음식은 너무 익숙해 설레는 감흥이 없다.
- 이치운의 〈짠맛, 익숙함을 깨우다〉에서

작가는 익숙함에 가려져, 대상의 본연의 가치를 간과하는 것을 경계한다. 대상의 겉모습에 감추어진 인식을 일깨우기 위한 작가만의 방식은 익숙한 것에서 짠맛 찾아내기다. 어떤 맛을 상반된 욕망의 대립과 타협하는 과정으로 볼 때, 그 맛이 강하고 진할수록 좋은 것은 아니다. 간단치 않은 맛의 방정식에서 작가가 내린 처방은 짠맛 처방전은 단순한 맛을 넘어 열망이 사라진 탄력을 잃은 일상에 변화를 안겨줄 것이다.

만사가 무덤덤해지려고 할 때, 사는 일에 회의가 밀려올 때 익숙함에 삶을 점령당하고 있다는 징후일지 모른다. 그 징후에서 벗어나려면 미지근한 맛보다 짠맛이 필요하다.
짠 맛이 어디 소금뿐이겠는가
- 이치운의 〈짠맛, 익숙함을 깨우다〉에서

익숙함은 타성에 젖은 태도를 유발한다. 타성에 젖어 새로운 것을 받아들이거나 변화를 두려워하면 익숙함에 잠식당한다. 미지근한 인생의 맛에서 벗어나기 위한, 짠맛에 의한 미뢰의 자극은 긴장을 유발하고, 익숙함에서의 탈출구가 될 수 있다.

삶의 본질로서의 욕망은 인간의 자연스러운 정서다. 긍정적인 의미에서의 욕망은 우리 존재의 자체를 의미한다. 내 삶의 가치 표현이기도 한 욕망은 지나치게 억제하거나 배척할 대상이 아니다. 살아 있다는 증거로서의 욕망은 무엇인가를 갈망하는 마음 상태다. 〈짠맛, 익숙함을 깨우다〉는 경험과 현상의 기록을 벗어나, 인간의 감각과 그것에 익숙해진 상태를 벗어나기 위한 장치로써 짠맛이라는 미각을 설정한다. 익숙함에서 탈피하기 위해 내가 찾아내야 할 맛에 대해 생각해 보게 한다.

한복용의 〈몬스테라와 같이〉

작가가 방에 들인 식물은 '몬스테라'다. 화원을 경영한 적이 있기에 기르는 방법도 이미 알고 있다. '몬스테라'는 외양이 독특한 식물이다. 아래로 주먹만한 잎 두 장이, 위로는 두 배쯤 큰 또 다른 잎이 다른 높이에서 자라났다. 특이한 것은 잎맥을 사이에 둔 위쪽의 잎에 구멍이 숭숭 뚫렸다는 점이다. 누군가가 칼집을 내놓은 것도 아니다.

생태계에 우연은 없다. 식물학자들은 이 식물의 습성에 대해 과다할 정도로 정연한 논리를 펼친다. 잎에 큰 구멍이 필요한 이유는 위쪽 부분의 잎이 자신의 몸을 갈라 아래쪽에 햇빛을 나누어주기 위해서란다. 구멍 같은 걸 굳이 만들지 않아도 이미 잘 자랄 텐데, 헌신을 실천한다고? 그것도 식물이?

이 식물의 모습에 담긴 의미에 끌린 작가는 예술가들에 대한 후원을 아끼지 않았던 시인을 떠올린다. '에즈라 파운드'다.

몬스테라를 보면서 나는 미국의 시인 에즈라 파운드를 떠올린다. 그는 열다섯 살 때 유럽을 여행하면서 이탈리아의 문화유산에 매료되었다. 그때 시인이 되기로 결심했고 미국에서 대학을 졸업한 뒤에는 아예 유럽으로 건너갔다. 부유했던 그는 베네치아와 런던, 파리 등지를 주유하면서 엘리엇, 예이츠, 조이스 등을 도와 그들이 문학을 할 수 있도록 도움을 아끼지 않았다. 헤밍웨이는 파운드가 문인들을 "잡지에 소개하고, 감옥에서 꺼내 주고, 돈을 빌려 주고, 연주회를 알선해 주었다."고 알리며 "병원비를 대신 내고 자살하지 못하도록 설득하기도 했다."고 말했다.

— 한복용의 〈몬스테라와 같이〉에서

작가에게는 누군가에게 헌신하는 존재가 되고자 했던 계기가 있다. 스스로의 힘으로 빠져나오기 어려웠을 때, 손을 내민 누군가의 헌신이 있었다. 이제 작가는 누군가에게 '몬스테라'가 되고 '에즈라 파운드'가 되기를 바란다. 자신의 헌신으로 누군가의 재능을 북돋아 줄 수 있다면, 문학의 꽃이 개화하는 것을 지켜보고자 한다.

끝나지 않을 것 같은 암흑 속에서 나도 누군가의 도움을 받아 걸어 나온 때가 있었다. 그가 내게 준 도움은 몬스테라나 에즈라 파운드가 건넨 헌신과도 같았다. 몬스테라의 '헌신'을 가슴에 담았다. 주변을 둘러보고 재능 있는 사람을 찾아내 키워내는 일은 타고 나야 한다. 내게 온 기회를 조금 나누어주는 마음도 여유가 없으면 힘든 일이다. 자신의 본분을 지키며 주위를 살피는 일은 말처럼 쉬운 일이 아닌 것 같다.

— 한복용의 〈몬스테라와 같이〉에서

작가가 누군가의 '몬스테라'가 되기를 바라지만, 인간이기에 초심으로 일관하기는 어려운 일이다. 스스로 결정한 삶의 방향일지라도 실제 행하다보면 욕망이 불쑥 고개를 내밀 것이다. 한복용 작가가 자신의 초심과 욕망을 견제하는 방식은 대단한 사회적 거대담론이나 도덕적 이야기가 아니다. 왼손이 모르게 무언의 헌신을 실천할 뿐, 자신의 욕망에 대해 스스로를 경계한다.

 욕망은 특정한 주체와 대상이 없이도 그 자체만으로 존재하고 기능하며, 인간의 삶에서 핵심적인 역할을 수행한다. 인간은 그로 인해 매순간 자신과의 갈등을 겪는다. 그렇다면 선택해야 한다. 자신만의 좌표를 선택하고 그것을 향유하는 것이야말로 삶다운 삶을 누리는 것이다. 작가는 매순간을 자신답게 살아가기 위해 최선을 기울인다. 그리하여 타인의 시선에 의한 행복이 아닌, 바로 자신의 마음에서 비롯되는 행복을 증식시킨다.

 철학자 스피노자가 말한 '생산하는 욕망'이라는 어구에는 목적어가 없다. 이는 특정한 대상과 무관하게, 끊임없이 뭔가를 생산하는 인간 욕망의 속성을 의미한다. 따라서 욕망은 특별한 상황에서 나타나는 기제가 아니다. 맹목적이고 무의식적인 에너지의 흐름이다.

 우리는 자신의 의지와는 무관하게 변화의 급행열차에 올랐다. 급류의 소용돌이가 우리를 희롱할지라도 욕망을 덜어낸, 작가만의 셈법이 빛난다. 그로 인해 금년 봄은 유난히 포근할지니, 이 또한 좋지 아니한가.

《수필과비평》 2024. 4월호

03 대상의 본질과 문학적 형상화

 문학 작품 속에서 형상화는 작가의 개성과 차별성을 드러내는 창조적 행위다. 한 편의 수필에는 작가의 진솔한 모습이 투영되기 마련이나 여과 없는 솔직한 모습만으로 창작에 의존한다면 문학성을 갖추었다고 볼 수 없다. 작가의 영혼이 스며들지 않은 경험의 나열은 문학이라 할 수 없으며, 삶을 바탕으로 한 작가만의 해석이 담겨있어야 한다. 나의 개별적 체험은 기존의 그것들과 다른, 나만의 언어로 표현될 때 비로소 생명을 얻게 된다. 나의 경험이 개인적인 서사에 머무르지 않고, 글감의 본질을 해석하는 형상화 과정을 거쳐야 한다. 나아가 타자의 공감으로 확산되고 새로운 작품으로 재생산된다. 수필이 문학적 형상화에 도달하기 위해서는 아이러니하게도 형상화와 대립되는 의미인 교술적 측면이 공존한다. 따라서 작가의 교술과 구체적 형상화 간의 적절한 조화가 필요하다.
 문학은 의식의 세계이므로 현실에 근거를 두고 있지만 실제의 구체적 사물의 형상과는 같을 수 없다. 작가 개인의 이야기만으로는 문학이 성립될 수 없으며, 작품 속의 창조적 재현은 현실을 어떤 방식을 택하여 입체적으로 구현하느냐가 관건이다. 작은 이야기에서 출발하지만 작가의 체험은 독자에게 호소력을 갖는 보편적이고 근원적인 의미를 지닐 때 문학으로 기능한다.

지난 호에 게재된 작품 중, 개인적인 관점에서 시작된 주제가 어떤 방식으로 보편적인 차원으로 나아가 문학적 형상화에 도달하는지 살펴보았다.

거미의 생태를 통해 삶의 실존을 천착하고(함무성의 〈거미〉), 고사리에서 어머니의 삶(진해자의 〈고사리순〉)을 불러온다. 장거리 달리기를 인생에 비유하며, 스스로를 극한으로 내몰아 고통의 깊이에 도달한다(장미숙의 〈극한을 향하여〉). 항공기의 비상구 옆 좌석에서 삶의 비상구로 사유를 확산시키는가 하면(허혜연의 〈내 안에 비상구〉), 사소한 방심으로 인해 얻은 교훈(송복련의 〈방심〉)에 이르기까지 작가 개인의 다양한 삶의 현장에서 끌어올린 수필의 그물이 묵직하다.

함무성의 〈거미〉

거미는 다양한 예술 작품의 소재로 등장한다. 특유한 절지동물인 거미의 생존방식은 거미줄로 곤충을 포획하는 비호감의 전형이다. 작품 〈거미〉는 거미라는 대상에 대해 작가 자신의 명확한 판단을 유보하고 서두에서는 거미의 모습과 생태적 특성만을 구체적으로 보여준다. 거미에 대한 주관적 판단이 유보된 상태에서 대상을 객관적으로 제시한다. 거미라는 대상에 담긴 메시지를 직접적인 방식으로 드러내지 않으려는 의도다. 작가의 집 뜰에서 발견한 거미의 생태 묘사는 정원 곳곳에 부옇게 쳐놓은 촘촘한 거미줄에서 시작하여 덫으로 작용하는 거미줄의 부정적인 묘사에 이른다.

  정원에서 관찰한 거미줄과 거미에 대한 시점은 작가의 일터로 이동한다. 불경기라지만 출근을 서두르고, 어항의 물고기에게 먹이를 준다. 이어서 연이 아주머니에게 전화를 한다. 모아놓은 폐지를 전달하기 위한 자신만의 루틴이다. 그녀와의 인연은 십여 년을 넘어섰다. 연이 아주머니는 병중의 남편을 대신해 허약한 몸으로 거리에 나온 가장家長이다. 아주머니와 관련된 일화와 관찰, 경험은 거미와 그녀와의 동질성을 향해 나아간다. 먹잇감의 포획에 매달리는 거미의 생태적 특성과, 최소한의 연명을 위한 아주머니의 폐지 줍기는 독창적인 사유의 내재적 동기로 작용한다. 거미에 대한 은유적 표현은 함무성 작가의 상상력과 표현 방법에 의해 다르게 표현되고 해석된다.

    거미에게 있어 거미줄은 생존을 위한 진지한 사고의 도구이며, 거미줄을 조율하는 것은 자기 자신의 정신도 함께 조율하는 것이 아닐까. 우리가 보기에 한낱 미물도 이토록 진지하다. 생명가진 것들의 순환에서 삶의 지혜를 발견하게 된다. (중략)

    그녀의 동선마다 거미줄 같은 삶의 통로가 보이는 듯하다. 나는 그녀를 '천사거미'라고 별명을 붙였다. 아픈 남편은 그녀 삶의 원동력이고, 걷고 또 걷는 일은 그의 몸과 강인한 정신력을 키워주는 도구이다.

> 그녀는 꿋꿋이 제 삶을 가꾸는 거미를 닮았다.
>
> — 함무성의 〈거미〉에서

　작가는 힘에 부쳐 골판지를 아기처럼 업고 있는 그녀의 모습에서 리어카를 끄는 것이 아니라 리어커가 제 스스로 굴러가는 것 같다고 생각한다. 삶의 주체로서의 개체가 아닌, 어쩔 수 없는 삶의 수레에 의해 이끌려 다닐 수밖에 없는 인간의 실체를 본 것일까. 바쁜 일거리가 없음에도 사무실을 비울 수 없어 출근하는 작가의 모습도 홀로 제 영역을 사수하려는 거미와 다르지 않음을 자각한다.

　〈거미〉에서의 성찰적 시선은 자아를 타자적 자아로 인식하는 과정이며, 자아를 지각의 대상으로 전환하는 시선의 분리를 의미한다. 함무성은 성찰을 통해 '나' 자신으로 함몰되지 않고 대상에 대한 거리를 확보한다. 거미—연이 아주머니—작가 자신의 삶은, 인과관계는 무관하나 병렬적 구성으로 각자의 영역에서 자신만의 삶을 구축하기 위한 몸짓을 대변한다.

　작가가 퇴근하여 서두에서 보았던 정원의 거미줄을 바라보니 무당거미가 망가진 거미줄을 분주히 보수하고 있다. 홀로였으나 당당한 무당거미의 모습에서 느슨한 인식의 줄을 팽팽히 당기는 결미는 대상과 사태를 있는 그대로 드러내는 것에 머무르지 않고, 작가의 관념과 정서를 구체적 형상을 통해 표현하는 형상화에 도달한다. 정원의 거미와 연이 아주머니라는 구체적 인물의 삶, 나아가 작가 자신을 사유의 대상으로 삼아 실존을 드러낸다.

진해자의 〈고사리순〉

수필 쓰기는 화제에 의미를 부여하는 작업이다. 해석을 통한 의미 부여는 문학적 형상화를 통해 도달한다. 〈고사리순〉에서 작가는 어머니의 삶에 대한 공경과 그리움을 절제한다. 어머니의 모성을 표출하기 위한 담백한 묘사는 격정을 덜어낸 작가의 미적 전략이다.

오름이 많은 제주에는 초봄에 비가 자주 내리면 겨우내 단단했던 땅을 뚫고 지천에서 고사리들이 올라온다. 고사리를 위해 하늘이 비를 뿌려주기라도 한다는 듯 고사리 장마라는 이름이 붙었다니, 그 해석이 일품이다. 중산간 마을을 지나던 작가는 고사리를 채취하는 아주머니를 보고 어머니의 삶을 떠올린다. 그 시절의 어머니에게는 고사리가 생계수단이었다.

> 고사리를 한 짐 꺾은 어머니는 어둑어둑할 무렵에야 집으로 돌아왔다. 산과 들판을 헤매었으니 다리가 아프고, 고사리를 꺾을 때마다 허리를 굽혔으니 허리가 아프고, 먹을거리가 변변치 못하니 배가 고팠을 것이다. 하지만 지친 몸을 살필 새도 없이 아궁이에 불을 지폈다. 어렵게 채취한 고사리를 그대로 두면 상품이 안 된다며 곧바로 삶았다.
>
> 장작불을 붙이기 위해 작은 솔가지들을 먼저 태웠다. 그 위로 장작을 하나씩 집어넣는다. 장작은 너무 가까이 두어서도 안 되고 너무 떨어져 있어도 잘 붙지 않는다. 적당한 간격을 유지하며 솔가지에 붙은 불이 장작에 옮겨 붙기를 기다려야 한다. 어머니가 잠시 자리를 비운 사이 나는 물이 빨리 끓어오르길 바라며 아궁이에 장작을 많이 집어넣

었다. 잘 붙던 장작불이 점차 사그라들며 검은 연기만 가득 차오른다.

— 진해자의 〈고사리순〉에서

어머니의 노동은 고사리 채취에서 끝난 것이 아니다. 고사리를 삶아내기 위한 장작불의 점화 과정도 지난하다. 과욕은 점화를 더디게 할 뿐, 장작을 적당한 간격을 유지해야 불길로 옮겨 붙는다. 고사리는 자신의 몸을 굽힘으로써 그것을 얻을 수 있다. 허리를 한 번 굽힐 때 고사리 하나밖에 꺾을 수 없다는 점은 삶의 진리이자, 과욕을 버리고 순리에 따르라는 어머니의 교훈이다.

모성을 주제로 한 작품의 경우 어머니와의 에피소드를 나열하는데 머무르기 쉽다. 작가는 개인적인 서사를 제시하기보다는 어머니의 노동을 사실적으로 묘사하는데 공을 들인다. 〈고사리순〉에서는 이러한 표현 구조를 유지함으로써 객관성에 다가간다. 작가가 어머니의 삶을 고사리순으로 은유하고 집중한 것은 집요한 생명력과 가없는 모성 때문이다. 고사리를 끊어낸 뒤 며칠 후면 어느새 또 다시 줄기가 올라와 있다. 거듭 끊어도 되살아나며 고사리 장마철 내내 끊어내도 그렇게 살아간다.

작가는 어머니의 경험이 육화된 고사리라는 구체물을 내세워 어머니의 삶에 집중한다. 나아가 수많은 대상 가운데 선택적으로 고사리에 주목하여 어머니가 보낸 시간의 의미와 가치를 부여한다. "하지만 마른 장작이라고 눈물이 없는 건 아니다."라는 결미의 문장에서와 같이, 생소한 관념적 언어가 아닌 정서적 언어로 어머니에 대한 그리움을 표출한다. 고사리에 대한 객관적 시선에 머무르지 않고 대상에 대한 일반적인 인식을 벗어나 주관적인 인식을 지향한다.

허혜연의 〈내 안에 비상구〉

어떤 사물이나 사건이 수필의 대상이 되는 것은, 그것이 작가의 일상적 맥락을 벗어나는 순간이다. 〈내 안에 비상구〉에서 허혜연은 안이한 사고를 버리고, 자신의 입장을 특별한 상황으로 상정하여 성찰한다. 이는 사소해 보이지만 작가의 세계관과 부합하며, 보다 나은 삶과 세계를 구현하려는 의지의 산물이다. 수필을 통한 일상의 성찰은 그것이 나비의 소소한 날갯짓일지라도, 삶을 사는 방식과 세상을 변화시키는 하나의 방식으로 기능하기 때문이리라.

작품의 서두는 지인과의 제주 여행에서 먼저 돌아오게 된 작가가 항공표를 예매하는 장면이다. "비 오는 저녁, 나에게 엄청난 임무가 주어졌다."라는 한 줄의 서두는 독자의 시선을 붙들기에 충분하다. 비상구 옆 좌석의 승객에게 주어지는 특별한 업무는, 비상 시 탈출 업무를 보조하는 일이다.

① 탑승권 아래에는 '비상구 좌석배정 된 승객께서는 비상시에는 다른 승객의 신속한 탈출을 위하여 기내승무원을 도와주셔야 합니다.'라고 적혀있다.

② 예전에 어느 항공기가 불시착하는 사고가 있었다. 붉은 원피스를 입은 여자가 구조 헬기에 매달려 있던 모습을 뉴스 시간마다 반복

해서 보여 주던 일이 생각난다. 헬기의 프로펠러 바람에 나부끼던 처절한 모습이 안타까웠다. 나도 원피스를 입었다. 원피스의 초록 아메바 무늬가 왠지 거슬린다. 잘 입지도 않는 원피스를 오늘따라 괜히 입었다. 생떽쥐베리의 《인간의 대지》에서 주인공과 기관사가 불시착한 사막도 떠 올렸다.

③ 예전에 보았던 영화 '부루클린으로 가는 마지막 비상구'가 생각난다. 어둡고 칙칙한 영화였는데 서정적이고 아름다운 음악만큼은 가슴이 저렸다. 멜로디를 떠 올리며 줄거리를 생각하려 애썼지만 어두운 거리를 헤매던 이들의 끝없는 방황과 유린당한 여주인공의 공허한 눈빛만 아련하다. 그들에게 절실한 건 새로운 삶을 이어갈 비상구가 아니었을까.

— 허혜연의 〈내 안에 비상구〉에서

①의 문장에서 비행기 티켓 발급이라는 동일한 사건은, 좌석의 위치가 비상구 옆이라는 특수성에 따라 그 맥락이 달라지는 순간의 경험을 명백히 서술한다. 혹자는 비상구 옆 좌석의 임무를 부여받았을 때 "설마 무슨 일이야 일어나겠어~."라는 안이한 생각으로 다른 좌석에 비해 비교적 넉넉한 앞 공간의 혜택을 누리며 다행이라 생각할 수도 있다. 자신이 처한 상황을 직시하고 의식과 감정을 꿰뚫어보는 몰입도는 독자를 흡인한다.

②, ③의 문단에서 알 수 있듯이 수필이 작가 개인만의 성찰에 머무르지 않고 어떻게 독자의 공감을 이끌어 내느냐 하는 문제는 작가

의 표현구조에 의해 결정된다. 이는 문장력이나 언어에 대한 인식 등에 따라 달라질 수 있지만, 상상력은 작가의 역량을 가늠할 수 있는 사고방식과 문학에 대한 이해, 세계관 등과 밀접하다. 〈내 안에 비상구〉에서 허혜연 작가의 상상력은 자신의 가치 있는 경험에 의한 상상력이 깊고 넓게 확산되고 있음을 알 수 있다. 문학인의 소명은 창의성과 상상력의 확장에 있다 해도 과하지 않을 것이다. 일상의 우연한 체험을 기록하는데 그치지 않고, 그것에서 보편성을 추출해냈다.

> 우리는 가끔 길을 잃고 헤맨다. 비상구가 필요하다. 비상구는 많을수록 좋다. 나도 예기치 않은 일을 만나거나 관계에서 힘든 때는 비상구가 필요했다. 종교는 의지처이자 비상구다. 여행도 좋고 글쓰기나 영화, 음악 등의 예술이 주는 즐거움도 비상구가 되었다. 이 모든 걸 함께 누릴 마음 맞는 친구가 있을 때 금상첨화다.
>
> — 허혜연의 〈내 안에 비상구〉에서

허혜연은 단순한 현상의 나열을 넘어 상상력의 발현에 의한 사건의 본질에 천착한다. 불안한 이륙이었으나, 안전한 착륙에 이르기까지 동참한 독자도 비로소 안도한다. 독자의 상상력을 자극할 미완의 여지는, 자신만의 삶의 비상구에 대한 소회로 마무리된다. 유사 시 승무원을 도와 승객을 안전하게 보호할 한시적 업무를 부여받은 작가는 승객의 신분이 아닌 불안감에 사로잡혀 무사 착륙만을 기원하는 입장이 되었다. 누군가는 무심코 넘길 수 있는 일이지만, 윤리적 자아가 강한 작가는 피할 수 없는 책임감에 사로잡힌다. 〈내 안에 비상구〉에서 불안감을 털어내지 못하고, 오래 전 항공기 불시착 사건으로 인한 피해 여성의 안타까운 구조 장면을 떠올린다. 나아가 생떽쥐베리의 《인간의 대지》와 영화 《부루클린으로 가는 마지막 비상구》로 확산된다. 《잃어버린 시간을 찾아서》의 작가 마르셀 푸르스트는 '경험이 삶이고, 삶이 곧 문학'이라고 했다. 허혜연의 윤리적 태도와 진정성은, 자신만의 고유한 경험으로 마침내 발견되고 주관적으로 해명된 실존에 다다른다.

장미숙의 〈극한을 향하여〉

달리기는 〈극한을 향하여〉를 관통하는 주요한 언어이며 기호다. 달리기 기능은 어느 한 순간 급격히 상승시킬 수 없으며, 반복적인 연습을 통해 점차 속도를 높여야 한다. 달리기 위한 동일한 움직임의 반복은 심신의 활력을 주고 스트레스에서 벗어나는 계기가 될 수 있다. 작가는 동네를 뛰어다녔던 유년시절을 지나 초등학교 시절 단거리 선수 경험도 있었으나 그 정도에서 멈춘 적이 있다. 작가가 달리기에 본격적으로 도전한 것은 스스로 극한으로 내몰고 싶은 절박감에서다. 달리기는 힘이 들지만 반복하게 되는 관성이 있다. 작가에게 달리기는 자신의 한계를 돌아보고 자신감을 집중적으로 불어넣는 심폐 소생이다.

집 근처의 둘레길과 생태길로 이어지는 걷기의 여정에서, 작가는 뛰는 사람들을 보고 자신도 달려보리라 작정한다. 장거리 달리기에 대한 부담도 있었으나, 전속력으로 질주하며 화자를 추월하는 이들을 개의치 않으며 자신만의 속도를 유지하며 한계에 도전할 뿐이다.

문득 인생도 이렇게 천천히 꾸준하게 달렸으면 좋았을 걸 싶었다. 힘들다고 포기하거나 지레 피하지 않았더라면 현재의 삶이 안정된 궤도에 들어섰을지도 모를 일이다. 하지만 사는 일이란 일정한 페이스를 유지하기가 어려운 오래달리기일지도 모른다. 장애물이 너무나 많기 때문이다. 모두가 같은 지점에서 출발하지 않는 것도 변수의 요인이다. 어떤 이는 보다 우월한 환경에서, 어떤 이는 열악한 상황에서 첫발을 뗀다. 옆에서 끌어주거나 힘을 북돋아 주는 이가 있는가 하면 홀로 꿋꿋이 구간 구간을 버텨야 하는 사람도 있다.

― 장미숙의 〈극한을 향하여〉에서

달리기와 인생 사이에는 유사성이 있다. 애초부터 공정한 경쟁을 할 수 없는 상황을 비유적으로 이르는 기울어진 운동장에서는 아무리 뛰어난 사람일지라도 우승하기 어렵다. 삶의 달리기는 출발선이 다른 레이스이기에 변수도 속출한다. 함께 달리며 서로 위로를 주고 받을 수 있다면 삶의 여유가 있으련만, 조력자 없이 달려온 화자의 달리기는 낯익은 감각과 생각에서 벗어나 새로운 삶을 구축하려는 다짐이다. 나이도 잊은 채 장거리 레이스에 도전한 작가는, "바윗덩어리 같은 몸을 두 다리로 들어 올려 허공에 잠깐 세우는" 달리기가 자신의 삶에 찾아온 의미를 재발견한다. 이후에도 몇 번쯤 도전할지 모르지만, 자신의 삶을 어떤 모습으로 그릴지에 대한 진정성 있고 진중한 결미는 작가의 심중이 함축된 가볍지 않은 의미를 획득한다.

수필이 윤리적 성찰이나 자신만의 메시지를 전달하는 데에만 무게를 둔다면 공감에 이르기 어려울 것이다. 어제보다 성장한 자신을 위해 다시 운동화 끈을 조이리라는 작가의 다짐은 보편적 삶의 철학으로 육화되어 미적 울림과 공감에 이른다. 삶에서 늦은 일이란 없다고 한다. 작가의 신체도 상황을 인식하여 적응 중이다. 뒤늦게 도전한 달리기는 심신의 기능 개선 강화를 위해 뛰는 행위를 넘어 작가의 삶에 깃든 사유의 한 과정이며 삶의 방식으로서 의미를 갖는다.

송복련의 〈방심〉

방심放心은 익숙하고 사소하여 긴장을 놓아도 될 만한 상황을 전제한다. 작가가 다 내려온 줄 알았던 계단의 마지막을 놓쳐 몸이 나뒹군 것도 그 때문이다.

책을 발간한 작가는 마지막 교정지를 보낸 후에야 비로소 원고에서 해방되었다. 서둘러 책을 발송했으나 지인 몇 사람만 잘 받았다는 회신을 보내왔을 뿐이다. 책이 읽히지 않는 시대라지만 의외였다. 이유를 알고 나니 봉투에 인쇄된 작가 연락처가 잘못 기록된 것이다. 작가가 직접 연락을 받지 못한 데에서 끝날 일이 아니었다. 전화번호의 낯선 수신인은 밀려드는 전화와 책을 잘 받았노라는 감사 메시지에 시달렸으리라.

> 책을 엮는 일은 허공을 밀고 가는 호박순처럼 서두르지 않고 차근차근 해 나가야 했다. 마지막 계단에서 한눈을 팔아 걸음을 놓쳤을 때처럼 처음과 마지막 사이, 그 틈새에 숨어 있던 방심으로 실족한 거나 마

찬가지였다. 당황스럽지만 어찌해볼 도리가 없는 실수였다. 묵묵부답인 휴대폰을 바라보았을 수신인들에게 부끄러워 내내 쓰라렸지만 그나마 얻은 것도 있었다.

　고마운 사람들의 전화로 내가 넘어진 걸 깨닫게 되었고 내가 해야 할 부분을 바로 실행에 옮기는데 힘을 실어주었다. 허공에 맴돌고 있을 말들의 주인에게는 나의 마음을 전할 길 없지만 전화번호 숫자 하나 차이로 잘못 전달된 고마운 마음에 시달렸을 모를 분에게 미안함을 전할 용기를 냈다. 낯선 수신인이 여러 번의 문자와 통화를 이해하게 되었다는 내용을 전해들은 후 장문의 문자를 보냈다. 그리고 사과의 뜻으로 책을 드리고 싶다고 하니 보내달라고 주소를 전해왔다.

- 송복련의 〈방심〉에서

　인간은 누구나 살면서 많은 일들을 겪는다. 문학 작품 속에서의 경험은 자신에게 일어난 일뿐만 아니라 그것에 관여하는 것까지를 포함한다. 자신의 삶을 영위하며 순간순간 접하게 되는 문제에 어떻게 대처하느냐 하는 것은 당사자의 사고에 의해 규명된다. 봉투에 인쇄된 전화번호를 끝까지 확인하지 못한 것은 방심이었다. 번거로웠을 사태 수습과정을 거친 작가가 느낀 홀가분함과 작가의 정서에 녹아든 체험인 작품의 주제가 독자를 환기해 준다.

　작가는 단순히 멋진 어휘와 문장을 찾는 것이 아니라, 사물과 경험이 자신에게 들려주는 내밀한 소리에 귀 기울인다. 그것들은 쉽사리 드러나지 않지만, 수필가는 그 내밀한 것들을 끄집어낸다. 작가의 주관적인 체험보다는 외부의 객관적인 사물이나 사건을 화제로 삼았을

지라도, 수필은 작가의 주관적인 의미를 투여하는 방식에 가깝기 때문이다. 누구나 자신만의 삶의 경험을 이야기할 수 있으나, 작가는 그 속에서 삶에 대한 보편적인 공감대를 이끌어낸다.

위에서 살펴본 작품들은 단순한 개인적 경험으로써의 서사에 머무르지 않고 대상의 본질과 독자의 공감을 찾기 위한 여정에 올랐다. 나아가 작가의 체험이 녹아든 작품의 주제로 독자의 상상력을 이끌어냈다. 수필의 주제는 이렇듯 우리 시대의 보편적 진실과, 진실의 영속성을 의식하고 문학적 형상화를 통한 대상의 본질에 도달하기 위해 나아가야 한다.

《수필과비평》 2023, 12월호

04 죽음을 통한 삶의 성찰

셸리 케이건Shelly Kagan은 《죽음이란 무엇인가?》(엘도라도. 2012) 에서 죽음에 대한 공포와 내세에 대한 두려움보다는, 현재의 삶의 가치에 대한 중요성을 강조한 바 있다. 삶의 의미와 죽음의 본질을 추적한 그는 삶은 죽음이 있기 때문에 비로소 완성되기에 "죽음의 본질을 이해하면 가치 있는 삶을 살 수 있다."고 했다. 죽음이라는 무거운 주제를 어려운 철학용어나 종교적 의미를 배제하고, 특유의 유머 감각으로 흥미롭게 풀어내 많은 독자들의 호응을 받았다.

저마다의 인생처럼 죽음에 이르는 과정도 다르다. 또한 남겨진 자들이 망자의 죽음을 대하는 태도도 다르다. 떠난 자와 남은 자에게 공통점이 있다면, 죽음의 문으로 들어가기 전, 삶에 대한 나름의 정리를 해야 한다는 점이다.

문학 작품 속에서의 죽음은 사회적, 문화적, 개인적 맥락이 착종錯綜된 채로 해석된다. 죽음이라는 현상을 대할 때 실존 인물의 죽음과,

역사와 문학 속 인물의 죽음에 대해서는 받아들이는 온도의 차이가 다를 수밖에 없다. 역사 속 불특정인의 죽음도 어디까지나 역사일 뿐이기 때문에 저마다의 관점으로 해석한다.

죽음은 누구도 경험한 적 없는 두려움의 대상이지만, 바라보는 자의 성찰에 따라 그 의미가 다르다. 우리는 죽음을 통해 가볍게 여겼던 세상의 소중한 것들에 대해 공감하며, 존재의 근원을 인식하게 된다. 이번 호에는 죽음에 천착한 작품들에 집중했다.

민명자의 〈미라와 시간의 배를 타고〉

중편 에세이 〈미라와 시간의 배를 타고〉는 예술의 전당에 전시된 《이집트 미라 전展 : 부활을 위한 여정》에서 시작된다. 작가는 죽음을 테마로 한 전시장의 미라와 유품에서 고대인들의 삶과 죽음의 의미에 대해 파고든다. 그들에게 미라는 영생을 바라는 이들의 염원을 담은 구체물이었다. CT 스캔 기술로 미라 내부의 동영상까지 볼 수 있어 더욱 생생했으리라.

수필의 주제는 소재에 관한 관점에서 생성되기 마련이며, 독립된 시간과 공간이라는 맥락이 배제된 채 사물만으로 존재하는 체험은 없다. 작가는 전시장이라는 특정 장소의 전시품에 대해 작가만의 관점에서 관찰하고 사유한다. 이집트 미라 전의 관람을 화제로 사후 세계를 바라보는 고대인의 의식에 대한 해석의 구조로 도식화한다. 전시장이라는 시공간에서 여러 가지 요소의 결합에 의해 통합적인 주제 수렴에 도달한다.

영생을 믿었던 고대인들에게는 부활의 전제 조건인 육체보존이 중대 관심사였다. 따라서 심장의 무게 계측은 내세의 통과의례였으며, 심장이 무겁거나 균형을 이루지 못하면 부활의 꿈을 이룰 수 없다고 믿었다. 따라서 중요 장기인 심장과 신장을 특히 중요하게 다루었다. 작가는 전시된 유품을 보며 사후 세계에 무난히 진입하려면 이승에서 선량하게 살아야 한다는 경고가 아닐까 하는 생각에 섬뜩하다.

작가에게 울림을 준 전시품은 파피루스에 적힌 〈사자死者의 서書〉였다. 미라와 함께 묻힌 지하 세계의 여행지도인 〈사자의 서〉는 사후 세계의 안내서였다. 그 두루마리에는 죽은 이들이 안전하게 다음 세상에 도착하길 기원하는 기도문과 여러 가지 사건에 부딪칠 때 외우는 마법의 주문인 신들에 대한 서약 등이 적혀 있었다. 그런 구체적인 안내서에 대한 믿음 때문에, 그들은 사후세계에 더욱 집착했으리라.

그렇다하여 누구에게나 조건없이 갈 길을 안내해주는 것은 아니었다. 사자死者를 심판하는 재판관과 배심원이 지켜보는 가운데 사자가 내세로 들어갈 수 있는가를 재판 받아 통과해야만 한다. 작가는 내세는 내세일지라도 현세에서 '생자生者의 서書'라도 있으면 좋겠다고 생각한다. 어느덧 고대 이집트 시대의 인물로 빙의된 작가는 생과 사가 아련한 경계에서 상상 속의 내세 여행에 오른다.

전시작품을 화소로 한 수필은 감상에 대한 소회에 머무르기 쉽다. 작가는 〈미라와 시간의 배를 타고〉에서 전시품의 역사적 배경과 상상에 많은 부분을 할애한다. 한 발 더 나아가 평면적 구성을 벗어나 자신이 직접 타임머신에 오른 듯 그 시대로 홀연히 떠난다. 고대 장례문화를 소환해낸 작가의 상상 속에는 고려장도 등장한다. 아들의 지게에 앉아서도 홀로 귀가할 자식을 염려했던 고대의 모성을 불러온다. 그것을 담아낸 시와 장사익의 절절하고 구슬픈 노래가 떠오른다.

작가의 사후 세계에 대한 사유에 대해 지인들의 입장은 다르다. 예술적으로 사유하고 철학하는 인간만의 특권을 누리기 위해 부활하고 싶다는 이들이 있는가 하면, 고단한 삶의 재연을 거부하는 쪽도 있다.

> 사후세계란 터무니없는 몽상일지, 어쨌든 나는 영원한 안식 쪽에 무게를 둔다. 설령 지금보다 더 나은 생을 살 수 있다 해도, 어차피 선계仙界가 아닌 인간 세상에선 이쪽이든 저쪽이든 생존게임은 별반 달라질 게 없을 터, 속진俗塵에 이리저리 몸 부대끼며 사는 일은 한번 생으로 족하다. 그저 내게 주어지는 하루하루 감사히 받고, '지금, 여기'의 존재로 한세상, 나이 잘 들며 살다 가면 된다. (중략)
> 수많은 별 중 작은 별 하나같은 존재, 나는 어떤 모습으로 남을까. 잊힐 권리를 원하든 영생을 꿈꾸든, 사후 평가는 이승 떠난 '나'의 몫이 아니라 이승에 몸담고 사는 '그들'의 몫이다. 현생에서 삶의 숱한 갈래와 갈피를 어떻게 통과했는지, 그 길에 새겨진 발자국이 답을 가르는 빗장과 열쇠가 될 것이다. 미라와 잠시 만나 시간의 배를 타고 항해하면서 생각해본 답이다.
>
> — 민명자의 〈미라와 시간의 배를 타고〉에서

민명자 작가의 상상력은 단순한 관람의 소회 차원을 넘어, 문학적 진실 구현을 위해 자연스럽게 스민 삶과 죽음의 경계를 넘나든다. 전시장이라는 특정한 시공간과 여러 가지 요소의 결합에 의한 상상력은 삶과 죽음에 의미를 부여하는 해석적 행위 과정에서 주관적 가치로 작동된다. 작가의 상상력에 이끌려 따라가 본 사후세계와 다시 돌아온 현재에서 얻은 다짐은 '지금, 여기'의 존재로서 충실하면 족하리라는 결론에 도달한다.

신규의 〈황천길은 주막조차 없다는데〉

죽음에 대한 사유는 고대 이집트에서 시공을 초월하여 조선시대로 복귀한다. 신규 작가는 〈황천길은 주막조차 없다는데〉에서 매죽헌 성삼문成三問의 유허비 비각을 찾았다. 충신의 대명사로 후세에 각인된 성삼문은 세종대왕의 총애를 받은 집현전 학사였다. 세조의 반인륜적 행위를 받아들일 수 없었던 그는 세조를 임금으로 인정할 수 없었으리라.

〈황천길은 주막조차 없다는데〉는 주제와 화소들을 유기적으로 결합하여 작품을 구성하는 통일된 주제 구축을 이루었다. 성삼문의 생애를 조명한 작품의 중심내용과 그와 관련된 에피소드를 배치하고 결합하여 작품 전체를 이끌고 나가는 동기화 전략을 구사한다.

사육신의 행적을 묘사한 전기소설인 남효온南孝溫의 《육신전》에 의하면, 성삼문은 세조를 끝까지 왕으로 인정하지 않았다고 한다. 세조를 '나으리'라고 부를 정도였다. 세조가 성삼문에게 "네가 지금 나를 '전하'가 아닌 '나으리'라 하는데, 그러면 내가 준 봉록은 왜 먹었느냐?"라고 묻자, "'나으리'가 준 녹은 하나도 먹지 않았으며, 우리 집

창고 안에 고이 쌓아 두었소이다."라고 대답했다던가. 성삼문은 이러한 행동으로 가혹한 형벌을 받았다고 전해진다.

성삼문의 아버지 성승도 단종을 복위시키려는 계획에 동참했다. 사육신의 반열에는 들지 않았지만, 부자가 함께 왕에게 반기를 든 셈이다. 세조를 군주로 인정하지 못한 대역죄인으로 몰린 성삼문은 고문과 능지처참으로 생을 마감한다. 결국 형제들마저 죽어 집안이 몰락했다. 작가는 당시 참혹했을 장면을 떠올리며 몸서리친다.

> 매죽헌의 절의는 단순히 한 왕조의 신하로서 지켜야 했던 군신의 관계가 아니었다. 삶의 본능을 초월하여 인간이 무엇을 위해 어떻게 살아야 하는가를 우리에게 실행으로 가르쳐주었다. 이것은 인간만이 할 수 있는 최고의 선善이며 개인의 완성이 아닐까.
> 나는 숙연한 마음으로 유허지를 뒤로하고, 산모퉁이를 몇 굽이 돌아 그의 아버지 성승 장군과 어머니 묘역 앞에 섰다. 어느덧 해가 서녘을 붉게 물들이며 저물어간다. 매죽헌이 형장으로 실려 갈 때 지는 해를 보며 이생에서 마지막으로 지었다는 시를 생각했다.
>
> – 신규의 〈황천길은 주막조차 없다는데〉에서

작가는 매죽헌의 회한이 담긴 시구를 인용하며 소신껏 살다간 자부심인지, 인간으로서의 미련을 담은 이별가인지 모른다는 생각에 잠긴다. 성삼문의 충절과 가족의 몰락을 지켜보아야 했던 가장으로서의 회한을 되짚으며 충신의 삶을 회고하는데 머무르지 않는다. 작가가 유허지에서 560여 년 전의 성삼문의 삶을 불러온 것은, 현 세태를 풍자하려는 의도가 담겨있다. 서로 목적에 따라 무리를 이루고 쉽게 관계를 끊기도 하는 이합집산離合集散이 최선의 처세인양 후안무치를 일삼는 정치권의 세태는 바른 길을 가기 위해서라면 자신의 모든 것을 내놓았던 조상들의 충절을 돌아보게 한다.

공자는 제자 자로子路가 정치의 도道를 묻자, 군주는 "백성보다 먼저 앞장서서 솔선수범하고 게을리함이 없어야 한다."고 했음에, 훗날 역사가들은 이 말을 "백성이 하는 일을 직접 경험하고 열심히 해보라."는 뜻으로 풀이했다. 도道의 본질은 시대를 막론하고 크게 달라지지 않았을 터이나, 정치인의 마음가짐은 도와는 거리가 멀어진 것으로 보인다. 작가는 작금의 정치가 국민의 고단함을 헤아리기를 바라는 마음을 간접적으로 드러낸다.

문학은 현실을 떠나 존재할 수 없다. 나아가 삶에 기여하는 문학이 되어야 한다는 명제는 작품에 반영되어야 할 시대의식의 필요성을 강조한다. 사회적 책임과 역사에 대한 인식을 망각하지 않은 작품은 그 작품이 쓰인 시대를 반영한다. 작가는 단순히 언어만을 다루는 것이 아니다. 〈황천길은 주막조차 없다는데〉는 문학작품이 시대와 사회, 역사의식을 바탕으로 한 예술이어야 한다는 생각을 심어준다.

박석원의 〈아름다운 마무리〉

박석원의 〈아름다운 마무리〉는 한 시대를 풍미했던 대중가수의 돌연한 죽음에 대한 글이다. 노년에 접어든 작가이기에 타인의 죽음일지라도 남의 일 같지 않다. 평소 텔레비전 등에서 노익장을 과시했으며, 죽기 전날까지도 지방에서 공연을 하고 올라왔다는 현미 가수의 사망 소식도 예외가 아니다.

이를 계기로 작가는 다양한 죽음을 낙화에 비유한다. 현미 가수처럼 동백꽃이 툭 떨어지듯 졸지에 세상을 뜨기도 하지만 갈색으로 시든 목련잎처럼 처연한 모습으로 스러지기도 한다. 지인의 모친은 10년 이상 요양원에서 무의미하게 연명하다 떠났다. 망자의 안타까운 뒷모습은 평생 그가 자신의 삶에 기울인 희생과 헌신을, 당자자의 의지와는 무관하게 퇴색시키는 일이었다.

인도의 요기들은 죽음이 임박해올 때 스스로 호흡 수를 헤아린다던가. 평상 시의 호흡 빈도보다 호흡이 점점 가빠오면 죽음이 다가오고 있음을 짐작하며, 자신이 죽을 시점을 예측하는 것이다. 짚불 사그라들 듯 떠나리라는 소망을 간직하던 작가의 집안 어르신은 평소 자신의 말대로 고종명考終命을 누렸다.

죽음을 배경으로 하지 않은 탄생이 어디 있던가. 동백꽃처럼 이든, 백목련 꽃잎처럼 이든, 짚불처럼 이든, 불치의 병으로 인한 예견된 죽음이든 우린 누구나 태어나면 예외 없이 죽기 마련이다. 태어나서 늙고 병들어 죽는 생노병사의 과정은 생명붙이들의 어쩔 수 없는 숙명인 것이다.

죽음이 숙명이라면 이를 싫어하거나 두려워할 필요는 없다. 삶의 한 과정으로 편안하게 수용하면 좋으리라. 어찌 보면 죽음이야말로 삶의 완성이요 환희가 아닐까. 10조원의 재산을 남기고 암으로 세상을 떠난 스티브잡스는 죽음은 삶이 만든 최고의 발명품이라고 했으며 장자는

> 아내의 주검 앞에서 동이를 두드리며 노래를 불렀다고 하지 않던가.
>
> – 박석원의 《아름다운 마무리》에서

박석원 작가는 탄생을 죽음의 배경으로 보고 숙명의 관점에서 바라본다. 인류의 삶을 급진적으로 변화시켰던 스티브 잡스도 지병이 완치된 줄 알았으나, "죽음이란 삶의 또 다른 모습"이라는 말을 남긴 채 결국 떠났다.

장자가 아내의 주검 앞에서 동이를 두드리며 노래를 부른 이유는 나름대로 논리가 명백하다. 그녀가 태어나기 전에는 본래 삶이란 것이 없었다. 형체가 없었던 아내가 형체를 얻어 살게 되었으니, 다시 변하여 죽은 것은 순환 과정에 다르지 않다고 생각했다. 아내가 죽었다는 사실에 대한 슬픔이 없는 것이 아니었으나, 철학자다운 논리를 정립한 것이다.

스스로 준비하는 죽음에 대한 영화가 있다. 2011년에 개봉한 일본의 다큐멘터리 영화 《엔딩 노트, Ending Note》는 감독이 자신의 아버지이자 주인공인 스나다 도모아키를 직접 촬영하여 기록한 작품이다. 충실한 샐러리맨이었던 주인공은 40여 년 동안 일했던 직장에서의 퇴임을 앞두고 위암 5기 판정을 받는다. 도모아키는 예상치 못한 불청객인 죽음 앞에서 좌절하고 슬퍼할 시간이 없었다. 평소 꼼꼼했던 성격대로 죽음에 이르기 전까지 자신이 해야 할 일과 장례를 위한 절차, 초청자 명단, 가족들에게 남기는 유언 등을 기입한 '엔딩 노트'를 작성하며 담담하게 죽음을 맞이한다. 삶이 소중한 이유는 언젠가 끝나기 때문이다.

작가는 다양한 죽음의 사례를 통해 무욕이 최선이리라는 결론에 도달한다. 상선약수上善藥水의 경지를 지향하지만, 자신의 마지막 모습은 알 수 없는 불완전한 존재가 바로 인간이다.

오금자의 〈벚꽃 엔딩〉

〈벚꽃 엔딩〉은 벚꽃과 친구의 죽음을 화소로 하지만, 서정적인 도입부에는 죽음의 그림자가 드리워지지 않았다. 죽음이라는 철학적 주제를 벚꽃의 개화와 낙화라는 미적 장치로 포섭했기 때문이다. 작가는 "슬픈 일이지만 복된 일"로 죽음을 성찰하는가 하면, 낙화를 향해 "누군가 나눈 견고한 약속을 지키기 위해 봄비를 맞으며 산화"하는 존재로 죽음의 의미를 낙관적으로 서술한다. 그러나 묵직한 울림이 있다.

유독 벚꽃을 좋아했던 친구와는 동네의 개화 소식을 나누던 다정한 사이였다. 친구는 고단한 삶을 외롭게 살아서인지 벚꽃 피는 계절을 유난히 좋아했다. 개화기가 짧은 벚꽃처럼 그녀는 짧은 생을 살다 갔다.

피고 지는 꽃과 인간의 삶을 대비하기 위해 배치한 작품의 전편에 흐르는 벚꽃에 대한 관념의 알레고리allegory는 삶의 무상성에 대한 통찰을 표출한다. 인생의 무상성을 말하기 위해 작가가 차용한 방식은 벚꽃의 개화와 시듦을 사용하여 그 유사성을 적절히 암시하면서 주제를 드러내는 표현 기법이다. 이는 단순한 비유와는 달리 작품 전체가 하나의 총체적인 은유로 관철되어 있다.

벚꽃과 함께한 시간도, 사랑을 나누던 사람도 결국은 사라진다. 사라져 가는 것은 또 다른 것을 잉태하기에 아름다운 것인지도 모른다. 잠시 찬란하게 피었다가 바람결에 분분히 날려가는 벚꽃이지만 자신의 삶을 투정하지 않는다. (중략) 세상에 존재하는 것들은 사라지고 저마다의 기억으로 남는다. 벚꽃도 잠시 피었다가 떨어져 제 가치를 상실하듯 우리의 삶도 벚꽃과 무엇이 다를까. 삶이란 길고 짧은 것으로 한정되어 있을 뿐이다. 꽃잎은 떨어져서 없어지는 것이 아니라 다시 피어나기 위해 마지막 선택을 기다리는 것이다. 흔들리는 삶 속에서 떠나는 몸과 마음을 붙잡고 다시 올 분홍빛 봄을 기다린다. 나의 삶도 흘러가다가 세상에 마침표를 찍을 때 벚꽃처럼 아름답게 다시 피어날 수 있을까.

— 오금자 〈벚꽃 엔딩〉에서

〈벚꽃 엔딩〉은 친구의 죽음을 다루고 있지만 궁극적으로는 삶의 가치에 대해 이야기한다. 모든 인간에게 결국 육체적 죽음이 찾아온다는 사실은 불변의 진리이기에 봄을 기다리면서도 낙화를 예상한다. 친구의 죽음에 임하며, 생의 소멸에 대한 단순한 애도에 머무르지 않고 자신이 다른 세계에서 개화할 것인지 자문한다.

임낙호의 〈쥐다래〉

〈벚꽃 엔딩〉이 개화와 낙화 현상을 삶과 죽음으로 비유했다면, 임낙호의 〈쥐다래〉는 지인과의 추억의 매개물인 쥐다래에 관한 추억을 소환한다. K 박사와 동행했던 북한산 산행 중, 약초가 지천이었던 구간이었다. 육모정 계곡에서 본 쥐다래에 대한 기억은 생생하지만, 산악지리에 밝았던 K 박사의 체력이 급격히 저하되어 예전같지 않았다. 검진 결과 급성 백혈병이었다.

그 후 그의 임종 소식을 듣게 된다. 건설 관련 공사의 책임자로 해외 현장 근무 시에도 무더위 때문인지 건강을 잃었다가 잘 극복했던 그였다. 박식하고 진중했던 그의 면면을 추억하며 매사 열정적이던 전성기를 떠올린다.

> 산행하며 《도덕경》의 '지자불언 언자부지知者不言 言者不知'를 얘기하며 지내던 일이 주마등처럼 스쳐지나갔다. 자신의 신변이나 지식을 좀처럼 내세우지 않는 진중한 성격이 장점이었다. 내가 아는 현세의 어느 지식인보다 부족함이 없는 사람이었다. 적어도 내게는 그랬다. 하나님은 이런 귀한 인재를 왜 서둘러 부르셨을까. 저승에서 쓰실 일이 더 많으셨을까. 이대로 보낼 수 없어 길을 막고 떼라도 쓰고 싶었다. 그런다고 다시 돌아온다면 얼마나 좋을까만, 어린애 같은 부질없는 짓임을 알면서도 그랬다. 보내야 했다.
>
> ― 임낙호의 〈쥐다래〉에서

이 글에서 주요 화소로 등장하는 쥐다래는, K 박사와의 산행의 기억을 불러오게 하는 유의미한 대상이다. 오래 사는 나무로 꼽을 수 있는 쥐다래는 보기 드물게 잎이 꽃보다 화려한 나무이며 쓸모도 유용하다. 이 작품에서의 쥐다래는 그와의 인연에 구심력을 지닌 사유의 매개물로 작용한다. 꽃이 진 뒤에 더욱 화려하고 장수한다는 쥐다래 나무와, 삶에서의 개화기를 보내고 찾아온 잎의 시기를 구가하지 못한 채 성급하게 떠난 K 박사의 삶은 대조적이다.

　작가의 경험과 의식을 표출하는 글쓰기인 수필에서 작가는 단순한 회상이나 기억에 의한 경험의 재구성에 머무르지 않았다. K 박사와의 기억을 통해 일상적 경험의 파편을 의미 있는 미적 구성물로 불러온다. 그와의 동행도 빈번했던 북한산 산행을 이제는 되돌릴 수 없다. 쥐다래를 함께 보던 날에 대한 아쉬움은 지금도 남아 있지만, 이제는 그곳에 함께 갈 기약이 없다는 사실만이 명백하다.

　모든 유기체에는 피할 수 없는 죽음의 실체가 존재하며, 죽음에는 인간은 반드시 죽는다는 필연성과 그 시기를 알 수 없다는 예측 불가능성이 존재한다. 작가에게 K 박사의 급작스런 죽음은 신체가 항상성을 유지하는 능력을 완전히 상실하는 의미의 죽음에 머무르지 않고, 그와 함께 나눈 추억 속에 저장되었다.

　이상과 같이 죽음이라는 공통의 화두를 전제로 한 작품들의 면면을 살펴보았다. 작가의 일상과 경험을 토대로 그것을 언어화하는 과정에서 망자의 생과 사를 기록의 차원에 머무르지 않았다. 인간의 삶을 해석하며, 죽음에 대한 과도한 집착을 경계하는 대신 현재의 삶에 대한 깊은 성찰과 삶의 자세의 중요성을 새삼 일깨운다.

　인간이라면 누구나 삶에 대한 애착과 죽음에 대한 공포가 있기 마련이다. 죽음은 단순한 생의 소멸이 아니다. 죽음이라는 고정된 시각을 넘어, 삶의 시작은 탄생에서 시작해 죽음까지의 과정인 것을 인정한다면 나의 삶에 대한 가치가 달라질 것이다.

《수필과비평》 2023, 10월호

05 수필에서의 연상작용

　연상작용Association은 어떤 생각이나 개념이 다른 생각이나 개념과 자연스럽게 연결되는 과정으로, 문학작품에서 유연하고 창의적인 사고를 불어오는 중요한 요소다. 작가는 문학 작품에서 특정 이미지나 상황이 다른 이미지나 감정으로 확산시키는 연상작용을 통해 독자에게 깊은 감동을 전달할 수 있다. 작가의 의식의 흐름에 의한 연상작용은 대상과 사건에 대한 생각이 논리적이고 일관된 방식이 아니라, 마인드맵을 따라가듯 자연스럽게 전개된다. 따라서 연상작용은 독자와 텍스트 사이의 깊이 있는 상호작용을 가능케 한다.

　수필 속에서 작가의 연상작용은 작품의 깊이와 복합성을 더하고, 독자가 텍스트를 다양한 관점에서 해석할 수 있도록 도와준다. 독자는 작가가 설계한 연상을 통해 단순히 텍스트를 읽는 행위를 넘어 작품 내에서 제공된 단서들에 의해 영향을 받기 마련이다.

　지난호에 발표된 작품 중 평면적이고 단순한 나열을 벗어나 작가의 다층적인 내면을 반영한 작품들에 시선이 머물렀다. 작품 속 이미지나 특정 장면이 독자에게 어떤 연상 효과를 일으키는지, 그 효과가 작품의 주제와 어떻게 연결되는지 논의하고, 주제와 이미지를 유기적으로 연결하는 과정을 살펴보자.

김삼복의 〈호반우〉의 발단은 '희준犧尊'이라는 유기 그릇이다. '희준'은 통통한 몸에 짧은 네 다리로 서 있는 소가 그릇을 받들고 있는 형태의 아담한 제기다. 그것은 장식품으로 보이지만 조선시대부터 왕실과 양반 가문에서 사용되던 귀한 도구로 백제의 역사와 문화를 담고 있다.

작가의 연상작용은 '희준'에서 출발해 '심우도'로 이어진다. 심우도의 검은 소는 무명無明, 즉 깨닫지 못한 상태를 상징한다. 검은 소는 세속적인 욕망과 번뇌에 사로잡혀 참된 자아를 깨닫지 못하는 인간을 의미한다. 검은 소가 수행을 거쳐 마음이 청정해지면 깨달음을 상징하는 흰 소로 거듭나 비로소 참된 자아에 도달한다.

'희준'이라는 유기그릇, 심우도의 '소'에서 시작된 작가의 연상은 정지용 시인의 얼룩빼기 황소를 자연스럽게 불러온다. 시에서의 황소는 고향의 자연과 평화로운 삶의 상징이며 시인의 어린 시절의 기억을 상징적으로 표현한 중요한 요소다. 나아가 지금은 멀어진 과거, 즉 더 이상 돌아갈 수 없는 시절을 회상하고 향수를 달래기 위한 중요 장치다.

시인의 황소는 멍에를 메고 흙을 갈던 우리 민족의 듬직한 일꾼 '칡소'로 이어진다. 고향의 점박이 황소는 평생 일에서 헤어나지 못한 아버지 삶에 도달한다. 사고의 확산으로 가지를 치던 작가의 연상작용은 드디어 작가가 펼치고자 한 상념에 이르렀다. 고삐에 묶인 채 쟁기를 짊어진 소의 노동은 아버지의 삶과 다르지 않았다.

〈호반우〉는 농부인 아버지와 함께 살아온 소에 대한 깊은 애정을 통해 가족의 의미와 노동의 가치, 삶의 본질을 이끌어낸다. 작가는 아버지와 소라는 상징적 존재를 통해 과거와 현재를 오가며 주제에 접근한다.

작가는 아버지의 삶과 깊이 연관된 존재로 묘사된 소를 단순한 가축으로 바라보지 않고, 자연과 인간의 삶을 상징하는 존재로 여긴다. 아버지가 소를 통해 땅을 일구는 모습은 작가의 눈에 자연과 조화를 이루며 살아가는 삶의 중요한 가치였다. "온순한 호반우도 눈이 붉어질 때가 있다."는 부분에서는 소가 상징하는 인내와 고통이 아버지의 삶과 어떻게 연결되는지를 보여준다. 이러한 연상작용을 통해 작가는 자연과 인간의 관계에 대한 깊은 사유를 발전시킨다.

〈호반우〉에서 소는 아버지의 삶을 투영하며 자연의 이치와 순환, 그리고 인간의 삶 속에서의 의미를 상징하는 존재로 제시된다. 소의 노동은 아버지가 평생을 바쳐 이루어온 삶의 과정과 중첩되며, 이 과정에서의 과거의 기억을 통한 연상작용은 아버지의 삶의 가치에 대한 깊은 통찰에 도달한다.

천 년 동안 잠들어 있다는 고향의 잠룡은 어디 있는가? 어쩌면 벌써 일어나 여의주를 물고 타래치는 중인지도 모른다. 여태껏 잠룡은 칡소의 옷을 빌려 입고 논둑을 다지고 물꼬를 여닫으며 땅을 섬겼으리라.

호반우는 그렇게 넓은 토지를 네 발로 지켜냈으리라. 낡은 터에서 거북정자로 여우 바위에서 모담 언덕으로 선을 긋고 면을 만들며 삶을 채워냈을 것이다. 못물로 가득 찬 사각 논들은 아버님의 미완성 원고지, 위기도 지나고 절정도 끝나가는 데 당신의 위대한 결말의 마침표가 나는 벌써 두렵다.

- 김삼복의 〈호반우〉에서

 아버지의 삶이 마치 미완성 원고지와 같다는 결미의 비유는 당신의 삶이 아직 끝나지 않았음을 시사한다. 세상 모든 일에는 결말이 있는 법, 언젠가 미완성의 삶이 마무리될 때, 아버지의 헌신과 노동이 가져온 결과물은 어떤 것이 될지에 대한 두려움과 존경이 담겨 있다. 작가 심연의 지도를 따라 소환한 특정한 이미지들을 따라 정연하게 전개된 〈호반우〉는 아버지의 삶이라는 깊은 의미에 도달한다.
 〈호반우〉에서 연상작용은 작가가 자연에서 인간의 삶으로, 그리고 개인적인 기억에서 보편적인 삶의 의미로 사유를 확장하는 중요한 도구다. 작가는 호반우를 통해 아버지의 삶을 조망하고, 아버지의 삶이 가지는 깊은 의미를 탐구한다. 이러한 연상작용은 수필의 주제를 심화하고, 독자에게도 삶의 의미를 다시 생각하게 만드는 강력한 문학적 장치로 작용한다.

 최운숙의 〈위로〉는 삶과 죽음, 그 사이에서의 인간적인 감정과 의식을 섬세하게 탐구한다. 작가는 과거의 기억과 그 안에서의 상징적 이미지를 통해 삶과 죽음에 대한 위로라는 주제에 도달한다. 작가는

'금동대향로'의 정교함을 묘사하며 서두를 연다. 이 글의 상징적 이미지로 작용하는 '금동대향로' 앞에서 멈춘 작가의 시선은 정교하게 조각된 다섯 악사가 실제 연주하는 환영을 본다. 그들이 펼치는 선율은 향로의 연기와 함께 퍼지더니 고향집 마당으로 이어진다. 나아가 자연스럽게 가족사와 연결시키고, 아버지의 장례식과 굿판의 기억을 불러온다.

> 차일을 친 마당에 젯상이 차려있다. 종이로 사람 모양을 오린 넋이 보이고, 상 뒤 병풍에는 아버지의 옷이 걸렸다. 촛불이 켜져 있고, 실을 감아 세워놓은 수저가 밥그릇에 꼿꼿하다. 그 옆에 쌀을 담고 대나무 가지에 종이를 단 손대가 꽂혀 있다. 배 모양의 작은 상여도 보인다.
> 아버지는 안방 윗목에 반듯하게 누웠다. 숙부가 얼굴과 몸을 깨끗하게 씻기고 수의를 입혔다. 나란히 버선을 신겨드리고, 입에 쌀과 동전 세 닢을 넣어드렸다. 땅 밑에서 오랜 시간을 보내다 하늘로 날아오르는 매미처럼, 아버지는 저승길 양식과 노잣돈을 넣고 부활의 길에 섰다. 뭍에서 공부하던 나는 뱃길을 달려와 아버지를 부르며 다시 살아나달라고 애원한다. 병풍 하나를 두고 생과 사가 함께 한다.
> — 최운숙의 〈위로〉에서

아버지의 장례일, 생전에 고치지 못한 아버지의 병을 엄마가 씻김굿으로 위로하는 장면이다. 무당은 무명베에 지은 매듭을 하나씩 풀며 굿판을 이어간다. 고조된 무악소리가 가슴을 파고든다. 생사를 넘나들며 병마의 고통을 털어내기를 염원하며 벌이는 굿판은 돌아오지 않을 망자에 대한 염원을 담았다. 이 과정에서 연상작용은 단순한 관찰을 넘어, 향로에 담긴 상징적 의미와 과거의 기억을 연결하는 역할을 한다.

아버지 장례식에서 수의를 입히고, 노잣돈을 넣어드리는 과정은 의례적인 장례 절차를 넘어 아버지를 위로하기 위한 의식이다. 이 과정에서 배경으로 작용하는 무당의 굿과 무악의 소리는 이러한 감정을 더 생생하게 불러일으키며, 죽음과 그에 대한 위로의 본질에 대해 생각하게 한다.

나아가 자신의 삶과 죽음에 대해 성찰한다. 다가올 죽음에 대해 준비하고 그것을 어떻게 받아들일 것인지를 고민하며 남편과 함께 사전연명의료의향서와 장기기증 신청을 한다. 이 과정에서 연상작용은 자신이 살아온 삶을 돌아보고 남은 시간 동안 어떻게 살아야 할지에 대한 고민으로 이어진다. 이는 결국, 자유로운 죽음을 맞이하는 준비를 하는 과정에서 얻는 위로로 귀결된다.

〈위로〉의 결미는 생사의 경계를 넘어서는 사유로 나아가, 과거와 현재 그리고 삶과 죽음을 연결하며, 궁극적인 주제에 도달한다. 죽음은 단순히 삶의 끝이 아니라, 새로운 시작과 위로를 의미할 수 있다는 깨달음이라는 중심 주제를 담아낸다.

〈위로〉에서 '금동대향로'라는 특정한 대상의 관찰에서 기인한 최운숙의 연상력은, 아버지의 죽음이라는 사건을 거쳐 삶의 마지막 문을 불러온다. 아버지의 죽음과 그에 대한 의식, 그리고 자신의 죽음에 대한 준비 과정을 통해, 죽음이 주는 위로에 대한 성찰에 다다른다.

장미숙의 〈숨바꼭질〉은 작가가 일상적인 경험 속에서 글을 찾기 위해 사유의 여정을 문학적으로 재구성한다. "글을 찾으러 길을 나섰다."는 문장으로 시작한 이 글은 좋은 글을 쓰겠다는 조급한 마음을 드러낸다. 자신의 글밭이 황폐해졌음을 느낀 작가에게 걷기는 글쓰기를 위한 영감을 찾기 위한 수단이다.

첫 번째 연상작용은 야생화가 만발한 산책길에서 시작된다. 야생화의 강렬한 색과 형태를 보며 글쓰기를 위한 영감을 떠올리고 글의 흔적을 찾으려 한다. 그러나 글감은 쉽사리 얼굴을 드러내지 않는다. 작가는 숨바꼭질과 글감을 찾기 위한 작업을 비유하며, 글을 찾는 과정의 어려움과 덧없음을 상징적으로 나타낸다.

연상작용을 통한 사유의 흐름은 작가의 발길을 따라 더욱 깊어진다. 산책에서 만난 다양한 장면들은 글쓰기를 향한 작가의 사유를 자극하는 요소들로 등장한다. 시멘트 바닥에서 꿈틀거리며 방향을 잃은 지렁이의 몸짓도 작가의 눈에는 예술가의 퍼포먼스로 보인다. 녀석에게 닥칠 비극을 예상하지만 끝까지 지켜볼 수는 없다. 산속으로 이어지는 발길에서도 단어는 쉽사리 채집되지 않는다. 화사한 옷차림으로 신바람이 난 어르신들의 트로트 소리도 귓전을 맴돌 뿐 결정적인 글감으로 이어지지 않는다.

이러한 장면들은 작가의 안간힘에도 불구하고 그것들을 통해 글을 완전하게 잡아내지 못하는 한계를 드러낸다. 이런 에피소드는 글이 눈앞에서 사라지는 듯한 느낌과 함께, 글을 찾기 위한 노력과 그 과정에서의 빈번한 실패를 상징적으로 표현한다.

숨바꼭질과 글쓰기에는 흥미로운 공통점이 있다. 숨바꼭질에서는 숨어야 할 장소를 창의적으로 선택해야 하고 술래는 숨은 사람을 찾는 방법에 기지를 발휘해야 한다. 글쓰기도 마찬가지로, 독자의 관심을 끌기 위해 창의적인 표현이나 서사를 만들어내야 한다. 과정 중심의 놀이인 숨바꼭질은 놀이 자체에 목적이 있으며 승패가 즉시 가려진다. 숨바꼭질은 여러 사람이 함께 즐기는 사회적인 활동인 반면, 글쓰기는 지극히 개인적인 작업이다. 물론 독자와의 교감을 목표로 하지만, 기본적으로는 혼자서 시작하고 완성해야 하는 일이다.

완성된 글은 독자에게 전달되는 의미가 중요할 뿐 승패는 무의미하다. 작가의 의식에서 빠져나가버린 글은 바람처럼 허무하게 사라진다. 작가에게 글쓰기는 찾으려면 숨어버리고 방심하면 뒤통수치며 나타나는 숨바꼭질과 다르지 않다. 재빨리 잡아낸 묵직한 상념들도 순간의 잡생각에 달아날 때 그것들을 찾아 헤매는 것은 작가의 숙명이다.

작가는 잠시 쉬기 위해 머문 그늘의 나무의자에서 할아버지를 본다. 이어폰을 꽂은 채 졸고 있는 어르신의 깊은 주름을 헤아리는 듯 흰 머리 아래 태양빛이 비춘다. 할아버지의 주름으로 이어진 연상작용은 그것을 매개로 과거의 경험과 감정을 불러온다. 주름은 그 자체로 한 인간이 채운 시간과 삶의 결정체다. 작가는 할아버지의 주름에서 연상의 실마리를 찾으며, 한 인간이 살아온 길과 그 속에 담긴 연륜과 서사를 상상한다. 글감을 찾기 위한 작가의 연상작용은 단순한 글의 외형적 형태가 아닌, 그 속에 담긴 깊은 의미와 경험을 탐구하는 과정으로 이어진다.

글을 찾으러 나왔다가 흔적만 잡고 돌아 갈 것 같습니다. 흔적은 무수한데 숨어버린 글을 찾기란 요원하네요. 절실한 무언가가 없어서일까요. 인식의 창이 깨지지 않아서일까요. 아니면 현상이 아닌 두꺼운 사고의 벽에 숨어 있는 것일까요. 글이 집을 나간 게 아니라 어쩌면 글의 집에서 퇴출당한 게 아닌가 싶어 불안해집니다. 쭉정이나마 건지려던 마음을 탈탈 털며 집으로 돌아옵니다. 행여 오는 길에 한 조각의 글이라도 보인다면 얼른 낚아채서 생각 샘에 가둬야겠습니다. 발걸음이 점점 빨라집니다.

— 장미숙의 〈숨바꼭질〉에서

작가는 결국 글을 완전히 찾지 못한 채 귀가한다. 그러나 이 과정에서 작가는 단순히 글을 찾는 행위 자체가 중요한 것이 아니라, 그 과정에서의 사유와 성찰의 의미를 깨닫게 된다. 산책에서 일별한 대상들과의 연상작용을 통해 일상적인 경험과 관찰이 글쓰기의 중요한 요소로 작용하며, 글을 찾는 여정이 곧 주제를 탐구하는 과정임을 인식한다. 작가가 의도한 글의 흔적을 찾지 못한 불안감이 있지만, 발걸음이 점점 빨라진다는 마지막 문장으로 미루어 그 과정에서 얻은 통찰과 깨달음에 더 큰 의미를 부여하고 있음을 알 수 있다.

〈숨바꼭질〉에서 장미숙이 산책에서 만난 풍경들은 다양한 연상을 연결하는 과정이다. 이를 통해 글의 소재를 찾기 위한 일조차 화소로 확장시키며 독창성을 확보한다. 이 글에서의 연상작용은 단순히 무작위적인 생각의 나열이 아니라, 주제를 탐색하고 삶의 의미를 발견하는 과정으로 작용한다. 작가는 산책 과정에서 마주치는 다양한 장면과 경험을 통해 끊임없이 글의 흔적을 추적한다. 그 과정에서 글쓰기는 단순한 창작의 행위가 아닌, 존재와 경험을 탐구하는 여정이라는 글쓰기의 본질에 대해 생각한다.

봉혜선의 〈책등이 사는 나라〉는 지극히 개인적인 공간인 서재를 배경으로 펼쳐진다. 작가에게 책등을 보이며 꽂힌 책은 단순한 대상이 아니라, 그들만의 목소리와 성격을 가진 각기 다른 존재다. 나아가 책들과 어떻게 상호작용하며, 그것들이 자신의 삶에 어떤 영향을 미쳤는지를 섬세하게 묘사한다. 소장한 책에 대한 기억과 상상의 조화를 통해 작가가 책에 대해 깊은 애정을 담고 있음을 알 수 있다.

기억과 상상의 공간인 책장 앞에 선 봉혜선의 연상작용은, 독자에게 저마다의 서가에 꽂힌 책등을 떠올리며 그것이 내포한 의미와 개별적인 경험과 기억을 떠올리게 할 것이다. 이러한 연상은 책장 앞에서 펼친 책에 대한 기억과 경험을 통해 소재 자체가 갖는 의미를 확장하고, 독자에게 개별적이고도 풍부한 해석의 기회를 제공한다.

작가가 배열된 책등을 보며 그들이 그동안 자신에게 어떤 영향을 주었는지를 떠올리는 과정에서 책들은 자신의 삶에 영향을 끼친 존재로 변모한다. 이청준, 이승우, 최윤 작가들의 작품이 저자가 글쓰기에 대한 열정을 품게 했듯이 책장은 저자의 기억과 경험이 축적된 공간으로써, 과거와 현재를 연결하는 매개체로 작용한다.

작가별로 분류해 둔 칸에서 들리는 건 작가 나름의 주장이다. 타인에게 말 걸지 않고 자기만의 세상을 이룬, 자아를 드러내고 자아를 뛰어넘으려 하고 세상에 목소리를 낸 사람들의 소리 없는 아우성을 훑는 눈길은 오래 머문다. 슬픔을 자아내 동감하던 초창기 소설들과 여성 목소리가 높은 데도 있다. 글의 세계로 이끈 이청준 류는 내가 가졌다고 생각하던 붓을 펼치기도 전에 꺾이게도 했다. 이승우, 최윤으로 이어지는 더 용기를 북돋게도 한, 한때 탐닉했던 작가들의 이름을 사랑스러운 눈길로 더듬는다. 긴장할 것 없는 친정 같은 안온함이 감돈다. 오래 같이 있어주어 언제나 믿는다.

– 봉혜선의 〈책등이 사는 나라〉에서

작가는 책장의 특정 구역에서 작가들의 목소리를 듣는다. 이는 실제로 소리를 듣는 것이 아니라, 제목과 저자의 이름, 그리고 책을 통해 경험한 감정들을 떠올리는 것이다. 특히 여성 작가들의 목소리가 높이 들리는 부분에서는 과거의 독서 경험이 강하게 되살아난다. 이러한 연상작용은 단순한 기억의 재생이 아닌, 저자가 책을 통해 얻은 감정적 반응과 연결되며, 텍스트와 독자 사이의 깊은 정서적 상호작용을 형성한다.

책장은 단순히 책을 보관하는 곳이 아니라, 봉혜선의 상상력을 자극하는 중요한 공간이다. 작가는 책장 앞에서 책들이 서로 대화를 나누는 장면을 상상하며, 책들이 각각의 제목을 통해 서로 소통한다고 묘사한다.

아직 내게 선택되지 않은 것들이 많다. 무엇에 이끌린 것인지도 기억나지 않은 종합 시집이니 터저 시집이니 선집도 여럿이다. 저들끼리 대화하는 방식은 제목으로이다. 어느 책은 묻고 어느 책은 대답한다. 싯구 같은, 댓구 같은 책끼리도 모아두었다. 《시 읽기의 즐거움》에서 환호하다가 《시 읽기》의 괴로움에서 좌절하기도 여러 번이다. 《그늘이 발달을 하는가》하면 《사랑하다가 죽어버려라》는 충고에서 헤매기도 한다.

— 봉혜선의 〈책등이 사는 나라〉에서

이 과정에서 작가는 책들을 다시 읽고 싶어지거나, 새로운 해석을 시도해 보고 싶은 욕구를 느낀다. 이는 작가의 마음에 머무르지 않고 독자로 하여금 상상의 세계로 들어가게 하는 도구로 작용한다. 책장 앞에서의 경험을 통해 연상이 어떻게 작용하는지를 보여준 〈책등이 사는 나라〉에서는 책의 표지나 내용 이전에 책등의 제목만으로 기억과 감정을 자극하며, 과거와 현재를 연결한다.

이 글에서의 연상작용은 책이 작가 개인의 경험과 사유가 담긴 단순한 읽을거리를 넘어, 독자에게 더 깊이 있는 경험과 의미를 제공한다. 〈책등이 사는 나라〉에서 봉혜선이 문학 작품을 통해 자신만의 세계를 구축하고, 그 안에서 새로운 의미를 발견하는 중요한 과정의 산물임을 알 수 있다.

한 편의 수필에는 개인의 일상적인 경험과 기억이 승화되는 과정이 담겨 있다. 조남숙의 〈피아노 광상곡〉은 시간의 흐름 속에서 피아노와 관련된 기억들이 어떻게 연결되고, 그것이 현재의 삶에 어떤 의미를 부여하는지를 보여준다.

이 수필의 형식은 걷기라는 행위를 토대로 각각의 '바퀴'는 시간의 경과를 의미한다. 여기에서의 바퀴는 과거의 특정 기억과 연관되며, 이는 다시 현재의 감정과 생각으로 이어진다. 예를 들어, 첫 번째 바퀴에서는 피아노를 배우던 어린 시절이 떠오르고, 세 번째 바퀴에서는 임신 중 피아노를 연주하던 기억을 회상한다. 이러한 기억들은 단순한 과거의 사건이 아닌, 현재의 감정 상태와 연결된다.

여섯 개의 소제목으로 이루어진 이 글은 연상작용을 통한 시간의 흐름이 단순한 일직선이 아니다. 걷는 행위와 관련된 내용을 소제목의 첫 문단에, 피아노에 대한 기억을 둘째 문단에 각각 배치했다. 이러한 구성은 첫 문단만을 이어 읽거나, 두 번째 문단만으로 연결해도 작가의 의도를 전달하는데 무리가 없다. 속도의 완급을 조절하며 걷는 행위와 피아노에 대한 기억을 소환해내며 과거와 현재가 끊임없이 교차하며 유기적인 흐름을 이루는 매끄럽고 치밀한 구성이다.

이 글에서 피아노는 연주를 위한 악기가 아니라, 삶의 중요한 순간들을 기억하고 재구성하게 하는 매개체다. 피아노를 연주하던 어린 시절의 기억은 성인이 되어 다시 피아노를 치고 싶은 욕망으로 이어지며, 현재의 삶과 미래에 대한 기대감으로 확장된다. 피아노 연주는 작가에게 있어 일종의 치유 과정이자 자신의 감정을 표현하는 수단으로 작용한다.

〈피아노 광상곡〉에서의 연상작용은 감정을 상징적으로 표현하는 방식으로도 나타난다. 예를 들어, 피아노 학원에서의 경험은 단순한 음악 학습이 아닌, 삶의 다양한 감정들과 연결되어, '상록수' 노래를 부르던 선배의 떨리는 목소리와 같은 구체적인 기억으로 드러난다. 작가가 당시의 감정을 떠올리며, 그것이 자신에게 미친 영향을 반추하는 대목을 살펴보자.

- 여섯 바퀴

마지막이 정말 마지막이 아닐 때가 있죠. 더 걷고 싶은 날이 있거든요. 좋아하는 마음을 간직하기 위해, 싫은 것을 털어내기 위해, 미운 것을 맘껏 욕하기 위해, 과거에서 흘러나오는 빛을 붙잡기 위해, 현재라는 존재 가치를 잃지 않기 위해, 미래에 피어날 모든 것에 대해 생각하면서. 내 삶은 어디로 흐를까요. 내 심상은 어떤 의미를 가지고 하루를 마주할까요. 내 의식은 가늠하지 못하고 지나가는 것을 붙잡을 수 있을까요. 내 마음은 참혹하게 일그러진 관계를 침착하게 만질 수 있을까요. 내 얼굴은 소중하게 생각하는 일에 반응할까요. 내 사랑은 그 동안 한 일을 알고 있을까요.

피아노는 내 마음대로, 일정한 형식에 구속되지 않고, 자유롭게 삶을 연주하려 했던 나를 알고 있을까요. 어둡고 쓸쓸하고 무서운 생각에서 밝고 다정하고 즐거운 보헤미안 리듬으로 변화하려 했던 나를 잊지 않을까요. 쉼 없이 움직이고 꿈틀거리는 욕망으로부터 둥실둥실 하늘로 떠다니던, 더욱 가벼워진 몸과 마음으로 노래했던 선율을 기억할까요. 그럴까요.

- 조남숙의 〈피아노 광상곡〉에서

위에서 인용한 〈피아노 광상곡〉의 결미 부분에서는 걷기라는 일상적인 행위가 거듭 강조된다. 걷기는 작가에게 있어 과거의 기억과 감정을 불러오고, 이를 통해 현재와 미래에 대한 사유로 확산된다. 일상의 루틴으로 보이는 걷기와 피아노 연주라는 두 가지 행위는 연상작용을 통해 촘촘하게 연결되며, 일상의 사소한 순간들이 어떻게 삶의 중요한 의미를 가지게 되는지를 보여준다. 이는 〈피아노 광상곡〉에서의 연상작용이 단순히 과거만을 회상하는 것이 아니라, 현재와 미래를 새롭게 조망하는 중요한 장치임을 시사한다.

 인용한 작품들을 통해 연상작용이 문학 작품에서의 역할과 그것이 문학의 본질과 어떻게 연결되는지를 살펴보았다. 작가의 연상작용은 작가가 의도한 주제를 독자가 자연스럽게 이해하고 공감하도록 돕는 중요한 기법이며, 독자가 텍스트를 더욱 깊이 이해하고 즐길 수 있도록 도와준다. 이는 작품의 메시지를 더욱 풍부하게 만들며, 독자가 작품을 통해 다양한 의미를 발견할 수 있도록 하는 중요한 요소이다.
 작가의 사고는 연상의 테두리 안에서 작용하기 마련이며, 개연성을 통한 공감에 이르기 위해 자유 연상으로 나아간다. 우리의 경험을 통한 사유는 하나의 생각이 다른 생각을 자연스럽게 불러오도록 연결되어 있으며, 작품의 메시지 전달과 감정적 교감을 심화시키는 중요한 요소임을 알 수 있다.

《수필과비평》 2024. 10월호

제3부

01 작가로서의 자각
02 주제의식의 구체화와 의미화
03 유비類比 구조와 다층적 연상
04 작은 것에 머문 작가의 시선
05 일상에서 발아된 수필의 모티브

01 작가로서의 자각

1. 쓰는 일의 장점은 어떤 일보다 자유롭다는 점이다. 자영업자라 할지라도 업무 시간은 지켜야 하지만, 작가는 원하는 시간에 쓰고 싶은 만큼만 쓰면 된다. 경제적인 욕심만 내려놓는다면 이만한 일도 없다. 작가는 작품을 쓸 때마다 새로운 도전을 한다. 글을 쓰는 한 도전이 끝나지 않는다는 점도 장점이다. 대부분의 일은 근무 연한이 있어 정년퇴직이 적용되지만 작가는 예외다. 한 번 해병이 영원한 해병이듯 작가는 영원한 작가다.

그러나 그 노릇도 쉽지만은 않다. 캐내지 못한 보물은 무궁무진하다는 생각으로 모니터 앞에 앉지만, 내가 하려던 말은 이미 누군가가 해버렸다는 생각에 사로잡히곤 한다. 그렇다고 공산품을 생산하는 작업자처럼 무언가를 쉼 없이 만들어야 한다는 의무감에 굴복할 필요는 없다. 글쓰기에 몰입하는 즐거움과 쓰는 일의 보람을 맛보기 위해서는, 고통의 가치를 믿고 쉼 없는 노력을 기울여야 한다.

쓰는 일만이 자신의 존재를 입증하는 일이라고 생각하기 때문일까. 작가는 일상에서도 작품에 대한 상념을 쉽사리 떨쳐내지 못한다. 산책길에서도 글감을 떠올리고 청구서인양 받아놓은 청탁이 글빚으로 여겨질 때도 있다. 누가 강요한 것도 아닌, 영혼의 자유를 누리고자 시작한 글쓰기이건만 현실은 글 감옥이 따로 없다. 모든 대상이 작품과 유기적인 관계를 맺을 수는 없음에도, 한 편의 글을 완성하기 위한 작가의 예리한 촉수는 수면에 떠오른 빙산氷山의 보이지 않는 부분처럼 일상의 곳곳에 잠식해 있다.

2.《수필과비평》3월호에 발표된 작품에서도 무의식에 강박처럼 자리한 좋은 수필에 대한 열망과 작가로서의 자각을 읽을 수 있었다. 일상의 습관으로 자리잡은 메모가 단순한 기억의 기록 장치가 아닌, 창작과정에 없어서는 안 될 중요한 단서로 작용하는가 하면(차재문의 〈메모개론〉), 낙화烙畵 명인의 대작 앞에서 자신의 글쓰기를 들추어보는 계기로 삼는다(변종호의 〈인두의 궤적 낙화烙畵〉). 마음과는 달리 글 한 편 쓰기도 버거운 작가는 다작의 결실을 거둔 작가들을 보며 멀리 뛰기에 부적절한 자신의 보폭을 자책하고(이용미의 〈멀리 뛰기〉), 더 이상 페달을 밟지 않게 된 낡은 자전거를 보면서도 문학의 열망을 버리며(이정숙의 〈페달밟기〉) 오직 글로써 자신이 작가임을 입증하고자 한다. 분리수거장에 내팽개쳐진 책 묶음을 보며 책들의 속엣말에 귀 기울인다(황진숙의 〈헌책 경전〉). 오로지 작가이기 때문에 할 수 있는 사유와 고뇌다.

차재문의 〈메모개론〉

21세기에 등장한 메모광狂의 기록이 있다. 차재문의 〈메모개론〉이다. 기억력에는 한계가 있기에 인간 기억 회로는 모든 것을 담아내지 못한다. 기억의 속성은 시간이 지날수록 사라지거나 왜곡되므로 메모를 통해 기억의 효율성을 높일 수 있다. 다산 정약용 선생이 18년의 유배 생활에서 정치, 지리, 의학, 철학 등 600여 권의 저술을 남겼던 것은 평소 필기구를 지니고 다니며 기록했기 때문이다. 연암 박지원 선생도 알려진 메모광이다. 연암은 1780년 중국 사절단에 간신히 합류하게 되자 맨 먼저 한 일이 지필묵을 챙기는 일이었다. 호기심이 강한 그는 압록강에서 열하까지의 일정 내내 자신이 보았던 신기한 모습과 다양한 광경을 메모했다. 이것이 〈열하일기〉의 발단이며, 메모가 있었기에 그토록 생생한 글이 나왔을 것이다. 필기도구조차 변변치 못했을 그 시절에는 메모도 예삿일이 아니었으리라. 〈열하일기〉가 오늘날에도 고전으로 읽히는 이유는 치밀한 메모를 바탕으로 자신의 생각을 덧붙였기 때문이다. 진실을 능가할 무기는 없다. 여기에서의 진실은 순간순간을 놓치지 않는 메모에서 기인한다.

차재문에게 메모는 경험과 사유, 독서를 지피는 불씨이며 글쓰기의 자양분이요 창작의 마중물 역할을 한다.

나는 뒹굴다 여물어진 메모 밥을 먹고 산다. 밥 욕심이 대단하여 사방 곳곳에 메모를 남겨놓는다. 식탁, 서재, 화장실, 베개 끄트머리, 운전대 옆 도어포켓, 책장에도 메모한다. 책을 읽을 때는 A4 용지, 신문을 볼 때나 화장실에서는 포스트잇, 용어 개념을 해석할 때는 마커펜을 들고 냉장고에 부착한 화이트보드에 적는다. 버스나 기차 타고 여행 다닐 때는 휴대폰에 저장된 메모장이나 수첩을 이용한다.

　차창에 스치는 풍경은 눈으로 메모하고 생각에 잠기는 인상은 감성의 진폭을 높이면서 끼적인다. '연초록'을 메모할 때는 봄의 소리를 듣고 '진초록'을 메모할 때는 여름 물이 들었다고 반긴다. 문득 떠오른 생각이 빛날 때는 손가락 힘을 빼면서 단숨에 한 편의 글을 써 내려간다. 생각이 이탈해 균열이 생길 때는 흘림체의 글줄들이 이어지다 끊어진 곳곳에 환칠의 흔적을 남긴다.

— 차재문의 〈메모개론〉에서

　차재문의 메모는 시간과 공간의 구애를 받지 않으며, 내용도 가시적인 형상의 기록에 한정되지 않았다. 계절이 전한 자연의 미세한 떨림까지도 메모에 담아내다 보면 한 편의 글로 탄생하기도 한다. 이쯤 되면 차재문 작가를 메모광의 반열에 올려도 손색이 없지 싶다. 청년기부터 사회에 대한 비판의식을 글로 쓰고 싶었던 작가는 그런 내용의 메모에 적극적으로 매달렸으나 점차 부드러움의 힘으로 상처를 보듬곤 했다.

　작가에게 메모는 기억해야 하는 내용을 적는 단순한 행위가 아니다. 찰나의 영감이 떠오를 때 자연스럽게 이어지는 우발적 현상이지만 작품의 토대로 작용한다. 좋은 메모는 답을 구하는 것이 아닌 화두를 던지는 것이라는 경지에 도달한 작가에게, 시간의 흐름만큼 메모도 숙성되었다. 숙성된 메모는 세상과 작가를 위무하는 한 편의 글로 스며들 것이다.

차재문의 메모 유용론을 읽으며 필자는 한 편의 수필을 떠올렸다. 이하윤의 〈메모 광(狂)〉이다. 〈메모 광〉은 수필이 문학 장르로 자리매김하기 이전이라 볼 수 있는 1958년 발간된 《서재여적書齋餘滴》(경문사, 1958)에 게재되었다. 우리나라 최초의 대학교수 수필집인 《서재여적》에는 당시 활발하게 수필을 쓰던 17명의 인문학자들의 작품이 실려 있다. 피천득, 박종화, 양주동을 위시한 필진들의 대표작은 오늘까지도 회자되곤 한다.

> "내 메모는 내 물심양면(物心兩面) 전진하는 발자취며, 소멸해 가는 전 생애 설계도(設計圖)이다. 여기엔 기록되지 않는 어구(語句) 종류가 없다 해도 과언이 아닐 만큼 광범위한 것이니, 말하자면 내 메모는 나를 위주로 한 보잘 것 없는 인생 생활 축도(縮圖)라고도 할 수 있는 것이다.
> 쇠퇴해 가는 기억력을 보좌하기 위하여, 나는 뇌수 분실(分室)을 내지 않을 수 없었던 것이다."
>
> — 이하윤의 〈메모 광(狂)〉에서

자칭 '메모광'이라고 부를 만큼 메모에 집착했던 선생은, 떠오르는 생각이 있으면 어떤 상황에서도 기록해야 직성이 풀렸다. 선생은 단순히 메모에 미쳐있는 것이 아니라 삶 자체가 메모였으며 평소 철저한 정리 습관으로 물건을 분실한 적도 없었다. 그러던 어느 날 친구 집에서 메모 봉투를 잃어버렸다. 그것을 찾기 위해 '기차로 두 정거장이나 가서도 십 분 이상을 걸어야 하는 친구 집을 그 길로 다시 되짚어 찾아가 메모 봉투를 찾아내고야 만다. 그것을 발견했을 때 즐거움을 무엇에 비기랴. 비로소 평소에 드문 편안한 잠자리에 들었다고 할 정도다.

이 일화를 통해 알 수 있는 그의 메모 습관은 자신의 말대로 '병적'이라는 생각이 드는 반면, 서술의 이면에는 자신만의 메모 습관에 대한 긍정과 자부심이 엿보인다. 선생은 사소한 일상에서 찾은 소재로 자신의 개성을 형상화하는 동시에, 자신의 습성을 진솔하게 고백하여 독자들의 유쾌한 공감을 이끌어냈다.

65년이 흐른 뒤에도 읽히는 〈메모 광〉의 매력은, 마땅히 기록했어야 할 것을 미처 기록해두지 못했을 때 느끼는 자괴감에 대한 진솔한 고백 때문이다. 메모를 "쇠퇴해가는 기억력을 보좌하기 위한 뇌수의 분실分室"로 서술한 대목은 자신의 메모 습관에 대한 재미있는 변辨이다. 메모를 대신할 각종 매체 사용이 일상적인 현대인으로서는 선뜻 공감할 수 없으나, 메모를 "보잘 것 없는 인생 생활 축도縮圖"라 했을 만큼 메모에 빠져있었기에 사회적인 중책을 감당해냈을지 모른다.

다시 차재문의 〈메모개론〉으로 돌아가 보자. 작가가 힘들고 지칠 때마다 메모지를 찾은 이유는 메모야말로 수필가의 숙명이라는 자각 때문이리라. 차재문에게 메모는 작가로서의 존재 증명이자 심연의 사유를 한 편의 작품으로 탄생시키는 발원지다.

　　내가 지금까지 끼적거린 메모는 온 사방에 차고 넘쳤다. 진짜 좋은 메모는 답을 구하는 것이 아니라 화두 같은 질문을 던지는 것이다. 질문은 지금 없는 것의 만남이다. 쌓이면 메모 추억이 되고 기다림의 시간만큼 메모는 숙성된다.

숙성되고 곰삭은 메모들이 한 편의 글로 완성되어 세상을 매만지고 위로할 때 비로소 나는 작가라는 이름을 부끄러워하지 않게 되리라.
― 차재문의 〈메모개론〉에서

이상의 결미를 통해서도 알 수 있듯이 작가에게 메모는 단순한 기억의 기록 장치가 아닌, 창작과정에 없어서는 안 될 중요한 단서다. 숙성된 메모에는 "지금 없는 것"과의 만남인 질문이 담겨있다. 작가에게 메모가 화두의 의미를 지니듯, 삶 자체가 인간에게 던지는 화두일지 모른다. 삶은 화두를 풀기 위한 과정이다. 차재문에게 고유한 존재인 메모는 작가로서의 자신을 입증하는 창작 노트다.

변종호의 〈인두의 궤적 낙화烙畵〉

작가가 친구인 문인 화가와 함께 충북 보은을 찾아간 것은 불로 새기는 예술작품인 낙화烙畵장인을 만나기 위해서다. 귀한 지필묵을 구할 수 없던 민초들에게서 유래했던 낙화는 달구어진 인두가 절묘하게 만들어내는 전통 회화다. 작가가 만난 장인의 거친 손은 그간 장인이 걸어온 고단한 길을 짐작케 했다. 인두를 수없이 달구어 화선지에 남긴 궤적만으로 불상을 구현해야 하는 낙화의 공정은, 짐작조차 하기 어려운 과정이다. 변종호의 마음을 사로잡은 〈강산무진도江山無

盡圖〉는 조선 후기 화원 이인문의 대작으로 장인이 원작을 텍스트 삼아 일 년 남짓 매달려 완성했다. 장인의 예술혼으로 재해석하여 병풍으로 되살린 이 작품은 가히 낙화의 정점에 이르렀다고 할 만하다.

 작가가 강산무진도에 매료된 것은 원작의 완벽한 재연 때문이 아니다. 평면의 작품에서 계곡의 물소리를 듣고 나뭇잎을 흔드는 바람을 본 것이다. 캔버스에 붓칠한 작품이 아닌 화선지에 불로 달군 인두가 구현한 작품 앞에서 창작에 기울였을 장인의 피땀을 짐작한다. 국가가 인정한 낙화장이라는 영예로 그 공을 인정받았다. 세계에서 유일한 그 경지에 이르기까지 이면에 담긴 고뇌의 시간은 얼마였을까.

> 50여 년이 넘는 인두질의 장인에 비해 절반도 안 되는 내가 걸어온 문학의 길이다. 일 년여 밤낮으로 몰입해 한 작품을 완성시켜 감동을 안긴 작품이 있을 리 없다. 원고청탁을 받으면 바닥난 사유의 샘을 길어 올리고 독자의 입맛에 맞추려 한 달간 전전긍긍한다. 나름 통찰의 사유를 넣고 비유로 버무려 간결하나 진솔한 문장으로 세상에 내놓고 나면 아쉬움만 남는다.
>
> – 변종호의 〈인두의 궤적 낙화(烙畫)〉에서

 작가는 낙화 장인의 작품에서 받은 경이로움은 단순한 감동에 그치지 않는다. 자신의 글쓰기를 점검하며 창작의 변辭을 토로한다. 변종호의 작가 정신은 "삶의 무늬를 언어로 표현하는" 자신의 문학과 미술이라는 장르의 접점 앞에서 고뇌한다. 다른 장르의 예술 작품의 감홍이 사라지기 전에 자신이 걷고 있는 문학의 길을 곱씹으며 자신만의 문맥을 이어야 할 이유를 찾고 있는 것이다.

이용미의 〈멀리 뛰기〉

이용미 작가는 평소 정류장에서 버스 발판을 딛고 거침없이 인도로 훌쩍 뛰어내리는 사람들이 부럽다. 그들은 자신과는 달리 모두 멀리 뛰기에 능한 사람들로 보이기 때문이다. 어린 시절 작가가 등하굣길에 건너야 했던 냇가의 돌다리는 작은 보폭으로도 건널만 했다. 그러던 어느 날 돌다리를 건너다가 책보 틈에서 빠져나온 주판이 물에 빠졌다. 당시 귀한 신문물이었던 소중한 주판은 간신히 건져냈으나 바지도 양말도 이미 찬물에 젖은 터였다. 그 일을 회상하면, 지금이라도 두 발을 모아 뛰는 일도 문제없을 듯한데, 마음뿐이다.

작가는 넓은 보폭으로 버스를 가볍게 오르내리는 승객들을 보며, 연이어 작품집을 낼 정도로 창작 활동에 열심인 사람들을 떠올린다.

끊이지 않고 글을 쓰고 연이어 책을 내는 사람들을 멀찍이 바라본다. 멀리뛰기 선수들이다. 두 발 자유자재로 움직이는 그 모습을 보며 내 두 발을 앞뒤로 흔들어 본다. 장애는 아니다. 걸을 수도 있고 건강을 지키는 보행법을 알려준 대로 실행도 해보지만, 잠깐이다. 마음은 성큼성큼 걷는데 실지 내 보폭은 발 길이와 별 차 없이 쪼작 대서 쪼재기라 놀리던 옛 옆집 살던 할머니 생각을 하게 된다. 글 한 편 쓰기도, 힘 있게 한발 한발 내 걷는 것도 왜 이리 힘이 드는지 마치 악몽 같아서 빨리 깨어났으면 싶다.

– 이용미의 〈멀리 뛰기〉에서

   삶은 경보競步나 단거리 경주가 아닌 장거리 산책에 가깝다. 사람마다 보폭이 다르고 걸음걸이가 다르기 때문에 빨리 걷고 멀리 가기 위한 조급함보다는 나만의 보법步法과 보폭步幅을 유지하면 된다. 자신에 알맞는 걸음으로 걸으면 그뿐, 다른 이의 걸음걸이에 마음을 기울일 일은 아니다. 보폭이 좁거나 느리게 가는 사람이 도리어 멀리 갈 수 있다.
   작가들이 글이 쓰여지지 않을 때의 불안함을 토로하는 경우는 많다. 무심히 스칠 법한 일상의 장면에서도, 더디기만한 자신의 집필활동을 떠올린다. 글을 쓰지 않는다 해도 글에서 자유로울 수 없는 것은 작가로서의 소명을 자각하기 때문이다.
   수필의 보편화된 특성의 하나인 자아반영적 요소는 장르의 매력이라 할 수 있다. 대부분의 수필은 체험을 단서로 하기 때문에, 자성自省의 문학인 수필에서의 자아반영은 숙명일는지 모른다. 머지않아 넓지 않은 자신의 보폭을 도움닫기 삼아 더욱 멀리 뛸 작가의 모습을 상상해 본다.

이정숙의 〈페달 밟기〉

   작가의 자전거 타기 이력은 초등학교 시절로 거슬러 올라간다. 이웃 마을 양조장에 막걸리 심부름을 하며 밟기 시작한 페달은 자동차가 생기기 전까지 작가의 일상을 지탱해준 빛나는 도구였다. 현재는 자전거 주차장에서 먼지를 뒤집어 쓴 채 멈추어 있는 자전거를 바라보는 마음은 무겁다.

지금은 흉물로 변한 자전거를 살리기 위해서 다시 페달을 밟아야 한다. 달리기를 멈춘 자전거의 추레한 모습은 글쓰기에 몰입하지 못한 자신을 불러오는 계기로 작동한다.

어언 등단 20여 년이 지났다. 당구집 개 삼 년이면 스리쿠션을 친다는데 몇 곱절의 세월을 보내고서도 허우적거리며 쩔쩔맨다. 어쩌자고 글을 쓰려 했을까? 타고난 재주도 없을뿐더러 생생이 힘들어 끄적거리던 낙서가 한 채 집이 되었다. 그래, 해보자. 발심한 게 초년생 글쓰기 시작이었다. 그리고 하느님의 보우로 문단에 입성했다. 봐라! 나는 글쟁이다. 어깻죽지에 황금 날개가 돋친 듯했다. 그러나 그뿐이다. 황금 날개로 허공화를 붙잡으려고 바둥거렸다. 있지도 않은 도구를 가지고 있지도 않은 대상을 욕망했다. 이름값을 하려고 몸이 달았다. 그러나 어찌하리. 저 높은 곳은 정말이지 높아도 너무 높았다. 봉황이나 앉을 자리에 참새가 시늉을 한다고나 할까. 가뜩이나 문재文才가 없다고 자탄했던 터라 더럭 겁이 났다. 한 데서 추레하게 누워있는 자전거가 떠올랐다. 저것이, 흉물이 되어버린 저것이 가슴을 쳤다. 자전거는 무죄다. 다만 페달을 밟지 않아 죽은 척할 뿐이다. 그렇구나! 계속 페달을 밟지 않으면 자전거는 만사휴의萬事休矣, 글쓰기를 실행하지 않아 동동거리는 나의 욕망도 만사휴의, 하등 다를 바가 없어 보였다. 밟아야 한다. 그래야 자전거도 살고, 나도 산다는 절박함으로 쓰러진 자전거를 일으켜 세웠다. 내 마음도 함께 기립시켰다.

— 이정숙의 〈페달 밟기〉에서

등단 20년이 지난 작가의 일상을 짓누르는 부담은 글쟁이라는 사실을 자각하는 데서 비롯된다. 쓰지 않는다 하여 비난받을 리 없으나 문학이라는 이름으로 이어진 친교 활동만 무성하고 정작 글쓰기는 뒷전임을 토로한다. 자신의 욕망과 독대한 작가에게는 페달을 밟아주지 않으면 자생할 수 없는 자전거와 마찬가지로, 쓰지 않으면 문학이 주는 즐거움도 한갓 헛되고 헛되다고 생각한다. 오직 쓰는 일로 자신의 존재를 증명하는 작가로서의 자각은 여운이 길다.

황진숙의 〈헌책 경전〉

〈헌책 경전〉에서는 분리수거장의 폐지로 전락한 책들이 화소로 등장한다. 한때는 서가에서 애지중지했을 책들을 유심히 들춰보니 사서삼경에서 백과사전에 이르기까지 다양하다. 수험서나 별책부록, 교양 도서도 같은 처지로 전락했다.

손때로 얼룩진 헌책도 한때는 모서리도 반듯한 새 책이었으며 잉크 냄새만으로 존재감을 입증했으리라. 페이지마다 들어찬 활자는 "사라진 제국과 머나먼 우주의 연결고리로, 문명의 수레바퀴로, 뭇사람들의 길잡이" 역할로 제 몫을 해냈다. 지금은 노끈에 묶인 채로 수거를 기다리는 책들은 역사, 천문학 도서는 물론 인문학과 실용도서는 누군가의 삶에 없어서는 안 될 영혼의 양식이었으리라. 작가는 헌책을 들여다보며 서재 주인이 한때 지식의 바다를 항해하며 밑줄을 긋고 책장을 넘겼을 장면을 떠올린다.

책을 문명의 상징물로 떠받들던 시대가 있었다. 선비들은 책을 구하기 위해 책 동냥을 하거나 어렵사리 구한 책은 표지에 비단을 씌워 애지중지했다. 직접 읽지 못할지라도 책가도를 그려놓고 대리만족을 했던 정도로 서책의 위상은 막강했다. 책가도는 조선 후기에는 문文을 중시했던 정조의 문치 정치의 표상이다. 책가도는 그림은 궁중과 상류 계층뿐만 아니라 서민들에게까지 확산되어, 민화의 핵심적인 주제로 자리 잡았다. 책은 이렇듯 그림으로라도 대리소장하고자 했던 귀하신 몸이었으나 시대를 거스를 수는 없다. 언제부턴가 등장한 형체도 부피도 없는 전자책이 등장하기 시작했다.

각종 편리함으로 무장한 e-book의 효용은 알지만 전자책으로 전향할 수는 없다. 종이책 특유의 매력을 떨칠 수 없기 때문이다. 종이를 펼쳤을 때의 냄새와 분위기, 손이 기억하는 촉감, 마음에 드는 문장에 밑줄을 긋는 등 아날로그 감성을 발산하기엔 그만한 대상도 드물다. 한때는 단순한 소장 욕구로 인해 종이책을 구매하는 경우가 많았다. 좋아하는 작가의 책을 수집하여 그것들로 가득한 서가를 보는 것은 큰 즐거움이었다.

그런 장점에 매료되어 종이책을 읽다보면, 책장에 쌓여가는 책들이 부담으로 여겨질 때가 있다. 리더기 하나만으로 어디서든 가볍게 읽을 수 있는 전자책이나 음성으로 지원되는 책을 보거나 듣고 나면, 많은 장점에도 불구하고 왠지 책을 본 것 같지 않은 느낌이 드는 것도 사실이다.

독서를 할 때면 대부분 한 번에 읽기보다 여러 번 나누어 읽게 된다. 책을 덮거나 펼칠 때마다 책표지를 들여다보며 그 책에 대한 이미지도 새긴다. 그래서인지 종이책으로 본 책들은 전자책보다 기억에 오래 머문다. 읽었던 부분을 다시 찾아보기 위해 뒤적일 때도 종이책이 훨씬 편하다. 전자책도 표시가 가능하지만, 아직까지 보편적인 책의 형태는 종이책이다.

작가는 폐지로 실려 갈 책더미 앞에서 책의 존재와 직면한다. 분리수거장에 내몰린 책과 소통하며 책의 일생을 반추하며 전성기와 쇠락하기까지의 일대기에 동참한다. 한때는 주인의 애장품이었으나 쓰임을 다해 내몰렸다. 그들의 한살이가 의미가 있었음을 되새기며 타인의 추억을 유츄한다. 황진숙 작가가 버려진 책들을 외면할 수 없어 어르고 달래는 듯하다. 이는 책을 만드는 일과 무관하지 않은 작가로서의 소명으로 보인다. 작가의 애틋함과는 무관하게, 이제 종이책들은 자리만 차지한다는 질책을 면하기 어렵게 되었다.

왠지 모르게 쓸쓸해진다. 오갈 데 없이 허름해진 영혼들을 감싸주고 싶다. 거둬서 거처를 마련해 마음껏 쉬라고 자리를 펴주고 싶다. 안온한 곳에서 다시금 생명력을 얻어 오래오래 살아주기를 기도하고 싶다.

실밥이 터져 헐거워진 책을 품에 안는다. 내일이 없어 늘어진 책들도 집어든다. 찢어진 페이지는 풀로 붙여 생을 이어주고 표지를 잃고 방황하는 책엔 제대로 된 겉옷을 입혀주리라. 빛을 보지 못한 시가는 접어두고 숱하게 읽히고 호명되어 그만의 서사로 간직되기를 소원한다. 무명의 글자들이 귀청을 열고 속닥거리기를, 묵은내가 들어차 캄캄했던 활자들이 환해지기를 열망한다.

— 황진숙의 〈헌책 경전〉에서

　작가에게 헌책은 용도 폐기를 앞둔 낡은 물상이 아니다. 글을 쓰는 한 밀접한 관계를 맺거나 소장할 수밖에 없다. 위기에 놓인 책들을 자신이 품어 재생시켜 꿈꾸는 책들의 속말이 듣고 싶은 것은 화자가 작가이기 때문이리라. 자신이 지은 책이 아닐지라도 책이라는 대상과 체온을 나누고 애착을 버리지 못한다. 이는 종이책에 대한 작가의 단순한 상념을 벗어나 문인으로서의 자신의 존재를 입증하기 위한 잠재의식의 발현이다.

　3. 문학에 대한 자신의 소회를 피력하되 논리적이거나 현학적, 관념적인 것에 치우치지 않고 소소한 일상에서 직면하게 되는 작가로서의 소명을 담지한 작품을 살펴보았다. 더 나은 작품을 위한 작가의 고민을 어떤 언어로 토로할 수 있을까. 직접적인 표현에 의지하거나 이성에 호소한다면 문학성을 놓치기 쉽다. 작가의 의식을 담아낸다해도 주제가 상투적이거나 소재에 비해 거창하고 무거우면 공감을 줄 수 없다. 자신만의 체험에서 우러난 독자적인 시점만이 진정성을 담보한다.

　다작과 작품의 질의 상관관계를 규명할 수는 없다. 작가들은 편집자의 청탁에 의해서도 글을 쓰지만, 이미 많이 썼음에도 쓰지 않으면 안 된다는 의무감과 강박관념에서 벗어나기 위해, 나아가 자신을 증명하기 위해 쓴다. 지금껏 발표한 작품을 능가하는 작품만을 써야 한다는 강박과 부담에서 자신을 해방시켜 스스로 홀가분한 자유를 누려도 좋다. 비겁한 자기합리화인지 모르지만 내 생애 최상의 작품은 이미 썼는지도 모를 일이다.

문학에 대한 내면의 갈등은 작가의 숙명이다. 글을 쓴다 하여 자신을 둘러싸고 있는 상황이나 현실이 바뀌는 것은 아니지만, 주변을 느리게 변화시킬 수 있다. 독자들은 자신의 관점으로 세상을 바라보고 작품을 지렛대 삼아 당면 문제들에 대해 직시하는 글을 써야 하는 이유다.

《수필과비평》 2023, 4월호

02 주제의식의 구체화와 의미화

　주제主題는 중심이 되는 문제, 또는 작품을 통해 작가가 나타내고자 하는 기본적인 사상을 말한다. 소재는 주제를 살리기 위해 동원되는 모든 재료이며, 소재 중에서 글의 중심이 되는 것이 제재다. 주제의식의 구체화는 개인적인 경험을 통해 선택된 소재에 대한 자기 해석의 방법이며, 제재를 자기화하는 관점이다. 주제의식의 구체화는 분산된 사유와 중심사상을 수렴하고 작품의 통일성에 기여한다.
　수필가는 일상에서 다양한 소재에 대한 접근으로 주제를 구체화한다. 수필의 소재는 일상의 신변잡기에서 얻어낸 단상이나 예측할 수 없는 삶과 사회 현상에서 발견한 철학적 메시지에 이르기까지 다양하다. 일상에서 얻는 소재일지라도 그것을 어떻게 형상화하느냐에 따라 문학작품이 되거나 단순한 신변잡기에 머무르기도 한다. 수필은 형상의 기록이 아니기 때문에 소재의 나열에 그치기보다 그것들을 하나로 꿰는 통찰력을 통해 주제를 드러낸다.

모든 작품은 저마다의 주제를 담고 있는데 굳이 수필을 '주제의 문학'이라고 하는 이유는 무엇일까. 시와 소설을 화자를 내세워 말하고 작가는 작품 뒤에 물러나 있지만, 수필은 독자에게 무언가를 직접 말하는 형식에 가깝기 때문이다. 수필에서의 주제는 직·간접적인 경험을 통하여 터득한 인생관이나 자연에서 느낀 주관적인 정서, 생태 보존을 위한 생각이 될 수 있다. 대상을 통한 철학적 사유나 사회 구성원으로서 지나칠 수 없는 사회 문제, 여행이나 답사에서 얻은 소회나 인간의 정신이 갖추어야 할 요소로 주제를 내세울 수 있다. 이렇듯 수필의 주제는 삶을 통하여 느낀 사소한 감상에서부터 인간의 삶과 죽음이 주는 철학적인 물음에 이르기까지 무궁무진하다.

　수필 주제의 본령本領은 대부분 인간에 대한 깊이 있는 탐구다. 수필에서 서정성을 문학성과 동일시하던 등식은 무의미하다. 일상에서 얻은 소재일지라도 대상의 객관화와 인간의 본질과 가치에 대한 깊이 있는 인식을 담아낼 때 울림을 준다. 이번 호에서는 주제의식을 구체화하기 위해 효과적인 기법을 적용한 작품에 대해 주목해 보았다.

박종희의 〈소반小盤〉

　어머니의 유품 정리를 위해 찾은 인기척 없는 친정집에서 작가는 소반小盤을 발견한다. 안주인을 잃은 집에서 임무를 다한 소반이 다리를 접은 채 놓여있다. 작가의 시선을 붙든 두리반도 있다. 책상이나 밥상 등 다양한 용도로 쓰이던 상은 자식들에게 밥 먹이는 것을 최상의 즐거움으로 여기고 밥상에 애착했던 어머니의 삶을 소환한다.

①　가끔 고택을 여행하다 소반을 보면 자연스럽게 친정어머니의 얼굴이 떠올랐다. 중년의 여인상을 의미하는 소반과 어머니의 인생이 겹쳐졌기 때문이리라. 여인의 뒤태를 연상하게 하는 둥근 소반은 삼시 세끼 더운밥을 차려내야만 하는 어머니의 고된 운명마저도 꼭 닮았다.

②　돌이켜보니, 어머니의 소반은 가족을 위해 음식을 올리는 어머니의 성소이자 기도처였지 싶다. 어머니가 해준 밥을 먹으면 무탈했던 것처럼 소반에는 둥근 모양만큼 자식들이 모나지 않게 세상길과 잘 어울리며 살라는 어머니의 바람도 깃들어 있었다.
　　새벽마다 곤히 잠든 부엌의 선잠을 깨우며 두리반 가득 자식들의 음식을 채우던 어머니. 밥은 만든 사람의 마음을 먹는 일이니, 인생의 고비마다 그 밥상이 얼마나 든든하고 힘이 됐던가. 어떤 방식으로든 이별을 향해 달려가는 눈바람 속에서도 어머니의 밥상은 늘 온기가 있었다.
　　　　　　　　　　　　　　　　　　　　　　　　　　　- 박종희의 〈소반小盤〉에서

　①의 예문을 통해 어머니가 생전에 즐겨 쓰던 소반은 식기를 올려두는 단순한 작은 상이 아니라, 어머니의 고단했던 삶을 상징하는 도구로 기능하며 어머니의 삶으로 연결된다. 어머니의 삶과 소반이라는 대상에 대한 은유로 전개될 작품의 흐름을 예상케하며 주제의식을 추출한다. ②의 문장에 이르러 온기로 채워졌던 밥상의 의미는 자식들이 잘 살기를 바라는 염원이자 어머니의 헌신의 상징으로 구체화된다. 가족을 위한 어머니의 헌신의 증표는 대가족을 불러들인 두리반에도 남아있다. 어머니의 생애는 작가에게도 비켜가지 않았다.

결혼 후 세 개나 되는 상의 물기가 마를 날 없었다. 빈번한 손님맞이 덕분에 장한 며느리라는 별명을 얻었으나, 상은 언제부턴가 자취를 감추었다.

　　한동안 손길이 닿지 않았다고 툴툴거리는 소반을 한 번 쓸어내리고 일어서는데 어머니와 늘 함께하던 부엌이 자꾸 말을 걸어온다. 밥상 위 밑반찬처럼 기본으로 깔리는 귀에 익은 소리 "푹푹 떠서 든든하게 먹어라"라는 어머니 목소리가 귀울음처럼 나를 울린다.
　　왜 아니겠는가. 한 여자의 서사가 시작되던 기막힌 자리. 평생 밥상만 차리던 어머니 인생 서사의 가장 큰 줄기를 담당하던 공간이었으니 부엌에 서면 어머니가 더 그립고 소반을 보면 목이 멘다. 평생 자식 입에 밥 들어가는 것을 낙으로 여기신 어머니가 너무 보고 싶다.
　　　　　　　　　　　　　　　　　　　　　　－ 박종희의 〈소반小盤〉에서

　작가는 어머니의 유품인 소반을 단순한 그리움의 정서 표출을 위한 소재로 한정하지 않았다. 어머니와 작가의 삶과 애환이 담긴 사사를 통한 소재의 의미화와 주제의식을 구체화한다.

이동실의 〈고통의 무게〉

　작가는 해인사 대장경 축제에서 "해인아트 프로젝트"를 관람한다. 현대사회의 화두인 '소통'을 주제로 한 전시는 회화는 물론 사진, 조각, 퍼포먼스 등 다양한 방식으로 구성되었다. 해탈문에 들어서니 보따리 수십 개가 나란히 줄을 서 있다. 크기는 각기 다르다. 스님의 강론을 들으러 모인 불자인 듯, '야단법석'을 떠는 속인들의 모습같기도 하다.

보자기의 내용물이 궁금하던 작가는 주변을 살피며 조심스레 매듭을 풀었다. 보자기 안에 들어있는 것은 뜻밖에 자갈과 돌멩이였다. 그제서야 퍼포먼스 제목을 보니 "고통의 무게"였다.

작가는 설치미술 작품의 보자기 안에 들어있는 돌멩이를 통해 의식의 눈을 뜨고 참회와 자성의 시간을 갖는다. 작가에게 돌멩이가 담긴 그날의 보자기는 업장을 짊어진 채 진땀을 흘리면서도 그것을 버리지 못한 고달픔이었다. 어느 한 개도 같은 것이 없는 보자기는 제각기 다른 형태로 짊어져야 할 삶의 무게에 대한 은유다. 크기가 각기 다른 보자기에 귀한 그 무엇이라도 되는 양 담긴 돌멩이는, 허접한 것조차 끝내 내려놓지 못한 어리석은 인간의 모습과 다를 바 없다는 비유의 수사를 숨겨놓았다. 예술작품으로 거듭난 돌멩이의 의미는 보편적인 돌멩이가 아닌 삶의 허위의식에 비유하는 과정에서 직설적 언술보다 비교적 언술을 통해 빛을 발한다.

> 그날, 내 고통의 보따리는 짊어지고 가지 않겠다는 다짐으로 해탈문 앞에 내려두고 문턱을 넘어섰다. 정갈한 영혼을 건져 올린 감사함으로 두 손 모아 대적광전을 향해 합장하고 일주문을 나섰는데, 나는 아직도 번뇌에서 벗어나지 못하고 있지 않은가. 오늘도 번뇌에 찌든 내 육신을 내려놓아야지 다짐하며 대웅전으로 들어섰다.
>
> — 이동실의 〈고통의 무게〉에서

육신은 다짐만으로 내려놓을 수 없다. 돌멩이가 담긴 보자기의 퍼포먼스 장소가 해탈문이라는 사실을 간과할 수 없다. 자신만의 아집我執으로부터의 해방을 의미하는 장소인 해탈문을 지나야만이 부처를 모신 불전佛殿에 도달할 수 있다. 해탈문에서 마주친 작가를 붙잡은 허접한 돌멩이는 인간의 모습을 상징하며 주제의 공감성을 확보한다. 그 과정에서 삶에 대한 이해와 서사의 유기성을 더욱 긴밀하게 하여 그것을 대단한 것인 양 부둥켜 안고 사는 인간의 실체를 투사하며 결미의 진솔한 자기고백을 통해 내면세계에 천착한다.

이치운의 〈이번만〉

> 멈출 수 없다. 사람들은 이것 때문에 울기도 하고 웃기도 하고, 후회하기도 하고 환호하기도 한다. 때로는 이것 때문에 오뚝이 같다는 표현을 사용하고, 불굴의 정신을 가지고 있는 사람으로 칭송을 받는다. 이 병에 감염되면 최첨단 의료기기인 CT나 MRI로도 쉽게 진단할 수 없다.
>
> — 이치운의 〈이번만〉에서

이상의 서두만으로는 '이것'의 정체를 도무지 알 수 없다. 개성적인 기법으로 주제에 접근하기 위해 도입한 일반적인 형태의 서두가 아닌, 단숨에 전개로 들어가는 방식이 명료하고 참신하다. 도전 정신을 부추기는 주문이며, 뜻대로 되지 않으면 스스로를 위안하는 방어기제인 이것의 정체는 '이번만'이라는 어휘다. 사람들은 '이번만'의 포로가 되어 도중 하차할 수 없는 열차에 올라 자신을 맡긴다. 한 번 승차하면 하차 시점을 놓치기 마련이다. 습관처럼 열차에 탑승하면 멈출 수 없어, 다시 도전하게 된다. 자리를 탐내고 집착하는 이들은 '이번만'의 유혹에서 헤어나지 못하고 미끼를 물고 만다. 그렇다고 '이번만'이 욕망을 부추기고 누군가를 채근하는 것만은 아니다. 때론 유용한 가정법으로 변한다. '이번에' 여유가 생기면 부모님을 찾아뵙겠다거나, '이번에' 돈을 조금만 더 벌면 효도하겠다는 부질없는 다짐은 부도수표로 사라진다. 다른 어휘 앞에서 그 뜻을 더욱 분명하게 해주는 '이번만'이라는 부사의 위력이다.

> 실패를 거듭하고 '이번만'에 영혼까지 내주었는데 적당한 임기가 끝나고 책임을 다했다고 내려오고 싶지 않단다. 사람이 자리가 높아지면 내려야 할 플랫폼이나 내려야 할 때가 지나버렸다는 걸 잊는다. 평생 그 자리에 있을 거라 착각한다. 그런 생각을 하는 순간 평생 쌓아온 좋은 평판과 이미지는 지울 수 없는 불명예를 안고 안전장치 없이 추락을 경험하게 될지도 모른다.
>
> — 이치운의 〈이번만〉에서

'이번만'의 부정적 기능은 인간의 삶을 바꾸어버리거나, 인간관계를 무너뜨리기도 한다. '이번만'의 유혹은 작가에게도 비껴가지 않았다. 아내에게 '이번만' 공부를 지속하도록 권유했으나 그로 인해 건강을 해치고 나서야 '이번만'의 주술의 힘을 실감한다. 모든 일에는 성공과 실패의 가능성이 공존하지만 '이번만'은 성공보다는 실패의 가능성이 높은 상황에서 주로 동원된다.

이치운의 〈이번만〉은 한시적 간절함과 희망고문의 의미를 내포하고 있는 '이번만'이라는 어휘에 천착한다. 새로운 시선으로 포착한 어휘에 파고들어 기성적인 언어 배치와 의미화를 추구한다. 어휘의 성찰을 통한 내용의 일관성 유지로 '이번만'의 유혹을 외면하지 못하는 인간의 속성과 의미의 명료화를 추구하며 설득력을 얻는다.

안경덕의 〈발바닥을 읽다〉

"발바닥이 흔적의 꽃을 피웠다."라는 문장을 서두에 배치한 안경덕의 〈발바닥을 읽다〉는 작가가 체험한 사소한 사실에 대한 본질 추구에 나선다. 한의원 침방에서 사암침을 오랫동안 맞아온 작가는 발을 인간의 삶을 대변하는 창窓이라는 사실에 다가간다. 자신처럼 침을 맞는 환자의 발바닥을 관찰하며, 발은 크기나 거친 정도의 비교를 떠나 저마다 얼굴처럼 다양한 삶의 꽃을 피워냈다고 생각한다.

인간에게 직립과 보행을 베푼 발의 힘은 위대하다. 발은 우리 몸을 지탱해주고 걷거나 운동할 때 이동을 도와주는 역할을 한다. 발은 온몸의 장기와 연결이 되어 있는 인체의 축소판이며, 체중을 감당해야만 한다. 다른 신체부위에 비해 많은 희생하면서 걸맞는 대접을 받지 못한다. 유명 산악인들과 운동선수들이 시련을 넘어 명성을 얻기까지는 발바닥의 공은 지대했으리라. 강수진은 아시아인 최초로 독일 발레단에 입단한 클래식 발레리나로 이름을 올렸다. 그녀는 발레단의 종신 단원의 영예를 얻은 수석 무용수의 자리에 올랐다. 그 명예를 얻기까지 고난도의 혹독한 연습으로 인해 발가락 마디가 기형적으로 돌출된 사진은 세인世人의 주목을 받았다. 발가락에 남은 옹이와 굳은살이 훈장처럼 남은 못생긴 발이 없었다면 발레의 전설이라는 명성을 얻을 수 없었으리라.

안경덕은 작품의 소재가 된 발이라는 대상에 대한 보편적 정보 확장에 머무르지 않았다. 자신의 일상에서 얻은 화소를 중심에 둔, 발에서 시작된 한 동심원同心圓적 구성은 발바닥을 예우하지 못했던 자신의 경험과, 특정 분야의 유명인이 명성을 얻기까지 발의 공헌에 이어 어머니의 발에 천착한다.

> 발바닥 하면 고통, 희생이란 단어가 먼저 떠오른다. 어머니는 농사와 어른 수발에다 칠 남매 자식 뒷바라지로, 땀에 전 발바닥이 뽀송뽀송한 날이 없었다. 엄한 시어머니와 가부장적인 남편에게 주눅 들어 아픔을 안으로만 감수했다. 나는 양말을 벗을 때마다 발바닥처럼 기도 못 펴고 살다 간 어머니가 생각난다. 내가 화가였다면, 늘 종종걸음 쳤던 어머니 발바닥에 깊게 새겨졌을, 그 동선들을 세밀하게 표현하여 인생을 지도처럼 남겼을 테다.
>
> — 안경덕의 〈발바닥을 읽다〉에서

〈발바닥을 읽다〉에서 고통, 희생이란 단어와 함께 떠올린 발바닥은 어머니 삶의 지도이며 족적足跡이다. 발바닥을 떠올리며 희생으로 채워진 어머니의 삶을 의식하고 반추하며 복원한다. 인간의 삶을 구체적으로 드러내는 기억이라는 방식은 어머니의 삶의 의미를 재확인하는 계기로 기능한다.

　작가는 평소에 무심히 지나쳤던 자신의 발을 한의원의 시침을 계기로 공손히 들여다본다. 평상 시 티눈이 생기거나 압핀에 찔렸을 때에만 갑작스레 관심을 기울였다. 발의 상처가 나으면 외면하곤 했던 양은 냄비같은 일시적 관심에 대한 반성으로, 기억 속에 잠재된 경험을 현재의 시각에서 상기해낸다. 화제와 의미의 밀접성을 통한 의미화로 일관된 주제의식을 밀고 나갔다.

나윤옥의 〈발뒤꿈치〉

　발은 체중을 지탱하기 위해 신체의 모든 뼈 중 4분의 1이 몰려 있지만 평상 시 그것을 의식하는 경우는 드물다. 무심히 들여다본 작가의 발뒤꿈치는 안쪽에 비해 바깥쪽이 납작하다. 균형을 잃는 발뒤꿈치 또한 삶의 흔적이지만 무게 중심의 균형을 되찾기 위해 보행 습관을 교정하는 일은 쉽지 않다. 발뒤꿈치의 U자 형상을 되찾기에는 많은 시간이 필요하리라.

　대학시절 부친의 사업 실패로 근근이 학업을 마친 작가는 궁핍의 터널을 무사히 건너왔지만, 그 시절의 내상內傷은 어디선가 작가를 바라보고 있다. 그런 작가에게 가난을 겪는 사람들을 떠올리는 일은 슬픔이다. 만성질환을 앓으며 어렵사리 살고 있는 언니가 어느 날 작가에게 통장을 내민다.

　그 통장을 받아 들여다보니, 표지가 보슬보슬하게 닳아 희끗했다.

통장에는 삼백만 원 가량 들어 있었다. 언니에게 큰 금액의 통장이다. 아마도 돈이 생기면 얼마라도 은행에 갔다 넣었던 모양이다. 통장을 받아서 집에 돌아온 후 몇 날 며칠을 정호승의 시구, "해우소 앞에 가서 통곡하라"처럼 혼자서 엉엉 울었다. 언니가 내게 한 말 중 가장 슬픈 말이었기 때문이다.

— 나윤옥의 〈발뒤꿈치〉에서

언니는 평소 소유와는 무관한 무욕無慾의 삶을 살았다. 언니의 삶을 떠올리며 고작 발꿈치의 불균형을 떠올리는 것이 호사스런 일이다. 여기에서 작가의 의도는 자신의 발뒤꿈치의 불균형을 이야기하고자 한 것이 아니다. 자매로 살아온 무수한 시간이 축적된 삶의 불균형에 대해 말한다. 공부 잘하는 모범생이던 작가보다, 타인에게 무던하고 너그러운 언니가 더 좋다고 했던 동네 아주머니의 말은 자매의 성향을 한 줄로 대변한다. 언니는 자신의 것을 움켜쥐기보다는 어려움 속에서도 자신이 소유한 작은 것들마저 이웃에게 나누는 삶에 익숙했다. 나눔과 희생이 있어야 삶이 완성된다는 깨달음을 얻은 언니의 성향을 작가가 온전히 이해하기는 어렵다.

작가가 제재로 선택한 발바닥의 불균형을 바로잡는 일이 쉽지 않듯이, 언니도 자신만의 삶의 방식을 바꿀 수 없다. 저마다의 삶의 그렇듯 균형 잃은 작가의 발걸음은 앞으로도 기우뚱하겠지만, 무욕의 삶을 사는 언니만은 가뿐한 걸음을 내딛기만을 바라는 마음이 담겨 있다.

몸은 사회적 관계를 맺는 주체이며 다른 몸들과 교류하는 유기적

생명체다. 삶에서 몸은 주인의 필요대로 힘을 발휘하거나, 그 힘에 맞서기도 한다. 인간은 직립보행 탓인지 해부학적으로 기형적인 신체 구조를 가졌기에, 신발을 들여다보면 어느 한쪽이 유난히 닳아있다. 그러나 무심하게 잊고 지낸다. 〈발뒤꿈치〉는 작가만의 프리즘으로 제재를 해석하여, 균형을 잃었지만 익숙한 자신의 신체인 발을 통해 삶에 대한 깊은 이해로 나아간다. 제재의 의미화 과정에서 단순한 정서 표출에 머무르지 않고 자신의 삶과 연관된 진솔한 자기 성찰과 주제의식의 공감성을 확보한다.

주제는 문장 전체를 이끄는 사상적 기둥이다. 작가의 뜻이 담기기 마련인 수필에서 주제는 독자들에게 말하고자 하는 메시지, 본질, 핵심을 담고 있다. 주제 의식이 모호하면 독자는 혼란을 일으킨다. 이상 살펴본 작품들은 주제의 범위를 한정시켜 소재에 대한 해석과 자기화를 통해 작가의 의도를 명백히 드러냈다. 어머니 유품인 소반을 보며 그녀의 삶을 떠올리고(박종희의 〈소반小盤〉), 사찰의 설치작품에 담긴 돌멩이를 통해 삶의 고통과 번뇌를 본다(이동실의 〈고통의 무게〉). '이번만'이라는 어휘로 삶을 통찰하고(이치운의 〈이번만〉), 발바닥을 인생의 지도로 보거나(안경덕의 〈발바닥을 읽다〉), 발뒤꿈치의 모양 통해 삶의 불균형을 은유한다(나윤옥의 〈발뒤꿈치〉). 이렇듯 적절한 소재를 채택하여 대상에 대한 정확한 인식과 그것들을 하나로 꿰는 통찰력으로 주제를 분명히 드러냈다.

주제를 설정하는 일은 독자가 글을 읽고 무엇을 얻을 것인가를 생각하는 일이다. 주제를 직접적으로 부각시키느냐 간접적으로 은근하게 숨겨 놓느냐는 작가에게 달려 있다. 주제는 작품 전체에서 일관되게 드러나기도 하지만, 문장의 한 부분, 또는 마무리 부분에서 나타나기도 한다. 분명한 주제를 앞세우지 않고 독자들이 느끼고 생각할 수 있도록 여운을 남기기도 한다. 주제가 광범위하거나 추상적이면 전달하고자 하는 내용이 모호해질 수 있다.

  수필 작품의 전편을 관통하는 통일된 주제는 작가에게는 '무엇을 표현한 것인가'를 의미하며, 독자는 '무엇이 핵심인가'를 읽어낸다. 그 과정은 작품의 보편성을 획득하는 중요한 동기로 작용하기 때문이다.

《수필과비평》 2023, 2월호

03 유비類比 구조와 다층적 연상

1. 수필은 작가의 일상에 뿌리를 내리고 개인의 삶과 사회의 다양한 무늬를 그려낸다. 한 편의 수필이 담아내고자 하는 내용은 심오하거나 거창한 것이 아니다. 수필이 일상에 담긴 소소하거나 극적인 스토리텔링으로 이어나갈지라도, 장르의 특성상 장황한 서사적 구조를 채택하지는 않는다. 좋은 수필은 부자연스러운 기교로 과장하지 않았음에도 진솔한 독백처럼 다가와 독자에게 스며든다.

그렇다 하여 소소한 일상의 나열이나 회고만으로는 독자의 관심을 얻기 어렵다. 작가의 경험적 서사를 담아낸 수필에서 미학적 요소와 의미화는 큰 비중을 차지한다. 일상의 경험은 서술 자아의 사유와 성찰에 의해 해석한 의미 기억을 통해 재해석된다. 흔히 있을 법한 일상에서 얻은 단편적인 일화가 의미 기억으로 변용될 때 공감을 불러온다.

《수필과비평》 5월호에 게재된 작품 중, 일상에서 얻은 화소話素에 유비 구조와 다층적 연상을 통해 의미의 울림을 주는 작품들을 살펴보기로 한다.

  2. 문학작품은 언어를 떠나서 존재할 수 없으며, 작품 속 언어에 깃든 차이와 동일성은 이질적인 것을 서로 연결하는 기능을 한다. 한복용의 〈껍질〉은 이질적인 모과와 몸의 동일성을 통해 객관적으로 존재하는 몸과 모과의 유사성을 유기적으로 연결한다. 〈껍질〉에는 모과가 시들어가는 과정에 집중한다. 언젠가는 모과처럼 무너질 자신의 몸을 관찰하고, 자신의 살갗을 껍질로 인식하는 과정을 연상聯想과 유비類比를 통한 유사성으로 드러낸다.

  작가는 늦은 밤 귀갓길에 단골 커피집에서 모과를 보았다. 주인은 얼마든지 가져가라며 모과차 레시피까지 알려주었다. 그러나 작가는 정작 모과차에는 관심이 없었다. 에스프레소 한 잔에 긴 얘기를 나누려던 계획도 바꾸어버린다. 집에 돌아와 방안을 모과향으로 채운다.

  시간이 지난 후 색이 변하고 형체가 무너진 모과는 검은 덩어리의 다른 존재로 변한다. 그것을 계기로 자신의 몸을 쓸어내리던 작가는, 탄력을 잃은 껍질로 남은 몸과 모과와의 연상을 통해 몸의 불완전함에 대해 상기한다.

    욕실로 가 따뜻한 물에 몸을 담갔다. 나의 껍질들이 일제히 참았던 숨을 내쉬었다. 탄력을 잃어버린 채로 어느 곳은 색이 변했고 또 어느 곳은 멍이 든 채였다. 언제, 어디서 부딪혔는지도 모를 피멍, 아팠던 기억도 없는 흔적들이 늘어진 살갗에 무늬를 남겨두었다. 거울에 비친 몸은 더욱 형편이 없었다. 몇 차례의 수술로 흉터가 나 있는 앞모습과 살아온 만큼 늘어진 뒷모습이 어느 한 곳 만족스럽지 못하게 버티는 중이었다. 세월이 준, 잃어버린 탄력 앞에 까마득한 어느 날의 나를 더듬어보지만 한 번도 좋았던 적이 없었던 것처럼 기억은 차단되어 더 이상 확장되지 않았다.

— 한복용의 〈껍질〉에서

작가는 평소 공들여 보살피지 못한 자신의 몸을 바라보며 삶의 이력을 떠올린다. 프랑스의 철학자 메를로퐁티 Maurice Merleau-Ponty는 지각의 분석을 가능케 한 몸에 대해 강조했다. 의식의 기본 체계를 몸의 지각에서 찾았던 퐁티는, 그의 《지각의 현상학》(문학과 지성사. 2002)에서 몸은 의식의 외부 대상이 아니라 몸을 통해 의식이 주어진다고 보았다. 실존하는 몸은 모든 의미를 발생시키는 지각 체계이므로, 지각의 변형이 일어나는 의식은 몸 자체에서 일어난 변형이라는 인식론에 맞선 철학을 전개했다.

한복용은 〈껍질〉에서 몸의 지각을 통해 인간의 유한성에 다가간다. 자신의 육체도 언젠가는 쓸모를 다한 모과의 과육처럼 무너지고, 모과 또한 결국 자연을 지탱하는 흙으로 돌아갈 것이라는 생각에 잠긴다.

〈껍질〉의 유비 구조는 직접적으로 말하기 방식에 비해 함축적이고 암시적이다. 작가가 신체를 통해 지각된 세계를 말하는 방식은 대상의 복제가 아닌 그것의 재해석이다. 제목을 '모과'가 아닌 '껍질'로 내세워, 일상적 소통과는 다른 미적 변주를 추구한다. 함축적으로 주제를 암시하는 이런 방식은 독자의 관심을 불러일으킨다.

필자는 〈껍질〉을 읽으며 박연준 시인의 산문집 서문이 떠올랐다.

> 이 산문집은 평범한 날을 기리며 썼다. 빛나고 싶은 적 많았으나 빛나지 못한 순간들, 그 시간에 깃든 범상한 일들과 마음의 무늬를 관찰했다. 삶이 일 퍼센트의 찬란과 구십구 퍼센트의 평범으로 이루어진 거라면, 나는 구십구 퍼센트의 평범을 사랑하기로 했다. 작은 신비가 숨어 있는 아무 날이 내 것이라는 것을, 모과가 알려주었다. 내 평생은 모월모일의 모과란 것을.
>
> 평범함은 특별하다. 우리가 그 속에서 숨은 모과를 발견하기만 한다면 평범이 특별함이다. 매일 뜨는 달이 밤의 특별함이듯.
>
> – 박연준《모월모일某月某日》(문학동네, 2019)의 서문에서 발췌

시인은 어쩌다 찬란하고 대부분은 평범한 삶에서 발견한 특별한 대상인 모과에서, 일상의 가치를 보았다. 한복용이 쉽게 갈변되는 모과의 특성이나 쓰임 등을 인간 삶의 유한성으로 연결했다면 상투적인 진행이 되고 말았을 것이다. 〈껍질〉은 향을 얻기 위해 방에 들인 모과의 갈변을 자신의 몸을 들여다보는 단계로 확산한다. 일상에서 얻은 모과 몇 알에 특별함을 부여하고, 상한 모과와 자신의 몸을 연상하는 과정이 자연스럽다.

이렇듯 한복용은 모과 몇 알이라는 특이할 것 없는 일상을 비일상화한다. 단순한 대상의 재현이 아닌 일상의 동질성을 모과라는 이질성으로 전환하는 생산의 언어를 구축한다. 이 작품에서 모과와 껍질

의 유비 구조가 미적인 효과가 드러나는 것은, 연상으로 연결되는 두 개체의 성격을 적절하게 포착하고 있기 때문이다.

3. 홍정현의 〈가방은 가방이다〉는 합평 모임에 제출하기로 한 '가방'을 소재로 한 수필이 발단이다. 착상에 도움을 받기 위해 가방과 관련된 시를 찾았으나 없었다. 결국 옴니버스 형식으로 제출한 '가방'에 대한 수필은 혹평을 받았다. 그 트라우마는 언젠가는 가방에 대해 꼭 쓰고야 말겠다는 다짐으로 남아있었다.

그 후 거짓말처럼 '가방'에 대한 시들이 나타나기 시작한다. 이병률의 시집 《바다는 잘 있습니다》(문학과 지성사. 2017)에 실린 〈가방〉은 작가에게 발견이었다. 인용된 시에는, 밥을 먹고 잠을 청하는 일상의 저녁에서, 방이든 가방이든 어떤 형태의 폐쇄된 공간으로 들어가는 절대 고독 속의 인간이 보인다. 작가는 이 시를 읽을 때마다 자신이 고래 안에 있는 것인지 가방 안에 있는 것인지, 지구 또한 큰 가방은 아닌 것인지 생각에 사로잡힌다. 가방은 누군가와 소통할 창을 내고 화분 하나라도 심고자 하는, 시적 화자에게 방패가 되어주는 공간이었다. 다른 시에서는 구체적으로 드러나지 않지만 내면의 의식으로부터 깨어 있는 사고를 상징하는 가방도 만난다. 가방에 대한 사고의 확장은 가방과 삶의 메타포를 넘어, 가방이 경계를 만드는 것은 아닐까라는 생각에 다다른다.

그러다가 해외여행을 마치고 공항에서 가방을 분실한다. 행방이 묘연한 작가의 가방에는 소중한 것들이 담겨있었다. 경제적인 손실도 컸으나 가방에 담긴 것들을 구하기 위해 공들인 시간과 노력은 보상

받을 길이 없다. 돌이킬 수 없는 상황에서 분실한 가방은 잊어야 했다. 잡다한 것들이 담긴 가방이 없어졌을 뿐이며, 가방은 가방이었다고 애써 합리화하기에 이른다.

 그리고 한 가지 더. 잃어버린 가방은 자연스럽게 가방의 의미를 찾던 나의 집착에 가 닿았다. 당연한 연결이었다. 가방은 단지 가방일 뿐이라고 반복하며 다짐하는데, 뭔가 툭 떨어지는 소리를 들었다. 나를 붙잡고 있던 가방 트라우마, 정확히는 내가 놓지 않고 꽉 잡고 있던 '가방'이 바닥으로 떨어지는 소리였다. 떨어진 가방은 한껏 부풀어 있어 가방처럼 보이지 않았다. 나는 그동안 가방 안에 지나친 사유를 욱여넣으려 했다. 과연 그것들을 사유라고 할 수나 있을까, 의심도 들었다.
 '가방은 가방이다.'

— 홍정현의 〈가방은 가방이다〉에서

 집착이라 생각했던 가방 트라우마는 가방이 "툭" 떨어지는 환청으로 그것에서 벗어나는 전환점을 맞는다. 이를 계기로 그동안 가방이라는 대상에 부여했던 사유의 정체와 직면한다. 자신이 가방에 부여했던 의미는 집착이었을까, 지나친 사유였을까.
 결미의 '가방은 가방이다.'에서는 페터 빅셀Peter Bichsel의 《책상은 책상이다》(위즈덤 하우스, 2018)에 실린 짧은 소설 〈책상은 책상이다〉를 연상했다. 제목의 유사성 때문이다. 소설에서는 일상이 견딜 수 없을 만큼 지루했던 한 남자가 그것에서 벗어나기 위한 돌파구로 사물을 지칭하는 어휘를 바꾸어버린다. 일종의 사회적 약속인 언어를 자의적으로 바꾸며 변화를 시도한다. '침대'를 '사진'이라 부르고, '책상'은 '양탄자'로 불렀다. 이런 그의 선택은 마침내 타인과의 소통 단절과 사회로부터의 고립을 가져왔다. 무리한 변화를 갈망하다가 혼자만의 세상에서 자신만의 언어를 사용해 마침내 고립된 남자 이야기는 언어의 자의성과 사회성의 괴리를 떠올렸다.

여기에서 두 작품의 관련성을 굳이 들추는 일은 무의미하다. 〈가방은 가방이다〉는 '가방'에 대한 지나친 사유에 대해 회의하며 대상의 본질에 천착한다. 대상을 칭하는 이름을 바꾸어가며 변화를 갈망했던 〈책상은 책상이다〉의 주인공의 행동과는 이질적이면서도 무관해 보이지 않았다.

〈가방은 가방이다〉에서는 가방이 주는 안과 밖의 모호한 경계를 암시한 일련의 에피소드가 다층적으로 확산된다. 작가는 마침내 가방은 가방일 뿐이라는 결론에 도달하며 과잉된 의미 부여와 사고에서 빠져나온다. 불변의 진리는 책상이 책상이듯 가방은 가방 자체일 뿐, 그 안에 담긴 소중한 추억의 부산물은 사실 가방과는 무관한 것이었다. 가방에서 시작된 일상의 모티프는 일상을 가공하여 또 다른 층위의 세계를 구축하기에 이르렀다.

4. 김근우의 〈공사 중〉에서는 은유의 작법이 빛을 발한다. 수필 쓰기가 일상에서 얻은 화제에 보편적인 의미를 부여하는 작업이라고 할 때, 이러한 유비 구조는 효율적인 방법의 하나라고 볼 수 있다.

평소 영혼의 허기와 한기를 느끼던 작가는 추위를 막아줄 집을 짓기로 한다. 자신이 짓는 글과 집 짓는 일의 동일성을 발견한 작가는 건축 공정에 문학적 열정과 작가로서 성숙의 과정을 은유한다. 이 과정에서 '문학'이나 '수필'이라는 어휘는 수면에 드러나지 않는다. 철저히 계산된 언어 사용이다.

글을 쓰기로 작정한 작가가 창작의 과정을 집 짓는 단계로 은유한 문장들을 열거해 보자.

① 정해진 거처 없이 동가식서가숙할 때는 몰랐는데 집을 지으려고 작정하고 보니 집 지을 터나 자재가 보통 값진 게 아니었다.

② 허름한 집이라도 좋았다. 사람 냄새 흠씬 나는 집을 짓고 내 이름이 새겨진 문패를 걸고 싶었다.

③ 문제는 거의 모든 곳이 이미 임자가 있어서 비집고 들어갈 틈이 없다는 데 있었다.

④ 잊고 있던 자신을 찾아가는 열망으로 가득한 나를 기대하며 빈터에 앉아 집 지을 궁리를 호기롭게 시작했다.

⑤ 인심 좋은 땅 주인을 만났다. 아침저녁 오가는 길에 들러 설계도 그리는 법이나 집을 지을 때 알아야 하는 원칙, 그리고 자재 구하는 요령까지 상세하게 일러 주었다. 자재를 잘 골라야 한다. 본질과 현상이 둘이 아니듯 울고 웃으며 살아온 삶이 모두 자재가 될 수 있다.

⑥ 터를 잡은 지 몇 달이 지나도록 지었다 부수는 꿈만 꾸며 지냈다. 잘만 지으면 팔아줄 수도 있는데 왜 공사를 서두르지 않느냐는 채근까지 덧붙이며 힘을 실어 주었다.

⑦ 처음부터 다시 시작해야겠다. 종이로 지을 집이라고 폐지만 그러모을 수는 없는 일이다.

⑧ 집을 짓는다고 여기저기 말해 놨더니 집들이는 언제 하느냐고 야단들이다. 이제 겨우 기초공사를 시작했으니 집들이는 요원하다. 마음은 급하지만, 보이지 않는 마음자리로 쓰는 글쓰기니만큼 기초공사에 더 많은 공을 들여야 하는 것은 물론이다.

- 김근우의 〈공사 중〉에서

오랫동안 묵혀둔 욕망의 실체와 직면한 작가는 집 짓기를 서두른다. 막상 터를 물색해 보니 쉬운 일이 아니다. 건축 자재를 구하는 일도 만만치 않고 주워 모은 나뭇가지만으로 기둥을 세울 수도 없는 일이다. 포기하려던 순간 ⑤의 "인심 좋은 땅 주인"으로 묘사된 후한 스승을 만난다. 스승이 알려준 문학의 세계는 무궁무진했기에 제대로 된 집을 지을 궁리에 박차를 가했다. 그러나 ⑥에서와 같이 쓰는 작업은 쉽사리 진행될 수만은 없다. 설계에서 시작하여 글감을 구하는 방식, 자신과 타인의 삶이 깃든 글에 대해 비로소 눈을 뜨게 되었다. 삶이 안겨준 시련이 값진 글로 거듭날 수 있음을 알게 되었다. 선입견을 버리고 세상의 소리에 귀 기울이며 불편하고 낯선 곳으로 자신을 끌고 가는 일은 용기를 필요로 했으며 그 공정은 더디기만 했다. 작가는 사람 냄새나는 조촐한 글을 자신의 이름으로 묶어 책을 내고 싶었으나, 자신만의 고유한 집을 지으라는 선배 문우들의 충고를 마음에 담고 서두르지 않기로 했다.

작가는 세상의 낮은 곳과 인간에 대한 그리움을 담은 글을 지향한다. 지인들은 집들이를 재촉하지만 평생 써야 할 글이니 서두를 필요도 없다. 아예 "공사 중"임을 내걸고, 시행착오를 거울삼아 그 길을 가려한다.

〈공사 중〉은 암시적인 건축 공정과 수필 작법을 정교하게 배치한 메타수필이다. 작가가 창작의 동기와 문학에 대한 소신을 표현하는 방식으로 무겁거나 난해하지 않는 비유를 함축적으로 배치했다. 〈공사 중〉은 실험적 창작 태도를 바탕으로 한 작가만의 수필 창작의 변을 담아, 문학과 건축이라는 두 대상의 유사성을 찾기 위한 연상과 상상에서 시작된 하나의 여정을 향해 나아간다.

글쓰기는 삶의 단순한 반영이 아니다. 김근우 작가는 겉모습만 그럴듯하게 치장한 집보다는 사람 냄새나는 제대로 된 자신만의 집을 열망한다. 더디 갈지라도 문학의 기본에 충실한 글을 쓰겠다는 작가 정신은 삶과 분리되지 않는 성숙한 글쓰기를 갈망한다. 〈공사 중〉에 담긴 함축된 의미와 유비 구조는, 직설적인 말하기보다 문학성이 강하다.

5. 정태헌의 〈울게 하소서〉는 산길에서 갑자기 쏟아진 빗속에서 우는 남자를 만나는 장면에서 시작된다. 평일 낮, 양복 차림으로 울던 젊은 남자의 눈물에 작가는 동화同化된다. 그 순간 남자를 위해 할 수 있는 일은 공명共鳴, 함께 울어 주는 일이었다. 인간은 대부분 자기 연민 때문에 울지만, 남을 위해서 운다면 그것이야말로 인간다운 일이다. 작가는 눈물을 흘릴 줄 아는 사람들에 의해 세상은 따뜻해지리라는 믿음이 있었기에, 남자의 눈물을 외면하지 않고 함께 울어준다. 눈물의 카타르시스 때문이었을까. 남자는 울음을 멈추고 하늘을 바라보더니 웃는다. 이것을 본 작가는 남자의 울음을 패배와 절망이 아

닌 살아 있음의 증거와 희망으로 받아들인다.

작가는 이어령 선생이 생전에 써내려간 마지막 노트에 담긴 "눈물 한 방울"을 떠올리며, 누군가에게 위로를 안겨주는 눈물이 필요한 시대임을 자각한다. 시대의 지성이라 불리던 선생은 죽음을 목전에 둔 순간에 "눈물만이 우리가 인간인 것을 증명"해주며, "남을 위해 흘리는 눈물은 지상에서 가장 아름답고 힘 있는 것"이라고 했다. 평생 이성과 지성에 관해 설파한 선생이었으나, 죽음을 앞두고 힘들게 쓴 마지막 메모는 사람만이 흘릴 수 있는 눈물에 대한 것이었다. 선생이 말하고자 했던 눈물은 단순히 자신의 삶을 돌아보면서 맺힌 눈물은 아닌, 인간에 대한 이해를 통해서만이 흘릴 수 있는 눈물이리라.

동물도 눈물을 흘리지만 인간만이 영혼에서 우러나오는 눈물을 흘리며, 인간이 만든 AI도 눈물을 흘릴 수는 없다. 아무리 지식과 부를 쌓는다 해도 타인을 위해 흘릴 눈물 한 방울 없는 삶이라면, 무슨 의미가 있을까.

〈울게 하소서〉에서와 같이 눈물의 의미와 가치를 아는 작가는 또 한 번 눈물을 피할 수 없는 상황에 처한다. 원작을 읽고 그것을 토대로 한 영화 관람 후 토론하는 모임에서였다. 모성을 다룬 영화를 보며 눈물이 쏟아졌다.

'아름다운 나무의 꽃이 시듦을 보시고/ 열매를 맺게 하신 당신은/ 나의 웃음을 만드신 후에/ 새로이 나의 눈물을 지어주시다.'고 시인(김현승)은 노래했다. 눈물은 기쁨과 슬픔이 차려놓은 따뜻한 초대다. 웃음과 눈물은 인간의 직설적인 감정 표현이나 웃음이 현상적이라면 눈물은 근원적이다. 웃음이 외적이고 변하기 쉬운 것이라면, 눈물은 내적이고 변치 않을 소중한 가치이다. 눈물은 나약함이 아니라 뜨거움이고 천박함이 아니라 고결함이다. 자신에게조차 눈물을 감추거나 단속하며 근엄한 척하진 않으리.

　그 사내의 뒷모습과 모성의 눈물 덕분이었는가. 묶여 있던 영혼, 이제 내 설움뿐만 아니라 남의 슬픔에도 갓맑은 눈물이 샘솟기를 소망한다. 눈물 온도는 생의 순도와 삶의 열도, 눈물이 느껍고 뜨거울수록 더 좋겠다. 시방 내 눈물은 몇 도쯤일까. 비로소 내 눈물의 향방과 온도를 가늠해 본다.

- 정태헌의 〈울게 하소서〉에서

〈울게 하소서〉의 구조는 다중적이다. 빗속의 산길에서 만난 젊은 남자의 울음에서 시작하여 남자의 울음에 공명한 작가→ 이어령 선생의 "눈물 한 방울"의 의미→모성애를 주제로 한 영화에서의 눈물→눈물의 의미의 재발견→나와 타인을 위한 눈물이 샘솟기를 바라는 마음으로 마무리한 결미의 구성에서 알 수 있듯이 작가의 상상력은 매우 역동적이다. 수필은 산문이라는 명쾌한 논리성과 문학이라는 다의적인 함축성이 공존한다. 눈물을 화소로 눈물의 깊이에 파고든 정태헌의 연상은 눈물에 대한 단순한 서술이나 의미에 머물지 않고, 다층적 구성으로 이면의 심층적인 의미를 찾아낸다.

6. 유병덕의 〈황색 신호등〉에는 작가가 장롱면허를 면하고자 시작한 운전 연수의 경험담이 담겨있다. 작가는 꿈에서 서툰 운전으로 놀

란 터라 망설였으나, 지인에게 주행 연수를 받게 된다. 그러던 중 황색 신호등에 진입하는 실수로 접촉 사고를 당한다.

작가는 사고를 계기로 황색 신호등은 녹색 신호의 연장이 아닌, 적색 신호등의 예비 신호임을 자각한다. 그대로 달려야 할지 멈추어야 할지 난감했던 황색 신호등은 비단 도로에만 적용되는 것이 아니다. 작가가 만난 황색 신호등은 노년을 앞두고 신체에 찾아온 경고등이다. 질병 앞에서 속수무책인 인간은 자신의 건강 신호에 들어온 경고등을 피할 수 없다.

> 황색 신호등은 성찰의 신호다. 황색 신호에 멈추지 않고 달리면 교통사고를 당하듯 우리 인생도 매한가지다. 자칫 저승사자의 먹잇감이 될지 모른다. 인생 백세시대라고 하나 칠순을 넘기지 못하고 떠나는 지인이 있다. 그는 황색신호를 무시해서다. 젊은 날 질주하던 관성을 그대로 가지고 천상으로 갔다.
>
> — 유병덕의 〈황색 신호등〉에서

삶에서 황색 신호등이 없다면 인간은 질주 본능을 조절하기 어려울 것이다. 쉼 없는 직진은 경쟁에서의 퇴보가 아니다. 달려야 할 때일수록 잠시 멈추고 옆도 보고 뒤도 돌아아야 한다. 삶에서의 황색 신호등은 주위를 살피게 하는 성찰의 시간이기에, 앞으로 달려가지만 말고 일상을 점검하는 순간으로 삼아야 한다.

〈황색 신호등〉은 소소한 일상에서의 삶의 무늬를 진솔하게 그려냈다. 우리의 삶에서 피할 수 없는 경고등과 멈출 수도 질주할 수도 없는 황색 신호등과의 적절성을 확보한 유비 구조를 통해 주제의 일반성을 획득한다. 수사적 기교의 과잉을 자제한 차분하고 담백한 문장 표현 등은 작품을 구축하는 조촐한 요소가 적절하게 균형을 이루었다.

  위에서 살펴본 연상에 의한 유비 구조는 수필 작품에서 작가만의 고유한 방식에 의해 변주될 때 다양한 울림을 준다. 작품의 다양한 울림이야말로 작품을 빛나게 하는 고유한 방식이다.

《수필과비평》 2023, 6월호

04 작은 것에 머문 작가의 시선

1. 작은 것과 눈 맞추기

　수필은 자기 고백과 일상에 뿌리를 내리고 있으나 작가는 일상을 그대로 담아내거나 기록에 머무르지 않는다. 수필의 발단은 작가의 일상이라 할지라도 수필가는 그것에서 이탈하려는 빈번한 시도를 일삼는다. 일상을 해석하고 재구성하는 과정에서, 일상이라는 구심력과 그것에서 벗어나려는 원심력이 상존한다. 수필가는 일상의 이면에 담긴 의미와 가치를 찾아 문학성을 확보한다. 수필이 일상에서 발화되었다 할지라도 내면의 이야기와 작가의 사유가 구체화되고 보편화될 때 타자의 공감을 불러오고 감동은 배가된다.
　수필은 작가의 경험 그 자체가 아니라, 경험에 의미를 부여하는 것이다. 경험은 작가의 인생관과 심미적 관점에서 재구성하고 해석된다. 개별적이고 구체적인 자신의 경험 안으로만 파고드는 것을 넘어 보편적인 삶의 원리와 의미를 찾아내는 것이 문학의 역할이다.

흔히 그냥 지나쳐버릴 사물이나 사건들이 수필가의 눈에는 예사롭지 않아 보이기 마련이다. 따라서 작가에게는 대상을 어떻게 보느냐 하는 작가만의 시선이 필요하다. 수필가 김소운金素雲(1907~1891)은 "모든 예술의 근간이 인생에 대한 사랑이지만 유독 수필은 '사랑'이란 밑거름 없이는 피어나지 않는 꽃이며, 모순과 부조리로 가득한 인간세계에 대한 관심이 깊어지면 깊어질수록 고뇌는 커진다."(김소운,《가난한 날의 행복》 범우사. 1995)고 하였다. 이어서 "자연을 포함한 그 대상이 무엇이던간에, 작가에게 되돌아오는 작가 자신의 그림자가 수필이며, 필자 자신을 드러내는 문학이지만 현학을 드러내거나, 자기 선전이나, 어떤 이득을 계산에 넣은 완곡婉曲한 포석은 품격을 떨어뜨리니 경계해야 한다."고 했다.

이번 호 월평은 지난 호의 작품 중 작은 것에 눈높이를 맞추고 그 대상에 자신을 투사한 작품들에 주목했다. 작가가 면밀히 관찰한 대상은 작은 화초나 곤충이다. 대상에 대한 사랑과 관심 없이는 눈에 들어올 수 없는 존재들이다. 인간의 눈에 작고 미미한 존재일 뿐인, 그들에 대한 작가의 관심은 대상에 투영된 성찰을 통해 자아 확인에 이른다. 나아가 눈에 잘 띄지 않는 것들이 세상을 지탱하고 있다는 것을 깨달아가는 자기 고백적 기록을 만나게 된다.

경계를 넘어 스스로의 삶을 확장해가는 담쟁이 덩굴(강순지의 〈담쟁이 발걸음〉)과 어머니의 젖내를 물씬 풍기는 붓꽃(김재희의 〈붓꽃〉), 여리게 보이지만 결코 쓰러지지 않는 화초(모임득의 〈세시화〉)가 있는가 하면, 대로변 횡단보도에서 파닥이는 나비의 날갯짓을 그냥 지나치지 못하는 조바심(강천의 〈나비의 출근길〉)을 따라가 보자.

2. 소소한 것에 의미 부여하기

강순지의 〈담쟁이 발걸음〉

우리 주변에 존재하는 대상과 다양한 현상은 누군가가 바라보고 공명할 때 비로소 의미를 가진다. 〈담쟁이 발걸음〉은 사계절 모습을 바꾸는 담쟁이의 묘사에서 시작된다. 이어서 잎을 떨군 담쟁이가 벽에 붙어 연명하는 것을 보며 느낀 팽팽한 긴장감 속에서 전개된다. 잎을 떨군 담쟁이가 간신히 벽에 붙어있던 카페에 앉은 작가는 차 한 잔의 향기에 취해 있을 수만은 없는 현실적 고민에 잠긴다.

작가는 워킹맘으로 당면한 갈등에 잠겨 카페의 창문을 열었을 때 담쟁이의 여린 줄기들을 만났다. 줄기와 잎이 잘 자랄 수 있도록 뿌리 역할을 하는 흡반吸盤에 의지하며 인간힘을 기울이는 담쟁이를 보며 작가는 식물의 고단한 일상을 엿보았다. 담쟁이에게 수직의 벽은 위태롭지만 어디든 타고 올라가 뿌리내려야 하는 삶의 현장이며, 최선을 다해야만이 버틸 수 있는 생존의 세계였다.

〈담쟁이 발걸음〉은 담쟁이라는 대상에 밀착하여 이미지화와 표상에 도달한다. 담쟁이의 생육 여건에 밀착하여 그것의 특성을 재현하는데 머무르지 않고, 대상에 동화되어 담쟁이와의 감성적 일치를 이룬다. 담쟁이라는 덩굴식물의 특성은 작품 속에서 감성적 공감과 미학적 장치로 작용한다.

이 수필은 작가의 독백과 내면에 머무르지 않고, 대상을 해석하는 통찰력에 의해 사회적인 관심으로 확대된다. 첫차로 일터에 나가 막차로 돌아오는 노동자들과 소년 소녀 가장들, 보육원을 나와 어른으로 살아야 하는 젊은이들, 힘든 일상을 살아가는 많은 이들의 삶을 아우른다. 개인의 감성 표출을 넘어 인간 존재의 본질적 결핍뿐만 아니라 삶의 조건으로써 사회 현상에 관심을 기울이는 것은 작가의 본분이다.

개인의 소소한 일상에서 시작된 내면의 목소리가 개인의 영역에서 벗어나지 못한다면 그것은 문학작품일 수 없다. 개인의 단편적인 일상이지만 타인의 삶을 관찰하고 다채로운 사유의 무늬를 펼칠 때 개별성을 탈피해 구체적 보편성을 획득한다.

이어서 세 아이를 혼자 키우게 된 언니의 모습을 불러온다. 흡반에 의지해 온 힘을 다하여 오르는 담쟁이에서 시작된 작가의 시선은 사유의 스펙트럼을 통해 주변부로 확산된다. 작은 것에서 시작되었으나 주변과 전체를 아우르는 구조의 실마리를 놓치지 않고 보편적 의미를 구축했다.

> 하나의 뿌리에서 시작하여 수백의 줄기로 수천 개의 마디로 벽면을 채운다. 붉은 갈색빛의 어린 이파리는 전장의 깃발처럼 바람에 흔들리며 앞으로 나아간다. 모세혈관처럼 퍼져있는 줄기의 번식은 삶의 터전을 지켜나가는 성실한 도전이다. (중략)
> 고난의 시간을 살아낸 이들의 얼굴에는 푸르른 생명력이 있어 좋다. 투박해진 손가락 마디와 얼굴의 주름 사이로 견디고 살아낸 시간이 모

여 눈이 부시다. 그들의 걸음은 연대의 행렬이다. 담쟁이가 푸른빛으로 반짝인다. 자신의 삶을 포기하지 않고 지켜나가는 모습이다. 최선을 다해 살아가는 누군가의 얼굴이다.

– 강순지의 〈담쟁이 발걸음〉에서

척박한 벽을 토대로 뻗어나가는 담쟁이의 생명력은 인간 삶의 의지이자 도전의식을 상징한다. 작가에게는 쉼 없이 달려온 시간에 대한 마침표이자 비장의 무기인 사직서가 담긴 흰 봉투가 있다. 더 나은 내일은 위해 사직서의 효력은 아직 발생하지 못했으나, 벽을 넘고자 안간힘을 기울이는 담쟁이의 생명력을 통해 동질감과 용기를 얻는다. 담쟁이처럼 한 발 한 발 나아가는 삶이라면 돋보이지 않는다 해도 의미와 가치가 있기 때문이다.

삶에서의 고난과 고독은 인간에게 주어진 필연적인 현상이다. 담쟁이의 생존 본능은 작가에게 삶의 진리를 깨닫게 하는 대상으로 작용한다. 나아가 자신만의 삶의 지향점을 향해 묵묵히 걸어가는 생활인으로서의 자세는 존재와 삶에 대한 자각으로 귀결된다. 그 과정에서의 관찰과 묘사, 생태학적 상상력은 지식과 관념에 의해서가 아니라 작가 자신과 주변인들의 치열한 삶의 현장에서 획득한 것이어서 설득력을 더한다.

김재희의 〈붓꽃〉

문학 작품 속 모성은 한국인의 보편적 정서를 표현하는데 적절한 소재다. 특히 수필에서는 어머니의 인고의 삶과 무한한 사랑이 화수분처럼 재생산되곤 한다. 가족의 사랑이라는 절대적 가치와 저마다의 사연을 간직한 가족 서사는 주제의 보편성과 문학성의 구현에 용이하다.

〈붓꽃〉은 이러한 전형적인 형식에서 벗어나 있다. 수필에서 서술자아는 경험자아의 경험에 개입하여 삶에 대한 자신의 관점을 드러낸다. 이야기하는 나인 서술자아와 경험자아는 동일인이지만 시간의 거리에 따라 차이를 드러낼 수밖에 없다. 여기에서의 경험자아는 단순한 과거 회상과 기억에 의해 경험을 기록하는 것이 아니라, 서술자아의 현재 관점에서 과거의 경험을 재구성하고 해석한다.

〈붓꽃〉에서의 서술자아는 유년의 경험 세계에 스며들어 있다. 저녁 무렵이면 작가는 서러워서도, 억울해서도 아닌 허전함에 잠기곤 한다. 그럴 때면 화단의 붓꽃에서 큰 위안을 받는다.

작가는 어머니와의 살가운 정을 나누지 못한 과거의 경험을 서술한다. 세월이 흘러 작가 자신이 어머니라는 자리에 이르렀으나 아직도 당시 어머니의 심정을 온전히 이해하지 못한다.

한국인에게 가족 서사와 모성은 명백한 인과관계의 성립을 필요로 하지 않으며, 대부분 수필 속의 어머니는 조건 없는 사랑과 희생의 아이콘으로 등장한다. 문학작품 속 모성담론의 실체는 좋은 어머니로 상정된 어머니와, 모성에 숭고함을 품은 딸의 관계의 전형적인 방식이 주류를 이루었다. 어머니이고 딸이면 모두 용서되고 가라앉은 앙금도 사라졌다.

그러나 모든 모녀 관계가 그러한 도식에 적용되는 것은 아니다. 수필이기에 당연하다는듯 부모에 대한 윤리적 자각과 천편일률적인 반성으로 치달을 필요는 없다. 〈붓꽃〉에서의 어머니는 병약한 딸이 못미더웠다. 그 점이 억울하고 섭섭했던 작가는 자신이 어머니가 되었음에도, 어머니에게 애틋함을 갖거나 선뜻 다가가지 못했다.

삶에는 때로 힘이 되는 슬픔이 있다. 숨바꼭질로 묘사된 어머니와의 감정의 엇갈림은 쉽사리 합일점을 찾지 못한다. 작가는 어머니에게 애틋한 마음이 별로 없다고 생각했지만, 요양원에 가시는 날은 눈물을 참을 수 없었다.

나아가 명료하게 설명되지 않는 묘한 감정만 깃들어있는 관계에 자문한다. 때론 요양원 주변을 맴돌다 오고, 명명되지 않는 어머니와의 모종의 감정과 아픔은 삶에 힘을 주기도 한다. 베란다의 붓꽃을 심은 이유는 요양원을 벗어나지 못할 것 같은 어머니를 잊지 않으려는 작가의 심정을 대변한다.

> 그런데 그 감정이 그리 싫지만은 않는 것은 또 무슨 조화일까. 자꾸 삭막해져 가는 마음 구석에 오롯이 남아 촉촉함을 유지해 주고 있다. 사람의 감정이란 꼭 좋은 것만을 생각하고 싶은 것은 아닌가 보다. 마음 아픈 상처도 나름대로 기억하고 싶은 일일 것이다. 아픔이 있었기에 다른 일들이 고맙게 느껴지기도 하고 살아갈 힘이 생기기도 하는 것 같다.
>
> — 김재희의 〈붓꽃〉에서

작가 감정의 양가성은 결미에서 두드러진다. 〈붓꽃〉에서 엿볼 수 있는 작가정신의 출발은 통속성과 감성의 거부로 보인다. 경험의 특성보다 그것을 해석하는 삶에 대한 보편적 태도는 작품의 가치를 결정하는 단서로 작용한다. 어머니와의 관계에 대한 고백은 인간 자율성에 대한 인식을 바탕으로 자아를 재정립하기에 이른다.

수필이 윤리적 성찰을 수반할 수 있으나, 그것이 주제로 작용할 필요는 없다. 모든 수필에서 윤리적 자각과 반성이 뒤따른다면 문학이기보다는 반성의 글이 될 것이다. 그러나 의도적으로 윤리적 자아를 드러내거나 지나친 강박으로 과장된 자기 부정과 반성, 상투적 다짐으로 편향되는 경우는 빈번하다.

문학 작품 속에 등장하는 가족 서사의 전형은 모계 중심이 대부분이다. 가족 서사의 기본 인자인 어머니는 모성이라는 보편적 정서의 중심에서 희생을 베푸는 사람이지만, 작가의 시선으로 그려낸 어머니의 도식은 다르다.

〈붓꽃〉에서의 모녀관계는 일반적인 통념에서 비켜서있다. 요양원의 어머니에 대한 도리와 연민을 앞세워 무조건의 그리움을 토로하거나 자책하는 일을 자제한다. 자신의 언어로 풀어낸, 삶의 경험을 발효시킨 진솔함이 작품 전체를 관통한다. 미화되거나 과장되지 않고 작위적인 요소를 걷어낸 모녀 관계가 진정성 있게 다가오는 이유다.

서술자아가 과거의 기억을 서술하는 전개에서 중요한 것은 작품의 주제가 확립되는 기억의 사후성이다. 사후성이 모호할 때 작품 속 과거의 기억은 감상적 차원에서 회상에 머무르고 만다. 과거의 사실 자체보다 그것을 구성하고 해석하는 작가의 관점이 중요하다. 수필에서 작가의 해석이 주관적으로 치우치거나 윤리적 자각에 머무를 필요는 없다.

〈붓꽃〉의 결미에는 "요즘, 저녁녘이면 베란다에선 어머니의 젖내가 물씬 풍긴다." 라는 문장을 배치했다. 작가에게는 꽃의 까만 씨 속의 흰 분말가루가 어머니의 젖내처럼 포근함을 주었다. 선뜻 다가갈 수 없었던 어머니와 붓꽃과의 대비를 통해 양자가 갖는 공통점을 제시함으로써 주제를 제시한다. 구성의 탄탄한 밀도와 언어의 미적 구조를 읽을 수 있다.

모임득의 〈세시화〉

작가는 친구의 정원에서 오후 세 시에 핀다는 세시화를 발견한다. 그 꽃을 면밀히 관찰한 이유는 인간으로 보면 노년의 시간에 개화하는 특성 때문이다. 누가 바라보지 않아도 다섯 장의 꽃잎을 열었다가 저녁이면 오므라드는 세시화에 대한 상세한 묘사는 대상에 대한 관찰과 탐구를 거쳐 자신의 삶과 세시화가 안겨준 의미와 해석에 다 다른다.

〈세시화〉에서의 유비類比 구조는 세시화라는 식물과 작가 자신의 유사성을 통해 사유를 확장해 나간다. 세시화와 작가 자신을 동일성을 연결하는 방식을 통해 작가의 정서를 투사한다. 두 대상의 유사성을 통일하는 구조는 직설적인 서술보다 함축적이고 암시적이다. 수필을 일상의 경험에 보편적 의미를 부여하는 작업이라고 할 때 이러한 유비 구조는 주제 전달에 효율적이다. 힘든 시간을 보낸 작가의 경험과 행동은 작가의 의식체계에 의해 세시화에게 전이되며 꽃의 생육 특성에 따른 다양한 은유로 전개된다.

  식물학자가 기록한 꽃시계에 의하면 꽃들은 저마다 개화 시간이 다르므로 그것을 이용하여 시간을 짐작한다. 개화 시간과 인간의 시간을 비유한 작가는, 자신이 서 있는 현재의 삶의 시간이 어림잡아 세시라고 자각한다.

  여린 듯하면서도 쓰러지지 않으며, 쓰러졌을지라도 다시 일어나는 세시화는 작가가 동일시하고 싶은 대상이다. 더불어 살아가는 사람에게 함께 갈 친구가 있음은 큰 위안이다. 세시화의 주인이 작가에게는 그런 사람이다.

> 내 인생 9시경일 때는 빠른 판단과 행동도 거침없었다. 세상 두려운 것이 없었다. 마음만 먹으면 무엇이든 이룰 것만 같았던 패기가 있었다. 그 패기가 무모함이 세상과 부딪히면서 적당히 타협하고 조율하며 여기까지 왔다. 딱 세시화가 피는 시간까지.(중략)
>
> 눈에 보이지 않는 씨앗이 어디에 숨어 있다가 싹을 틔워 꽃을 피울까. 여리디여린 듯 하늘하늘하면서도 절대 쓰러지지 않는다. 물을 주면 바닥에 쓰러졌다 다시 일어난단다. 나보다 더 씩씩한 화초 같다. 친구도 나도 세시화 피는 오후 세 시 인생을 지나고 있다. 그리 길지 않은 인생, 다섯 시를 지나고 저물녘 노을을 맞이하는 길에 같이 하고 싶다.
>
>   - 모임득의 〈세시화〉에서

  세시화라는 식물은 그 자체만으로 고유한 의미로 존재하지만, 작가

는 세시화라는 대상을 모방하여 특정한 형식으로 재현해 새로운 의미를 부여하고, 세시화는 작가에 의해 의미의 전이로 인식된다. 〈세시화〉에서 볼 수 있는 유비 구성은 세시화라는 식물의 속성과 작가의 삶의 경험이 나란히 배치되어, 작가가 삶의 의미를 해석하거나 인식하는 방식으로 적용된다.

인간은 자연을 포함한 사물에 무수한 감정을 투사하고 그것들의 다양한 모습에 동화하고 공감한다. 작가는 세시화라는 식물의 특성에 자신의 삶을 투사하고 자기 동일시의 의미화를 시도한다. 그 과정에서 자신의 육화된 체험을 여과시켜 표출함으로써 감동을 배가시킨다.

강천의 〈나비의 출근길〉

현대인은 주위를 돌아볼 여유가 없다. 목적지를 향해 서둘러 걷는 것이 일상인 시대이기에, 우리 주변에 존재하는 것들에게 마음을 내주는 일은 쉽지 않다. 〈나비의 출근길〉에서 작가는 사람들이 관심조차 두지 않을 법한 작은 생명을 따뜻한 시선으로 바라보고, 안위를 지켜본다.

건널목으로 날아온 한 마리의 나비가 무단 횡단을 시도한다. 절체절명의 위기에 처한 나비의 날갯짓에 작가 사유의 주파수에 걸려들었다. 이른 아침인지라 이슬 젖은 날개도 말리지 못했을 터였다. 목숨을 건 나비의 이동은 성공할 수 있을까. 왕복 8차선 대로를 앞에 둔 나비는 대형 트럭과 시내버스의 질주에도 살아남아야 한다.

속력을 내며 다가온 트럭과 충돌할 수도 있는 위기상황을 알 리 없는 나비는 앞으로 나아간다. 트럭과 나비가 엇갈린 자리에서, 작가는 연약한 몸으로 생사의 기로에 선 나비가 걱정스럽기만 하다.

이 모습을 바라본 작가는 그 과정에 관여하게 된 것을 후회했을지 모른다. 지켜볼 뿐 도와줄 방법이 없기 때문이다. 트럭의 돌진에도 살아남은 나비는 저승사자처럼 달려오는 대형버스가 오자 작가의 눈앞에서 사라졌다. 그러나 버스의 상승기류 때문이었는지 중앙선을 넘어 반대편 도로를 날고 있다. 질주하는 자동차들을 내려다보며 달리는 나비에게는 이것이 전부가 아니다.

횡단보도에 푸른 등이 들어 왔다. 우르르 사람들이 길을 건넌다. 나는 차마 앞설 수가 없어 맨 뒤에서 미적거린다. 생사를 확인하기가 두려워서다. 나비는 살기 위해 죽음을 무릅쓸 수밖에 없었다. 무엇 때문인지도 모른 채 어느 순간 닥쳐온 풍파에 이끌려 들어가 파닥였다. 살아보려고 아무리 애를 써도 불가항력의 재앙 앞에서는 헤어날 도리가 없었다. 어쩌랴, 삶과 죽음은 아등바등 살아가는 모든 생명의 태생적 숙명인 것을. 요행을 바라며 다시 나비를 찾는다. 있다. 보도블록 위에 주저앉아 허덕이고 있다. 나비는 만신창이가 된 날개로 죽을 고비를 몇 번이나 넘기고 이렇게 살아남았다. 그래, 살아있다는 현실보다 중요한 게 어디에 있으랴. 이제 고난은 끝났으니 네 가고 싶은 곳으로 훨훨 날아가 보렴.

- 강천의 〈나비의 출근길〉에서

일상의 작은 체험을 문학적으로 형상화한 〈나비의 출근길〉에서 작가의 촉수는 나비의 진동에너지에 공명한다. 공감을 전제한 공명은 남과 더불어 우는 것이다. 작지만 소중한 생명과 마주친 일상의 순간들을 담고 있지만, 단순한 관찰기가 아니다. 작가는 나비가 위험천만 상황에서 대로를 날아 무사히 살아있는 과정을 지켜보며 나비의 생존에 집중한다. 사물과 현상을 감상하는 차원을 넘어 존재 자체로서 역할을 다하는 나비의 시간을 섬세한 관찰력으로 포착해낸다.

결미에서 이 모든 것을 지켜본 무당거미가 관망한 것이 파란 하늘뿐이랴. 작가는 그렇고 그런 문제로 가득 차 있던 세상에서 한 발짝 물러나 지극히 소소하지만 따뜻한 위로를 건넨다. 자신을 둘러싼 세계를 섬세하고 따뜻하게 바라보는 기쁨에 독자는 대리만족할 것이다.

3. 작은 것의 아름다움

'작은 것이 아름답다.'는 말은 인생관이나 가치관을 상징하는 문장으로 인용되거나 대중적인 명제로 자리잡은 적도 있으나, 대부분의 사람들은 줄곧 '큰 것이 좋다.'는 사고방식을 유지해 왔다. 경제는 성장해야 하고 부의 획득이 최선의 목표였다. 경제학자 에른스트 슈마허는 더 많은 자원과 효율화를 원하는 주류 경제학의 문제점과 한계를 비판하고, 작은 것, 인간적인 것을 추구하기 위한 대안을 《작은 것이 아름답다》(문예출판, 2002)에 담아냈다.

존재하는 모든 사물은 각자 나름의 가치와 의미를 갖고 있으며, 세상의 모든 존재는 타자와의 관계 맺음을 통해 존재 가치를 얻는다. 독서광으로 알려진 조선 후기의 실학자 이덕무李德懋는 주변에 존재하는 사소하고 보잘 것 없는 것들을 나름의 가치가 있다고 여겼기에 일상 생활에서 마주한 모든 것들이 그의 시의 소재이며 주제였다.

그에게 시는 세상의 모든 존재와 대화하는 방법이며 사람들과 의사소통하는 통로였다. 이덕무는 벼슬에 나간 이후 '매미'라는 시를 통해, 비록 환경이 다르고 처지가 변했다고 해도 매미처럼 향기롭게 살겠다는 자신의 뜻을 표명했다.

실제로 이덕무는 벼슬에 나간 이후에도 자신의 뜻과 기운을 굳건히 지켜나갔다. 쓸쓸한 오두막집에 살면서 빈천을 감내할망정 끝끝내 권력을 쫓아다니거나 부귀를 얻으려고 하지 않았다.

그의 시에 등장하는 벼룩이나 매미, 기러기, 고양이, 화초들은 자연과의 정서적 합일과 타자와 공생하는 삶의 향기가 있다. 이덕무의 시에 나타나는 작은 것의 아름다움은, 작은 것 속에 거대한 것이 있고 작은 세계 속에 큰 세계가 있음을 노래한 것이다.

이덕무는 보통 사람에게는 볼품없어 보이는 작은 것들이 지닌 의미를 세밀하게 관찰하는데 머무르지 않고, 그것들을 통해 인간과 사물의 본질 그리고 세계와 우주의 이치를 꿰뚫어 보았다. 무겁지 않고 인위와 가식이 섞이지 않은 자연스러움이 후대인들의 공감을 불러오는 것이다. 바쁨을 기본 정서로 장착한 현대인들은 주변을 돌아볼 여유가 없다. 더 많은 것을 취하기 위해 분주히 뛰어다니지만, 스스로 내면의 작은 공간을 채울 풀꽃 하나에도 마음을 주기가 쉽지 않다.

한 편의 수필을 위해 작가는 민감한 촉수로 대상의 본질을 파악하려 한다. 작은 것들에 집중한 작품 뒤의 작가들도 대상에 감추어진 것들을 찾아 나선다. 주변에 존재하는 소소한 것들을 관찰하고, 그에 대한 울림을 함축적으로 표현한 작품들은 사소할망정 소중한 일상을 지탱하는 힘이 될 것이다.

《수필과비평》 2022, 10월호

05 일상에서 발아된 수필의 모티브

1. 문학작품과 모티브

문학에서 모티브motive와 모티프motif는 흔히 같은 의미로 사용되지만 엄밀히 말해 서로 다른 개념이다. 모티브는 "어떤 행동에 대한 동기나 원인 내지는 어떠한 글에 대한 출발점을 의미"(《통합논술 개념어 사전, 2007, 한림학사》에서 발췌)하며, 예술 작품의 발단 과 창작 동기가 되는 이유나 영감을 뜻한다. 모티프는 모티브와 비슷한 개념으로 쓰이지만 대부분 이야기를 구성하고 있는 여러 개의 화소話素, 즉 하나의 이야기를 구성하는데 중요한 요소가 되는 최소 단위를 말할 때 쓰인다.

영화《자산어보》는 어류박물지《자산어보玆山魚譜》의 서문序文에서 모티브를 가져왔다. 저자 정약전은 서문에서 창대가 "어려서부터 배우기를 좋아하였으나 집안이 가난하여 책이 많지 않았다.(중략) 그를 초청하여 숙식하면서 함께 궁리한 뒤 그 결과물을 책으로 완성하고 이를《자산어보》라고 이름 지었다."고 기록했다. 공동 연구자인 창대가 집필 과정에 기여한 공을 거론한 점에서 학자로서의 양심과 인간미를 엿볼 수 있다는 대목이다.

유배지 흑산도의 바다 생물에 매료된 호기심 많은 정약전이 책을 쓰기 위해서는 물고기에 해박한 지식을 가진 창대의 도움이 절실했으나 창대는 그의 청을 단칼에 거절했다. 서학 죄인을 도울 수 없다는 이유에서였다. 물러설 정약전이 아니었다. 그는 창대가 혼자서 하는 글공부에 어려움을 겪고 있다는 사실을 전해 듣고, "내가 아는 지식과 너의 물고기 지식을 바꾸자."며 거래를 제안한다. 이에 창대는 스승의 가르침이 절실했던 바, 거래라는 말에 못 이기는 척 그의 제안을 받아들인다. 둘은 티격태격하면서도 점차 서로의 스승이자 벗이 되어 간다.

혹자는 이준익 감독이 정약전이라는 역사적 인물에 대한 왜곡 시비를 희석시키기 위한 방편으로 창대를 내세웠다고 했으나, 역사에 이름 한 줄 남기지 못했을 민초인 창대를 아홉 번이나 인용한 인상적인 서문을 상기하며 영화 제작의 동기와 중심 제재인 모티브를 찾았으리라.

주연배우 설경구는 영화가 무르익어 갈수록 "창대야, 창대야!"를 외쳤다. 그가 특유의 허스키한 음색으로 다급하게 불러대면 창대는 마지못해 투덜거리며 다가왔다. 영화가 끝나고 귀가하던 지하철에서도 창대를 다급히 부르던 정약전의 음성이 환청으로 맴돌았다.

예술가의 삶을 모티브로 한 문학작품은 많다. 영국 작가 '서머셋 모옴Somerset Maugham'은 19세기 프랑스의 후기인상파 화가 폴 고갱의 생애를 모티브로 소설 《달과 6펜스, The Moon and Sixpence》를 구상하였다. 김영하 소설가의 《빛의 제국》은 '르네 마그리트'의 회화 〈빛의 제국〉을 모티브로 하여 소설의 제목과 표지의 이미지까지 그대로 차용했는가 하면, 이양하의 수필 〈신록예찬〉과 〈나무〉는 그가 재직했던 연희전문학교(현 연세대학교)의 청송대가 모티브였다는 사실은 익히 알려진 바 있다.

사실을 토대로 하기 마련인 수필의 모티브는 삶의 다양성을 내포한 일상이라는 텃밭에서 발아發芽된다. 《수필과비평》 9월호에 발표된 작품 중 작가가 일상에서 포착한 체험을 모티브로 한 작품을 중심으로 살펴보고자 한다. 이방주의 〈지렁이가 품은 우주〉는 산책로에서 우연히 마주친 지렁이를 모티브로 하였으며, 박범수의 〈조문 소회所懷〉는 사회적으로 영향력을 미친 인사들의 조문에서 작품의 모티브를 찾았다. 그런가 하면 강표성의 〈그림자에 들다〉, 김덕조의 〈그해 겨울은 따뜻했다〉와 같이 작품의 모티브를 제목에 직접적으로 제시하지 않고 독자의 상상을 유도했다.

2. 일상에서 포착한 모티브

이방주의 〈지렁이가 품은 우주〉

"새벽 산책길에서 딱한 중생을 만났다."

작품의 서두다. 작가는 산책길에서 "젓가락으로 입에 올리다 흘린 자장면사리"같은 모습으로 힘겹게 지나가는 지렁이를 발견한다. 그대로 두었다가는 사람들의 발과 아이들의 자전거, 분리수거와 택배 차량의 바퀴에 밟힐 지렁이의 운명을 작가는 예견하고 있다.

작가는 자신도 모르게 지렁이의 신인 양, 딱한 중생이 되어버린 지렁이를 인도하고자 간구한다. "다시 땅속으로 들어가라. 들어가라. 제발 들어가세요."를 애절하게 읊조리는 작가의 심사를 알 리 없는 지렁이.

비가 개면 토질의 습기로 인한 산소 부족을 해결하기 위해 지렁이는 밖으로 나온다. 비 갠 후 인도에 널린 지렁이 사체를 보는 경험은 특별하지 않지만 작가는 절묘하게 수필의 모티브로 포착해낸다. 지렁이는 자신의 생태환경을 견디지 못해서 지상으로 탈출했지만 고난은 이어진다. 운이 좋은 놈은 풀숲을 찾아서 다시 들어가겠지만 이미 지상에 노출된 상태 자체가 생존 여건을 잃은 것이다. 대부분 저 잣거리에서 사람의 발길에 의해 객사하거나 길을 찾는 과정에서 말라 죽게 된다.

> 깜짝 놀랐다. 더 높은 곳에서 나를 내려다보는 진짜 신이 있지 않을까. 맞다. 바로 저만큼 위에서 나를 내려다보면서 '가지 마라. 거길 가면 안 되느니라. 그리 가면 네가 으깨지고 끊어지고 으스러지고 흔적도 없이 사라진다.' 나의 운명을 내려다보며 안타까워하는 신이 저 위에 있는 것 같아서 나는 안절부절못한다.
>
> — 이방주의 〈지렁이가 품은 우주〉에서

여기에서 작가가 지렁이를 바라보는 시점은 사진이나 회화, 영화에서 쓰이는 부감俯瞰 기법과 다르지 않다. 부감은 원근감을 살리기 위해 높은 곳에서 내려다보거나 전체를 조망하는 관점이다. 여기에서의 부감은 지렁이를 내려다보는 물리적인 시점이 아닌 작가가 재구성한 사유의 시선을 포함한다.

> 지렁이에게서 나의 운명을 돌아본다. 지렁이나 나나 우주의 눈으로 보면 미물이다. 사람도 지렁이도 우주 안에 하나다. 한 마리 지렁이가 우주의 섭리를 다 품었다.
> — 이방주의 〈지렁이가 품은 우주〉에서

이방주는 작품의 모티브가 된 지렁이의 사실적 묘사에 머무르지 않고 소재에 철학적 관점으로 접근한다. 지렁이라는 대상의 재현을 넘어 작가의 주관을 의식적으로 확대한 문학적 변용deformation을 통해 지렁이에 대한 사실적 설명이나 논리적 사고보다 정서적이며 철학적인 해석으로 독자의 공감을 불러온다.

지렁이를 부감하던 작가는 나아가 "더 높은 곳에서 나를 내려다보는 진짜 신"에 대해 자각하기에 이른다. 에피소드의 전개 과정에서의 수사적 성찰이 전체적 분위기를 끌어올리지만, 그 과정에서 자칫 빠지기 쉬운 장황한 해석이나 의미 부여, 영탄조의 독백은 없다. 결미에서는 진리의 세계를 압축하여 표현한 법문을 예로 들어, 한 치 앞을 볼 수 없는 지렁이와 다를 바 없는 미물로서의 인간 존재를 깨닫는 매우 적절한 표상에 다다른다.

나아가 현실 모방과 지렁이라는 특정 대상의 묘사에 머무르지 않고, 방향성을 상실한 채 정처없이 걷고 있는 인간 존재로서의 자각에 도달하기까지 작가만의 특이한 관점과 해석을 통한 입체적 구성으로 진행한다.

"새벽 산책길에서 딱한 중생을 만났다."에서 시작하여 "딱한 중생에게 법성게의 한 말씀을 듣는다. 나도 어디로 가고 있는지 모르니 그대와 다를 게 없다."의 결미에 이르기까지 첫 단락의 첫 문장과 마지막 단락의 마지막 문장에 이르기까지의 정교한 장치는 미학적 가치를 높이는데 기여한다.

김덕조의 〈그해 겨울은 따뜻했다〉

이 작품에서 모티브로 작용한 에피소드는 조간신문 기사 타이틀이다.

> 아침 신문에 '은퇴 경주마의 통 큰 선물'이란 타이틀이 있다.—시각장애인을 위한 점자도서관 건립—이란 글과 함께 실렸다. '인디밴드' 우승상금 1억 원 기부라는 제목과 함께 경주마와 기수의 자랑스러운 모습이 보인다.
>
> — 김덕조의 〈그해 겨울은 따뜻했다〉에서

기사는 '인디밴드'라는 경주마의 은퇴 소식과 기수가 우승 상금 1억 원을 시각장애아를 위한 점자도서관에 기부한다는 소식을 전한다. '인디밴드'의 우승과 시각장애 어린이에게 안겨줄 광명을 떠올리는 일은 즐거운 일이다.

이어서 실화를 바탕으로 한 영화《씨비스킷, Seabiscuit, 2003》을 불러온다. 영화 속 경주마 '씨비스킷'은 왜소한 체격의 볼품없던 말이었다. 그럼에도 불구하고 기수는 녀석의 가능성을 눈여겨보았다. 그는 말을 헌신적으로 돌보며 조련한 결과, 매 경기에서 우승을 거두었다. 그러나 우승을 빼앗긴 상대편 기수의 음모로 인해 '씨비스킷'은 다리에 부상을 입게 된다. 경기마로서 쓰임을 다한 말은 폐기처분 당할 수밖에 없는 상황에서도, 기수는 말을 포기하지 않았다. 말과의 교감으로 꾸준히 훈련한 결과 누구도 예상하지 못했던 경주마로 거듭나 감동적인 명승부를 펼친다.

'씨비스킷'은 1930년대 대공황으로 실의에 빠졌던 미국인들에게 꿈과 희망을 심어주었다. '씨비스킷'이 세계 챔피언에 오르기까지의 험난한 과정은 실화였기에 영화의 감동이 더욱 컸으리라. 이는 병마의 고통을 이겨내고 재활에 성공한 작가의 체험과 중첩된다.

작가는 뇌경색의 후유증으로 인한 신체능력 저하로 좌절을 겪은 적이 있다. 남편의 트레이닝을 받으며 축구장에서 흘린 땀과 눈물로 작가는 재기에 성공한다. 경기 능력을 상실했던 경주마 '씨비스킷'과 작가가 겪은 병마의 혹독한 체험의 진폭은 동일시同一視를 거쳐 자기화에 도달한다.

다시 뛸 수 없을 것 같았던 '씨비스킷', 장애는 극복할 수 있다는 기수의 탁월한 선택을 보면서, 나도 모르게 가슴이 뜨거워지며 눈물이 흘렀다. 한 달여를 병실을 벗어나지 못하던 내가 남편의 박수를 받으며 일어서던 그 날의 감동이 주마등처럼 스친다. 움츠렸던 내 어깨를 활짝 펴게 용기를 주었고, 두 팔을 높이 들어 격려를 아끼지 않았던 고마운 내 편이 있었기에 가능했다.

- 김덕조의 〈그해 겨울은 따뜻했다〉에서

〈그해 겨울은 따뜻했다〉는 '인디밴드'라는 경주마의 은퇴 소식과 우승 상금 1억원 기부라는 아침 신문 기사를 모티브로 시작하여, 부상을 극복하고 다시 뛸 수 있게 경주마의 된 실화를 불러온다. 이어서 뇌경색 진단을 받고 마비된 몸을 회복하기 위한 안간힘을 거쳐 건강을 되찾기까지의 과정을 담아냈다.

경주마로서 치명상을 당했던 '씨비스킷'이 기수의 애틋한 사랑으로 다시 달릴 수 있게 되었고, 건강을 잃었던 작가는 남편의 헌신으로 일상 복귀에 성공한다. "자신을 믿어주는 기수를 위해, 전력을 다해 뛰었을" 경주마와, 용기와 격려를 아끼지 않았던 남편의 헌신으로 다시 일어난 작가와의 동일시를 거쳐, 중심 화소로 선택한 경주마와 투병과 재활을 성공적으로 해낸 작가의 체험이 직조되어 모종의 관계성을 획득한다.

삶의 우연성과 비선형성은 예측이 불가하지만 불가피한 연관성을 지닌다. 작가가 배치한 중심 화소인 경주마 '인디밴드'와 '씨비스킷'의 에피소드는 작가가 처했던 상황에 대한 독자의 이해와 공감을 높이며 작가가 의도한 철학적 깨달음과 무관하지 않다.

이 과정에서 제재 해석과 의미화의 작법이 두드러진다. 개인사적 화소일지라도 독자 역시 자기화의 동화를 통해 작가와의 동일시작용을 경험하게 된다. 장황한 묘사로 삶의 간난艱難과 투병과정을 나열하기보다는 경기 능력을 상실한 경주마와, 중병으로 일상을 잃는 작가와의 메타포metaphor는 적절한 상징이다.

강표성의 〈그림자에 들다〉

수필을 자기 관조와 자신의 얼굴 그리기라고 할 때 회고적 정서의 몰입은 당연하다. 〈그림자에 들다〉에서 시간을 가로지르는 과거로의 회귀와 기억의 저편에 자리한 기억의 가역 반응reversible reaction은 현재로의 귀환과 교차한다.

사촌오빠의 호출로 서울행 고속버스를 타고 달려간 곳은 그의 장례식장이다. 이른바 죽은 자의 호출이었다. 유년 시절 유복한 환경에서 자란 탓에 귀공자 같았던 그는 딸 부잣집 맏이였던 작가와는 다른 세상의 사람이었다. 방학을 맞아 사촌오빠가 작가가 사는 시골에 내려오면 밤낮으로 자연 속을 누볐던 시골애들에게 오빠는 신기한 구경거리였다.

이제 그 소년은 영정사진의 주인공이 되었다. "영정 속 사진의 얼굴에는 신산한 세월의 흔적이 스며"있었다. 큰아버지의 그늘에 가린 그림자였던 아버지와, 승승장구하던 형제들 속에서 홀로 외로웠을 그 역시 빛보다는 그림자였다. 아버지의 삼일장을 지켜주었던 그는 작가의 아버지와 닮은 삶을 살았다. 작가가 그에게 각별할 수밖에 없는 이유다.

형제간에도 균형이 필요하다. 가깝기 때문에 거리 바깥으로 밀리게 되면 수평을 유지하기가 힘들다. 자칫하면 연민과 긍휼이 뒤섞이고, 호의와 권리가 복잡하게 얽혀버린다. 남이 아니라서 더 힘들다. 빛이 그림자가 될 수 없는 것처럼 그림자도 빛의 입장이 낯설다. 서로의 속성에 익숙할 뿐이다. 빛에 처할 때도 있고 그림자에 속할 때도 있다는 걸 생각지 못하고 고개를 갸우뚱한다. 밖으로 나와 더 큰 시선으로 자신을 바라볼 수 있을 때야 좀더 자유로워질 수 있을 터인데.
― 강표성의 〈그림자에 들다〉에서

수필이 체험과 사실, 작가의 기억을 모태로 발아하여 꽃을 피운다 해도 단순한 회고와 추억하기가 문학은 아니다. 〈그림자에 들다〉에서 작가와 사촌오빠의 삶에 드리운 그림자의 상징적 의미는 언어가 지닌 기표記標보다는 기의記意에 시선을 돌리게 한다. 사촌오빠의 죽음이라는 객관적 사실은 작가의 주관적 의식과 혼합하여 내적 자아에 몰입한다.

비평가 게오르크 루카치Georg Lukacs는 수필에 대해 "좀처럼 포착하기 어려운 인간 영혼의 가장 은밀한 곳에 자리 잡은 마음의 미세한 풍경을 그리는 양식"이라고 규명한 바 있다. 작가는 고인의 피폐해진 영혼에 대한 구체적인 발화보다는 그의 삶을 옹호하는 따뜻한 시선을 견지한다.

세상을 살다 보면 크기는 다르지만 누구나 그림자를 품고 산다. 시간에 따라 달라지는 그림자의 크기처럼, 인생의 주기에 따라 달라지는 삶의 그림자는 빛의 댓가이자 나의 또 다른 모습이다. 유형, 무형의 그림자를 응시하는 일은 자신의 존재를 깨닫고 자기 영혼의 깊이를 헤아리는 일이다. 노련한 건축가는 집을 설계할 때 집의 그림자까지 그려 넣는다던가. 기쁨과 행복을 생각하기 앞서 슬픔과 불행을 먼저 갈무리하는 마음이리라.

박범수의 〈조문 소회所懷〉

오랫동안 묵인되어온 우리의 관습은 말할 수 없는 것에 대해 침묵하는 일이었다. 인간이 삶을 긍정하지 않으면서도 삶에 대해 말하듯이, 문학의 기능에 대한 신념을 갖지 못한 상태에서도 작가들은 그것을 놓지 못한다.

〈조문 소회所懷〉의 모티브는 작가가 종로3가역에서 만난 오랜 친구와의 만남에서 시작된다. 두 사람은 청년기의 추억이 서린 감사원을 지나 삼청동 공원, 숙정문 쪽으로 향했다. 성벽에 기대서서 청와대 쪽숲을 가리키던 친구는 박원순 시장이 생을 마감한 위치를 구체적으로 알려준다. 놀란 작가에게 친구는 박 전 시장의 죽음에 대한 작가의 생각을 묻는다. 작가는 당시 박 시장의 조문을 다녀온 터였다.

2년 전, 7월의 뜨거운 햇빛 속에 서울시청 앞 광장의 조문 행렬에 함께 했던 이유는 고인의 이중적 행태를 옹호하는 입장이어서가 아니었다. 작가는 인권변호사 시절의 박 시장을 기억하고 있다. 침묵할 수 없었으리라. 박 시장은 80년대부터 우리나라 여성운동사의 가장 중요한 사건들을 도맡았던 인권변호사였다. 거기에 더해 사회적 활동에 주력하여 '아름다운 재단'과 '희망제작소'를 설립하여 노무현 정부가 끝나는 2008년까지 참여연대와 함께 재벌개혁 등에 앞장섰다. 민주주의를 진척시킨 주역이었다는 평가는 지울 수 없는 팩트fact다.

사자死者는 말이 없다. 남은 자들의 추측만이 분분할 뿐. 그의 죽음에 대한 가장 유력한 가설은 실종 직전 날 여비서로부터 성추행 혐의로 고소당한 사건이 원인이라는 추측이다. 사건 자체는 박 전 시장의 자살로 인해 공소권 없음으로 기소중지되었으나, 사건의 충격만큼 의문점도 많았다.

생전의 업적과 비중 때문인지 그의 죽음에 대한 평가도 무성하다. 살아서 쌓은 공적을 기억하며 애도를 중시하는 이들이 있는가 하면, 죽음으로 모든 책임을 회피했으니 고소인의 인권을 먼저 생각하여 진상 조사를 촉구하라는 등 비난의 목소리도 높다.

자타가 공인하는 페미니스트의 길을 걸었던 그의 죽음은 인지부조화 극복의 실패를 보여준다. 그는 자신이 살아온 삶과 앞으로 일어날 일들의 괴리감을 이겨낼 수 없었으리라. 박 시장의 성인지 감수성 결여는 인정되지만, 악의성이 부족하며 사생활은 공직 업무 평가와 구분하는게 합리적이라는 입장도 있다. 공은 공대로, 과는 과대로 논의된다면 우리 사회의 성숙도를 한 단계 끌어올릴 수 있으리라. 지금껏 우리 사회를 지배했던 가부장적 위세와 그것을 보장해 주던 무수한 시스템들을 전면적으로 성찰해야 할 시점임은 명백하다.

작가가 기억하는 또 하나의 죽음은 노희찬 의원이다.

> 3년 전 7월 어느 날, 퇴근을 하고 무심코 뉴스를 보는 데 노의원의 갑작스러운 죽음을 알리는 소식이 전해졌다. 스스로 생을 마감한 것이

다. 순간 너무 놀랬다. (중략) 수억도 수십억도 아닌 몇천만원의 정치자금 수수에 대한 도의적 책임으로 대중의 신뢰와 촉망을 받던 인재가 홀연히 떠난 것이다. 그 돈보다 더 많은 금품, 더 큰 의혹이 있는 정치인도 얼굴을 들고 살아가는 이 땅에서.

― 박범수의 〈조문 소회所懷〉에서

생전에 대면한 적은 없었지만 "이십대에 용접 기술을 배워 노동운동을 시작한 노의원의 정치활동"은 박범수 작가에게 신선함을 주었다. 유서에 의하면 후원금 처리를 제대로 하지 않았던 4천만 원이 죽음의 원인이었다. 그것과는 비교할 수 없는 액수의 금품과 의혹이 난무하는 정치인들이 활보하는 세태에, 노동자의 편에서 강자와 약자의 공존을 실천하고자 했던 행적을 기억하기에 조문했으리라.

필자가 노희찬 의원의 죽음을 떠올릴 때면 생각나는 삽화가 있다. 20여 년 전의 휴일, 덕수궁 앞을 지날 때였다. 주변은 닭장차가 즐비했다. 대한문 앞을 포진한 경찰의 방패가 유난히 무거워 보였다. 시위대와 경찰의 틈새에 간신히 놓인 작은 천막에 노희찬·심상정 의원이 앉아 있었다. 그들 앞에 놓인 작고 낮은 탁자에는 연초록 아이비 화분 두 개가 놓여있었다. 당시 소수정당을 이끌던 그들이 꿈꾸던 사회는 다윗과 골리앗의 싸움을 연상케 했다. 확성기의 구호가 서울광장을 에워싸던 그날, 무력해 보이던 여린 잎의 화분이 놓인 천막과 시위대의 풍경은 무어라 형언할 수 없는 아련함으로 남아있다.

또 하나는 '6411번' 마을버스다. 2010년 노 의원이 서울시장 예비후보 출마 당시 '함께하는 새벽 첫차'라는 슬로건을 내걸고 '6411버스' 첫차에 승차했다. 버스는 6,70년대 제조업의 상징이던 구로에서 출발해 부의 대표적 공간이라는 강남에 도착하는 상징적 노선이었다. 승객의 대부분은 새벽 3시에 일어나 5시 반에 직장인 강남의 빌딩에 출근하던 60대 아주머니 청소원들이었다.

노 의원은 당시 우리 사회의 수많은 비정규직 노동자의 고단한 삶에 대해 "이분들이 그 어려움 속에서 우리 같은 사람을 찾을 때 우리는 어디에 있었습니까?"를 수없이 외쳤으며, 노 의원의 사후에도 '6411버스 정신'으로 불리며 회자되었다. 그는 이렇듯 우리 정치가 제대로 거명한 적 없던 도시 빈민의 삶을 정치 한복판으로 데려왔다. 그것은 사회 경제적 약자에 대한 막연한 연민이나 동정심이 아닌 사회경제적 약자들이 배제된 한국 민주주의를 바꾸겠다는 정치적 소명을 담아낸 일화였다.

공인의 자리에 있던 지도자들의 죽음은 사회적 파장을 남긴다. 노무현 대통령, 박원순 시장, 노회찬 의원처럼 고위직에 몸담았던 이들의 자살은 자칫 명예를 위한 자살이 생명의 존엄성보다 더 고귀하다는 잘못된 시그널을 줄 수 있다.

결미에서 "마스크를 꺼내쓰고 택시를 탔다. 전철역에서 손을 꼭 쥐어 악수를"하고 서로의 안녕을 빌고 헤어지는 장면은 결국 우리 앞에 놓인 일상은 어제와 다름없이 흐를 것이고 산 사람들은 살아야 하며, 현재 우리가 당면한 고통은 어떤 이념과 정치로도 치유될 수 없으리라는 자조 섞인 표현이다.

그들은 자신에게 죽을 권리를 부여하고 스스로 몰락을 선택하는 것만이 최선의 선택이었을까. 〈조문 소회所懷〉는 망자를 조문하되, 거대 담론이나 철학적 사변으로 그들이 처한 사태를 비난하거나 단호한 어조를 삼갔다. 나아가 누구를 비난하거나 어느 편의 손도 들어주지 않는다.

작가는 박 시장이 "부하 직원에게 한 행위를 이해할 수도 없고 용서를 할 생각은 가지고 있지 않"았으며, 노희찬 의원이 공정하게 집행하지 않은 후원금이 정치판의 잣대로는 결코 많다고 볼 수 없는 금액이기에 면죄부를 주어야 한다는 의미는 결코 아니리라. 우리의 민주주의를 오늘까지 진척시킨 주역이었던 이들의 출발점과 지향점이 어디였는지를 보여줄 뿐이다.

〈조문 소회所懷〉는 한때 시대의 리더였으나, 스스로 삶을 놓아버린 이들에 대한 작가만의 애도의 방식이다. 시대의 어두운 그늘을 간접적으로 조명하며 주관적 감정에 매몰되기보다는 저물어가는 한 시대에 작가가 바치는 국화꽃 한 송이다. 두 사람의 죽음은 "문학의 지위가 높아지는 것과 문학이 도덕적 과제를 짊어지는 것은 같은 것"(카라타니 고진,《근대문학의 종언》도서출판b, 2006)이라는, 문학이 감당해야 할 모범답안이 없는 윤리적 과제에 대해 생각게 한다.

3. 나가는 말

일상은 반복과 식상함의 상징인 반면, 모티브의 보관창고다. 일상의 창고에서 건져낸 모티브는 담아낸 용기에 따라 모양이 바뀌는 신비한 그릇이다. 작가에게 있어 창작의 동기는 뇌리에 스치듯 지나간 모티브를 포착하는 데서 시작된다. 모티브는 작가의 체험이나 기존에 있던 현상을 받아들인 후 재구성을 거친다. 그것을 심화, 발전시켜 새로운 해석과 의미를 빚어낼 때 감동은 배가된다.

이상 살펴본 작품에서는 새벽 산책길에서 만난 지렁이, 경주마의 기부를 알린 아침 신문 기사의 타이틀이 작품의 발단이 되었다. 또한 부음을 듣고 달려간 장례식장에서 시작하여 삶과의 연관성 속에서 묘사된 친지의 죽음을 모티브로 하였으며, 유명인사의 죽음에 대한 소회所懷를 토로하였다.

신형철 평론가의 산문집 《슬픔을 공부하는 슬픔》(한겨레출판, 2018)은 "타인의 슬픔에 대한 공부의 필요성"에 대해 말한다. 사회적 사건들에 내재된 슬픔을 바라보는 저자의 시선이 담긴 이 책의 직접적인 모티브는 세월호 참사다. 신형철은 참사 이후 '슬픔'이라는 감정을 느꼈지만 엄연히 타인의 감정이라는 한계가 있었다. 그는 "슬픔에 제대로 공감하지 못하고 있다는 미안함과 안타까움으로 인해 '슬픔'에 대해 본격적으로 공부할 필요성을 느꼈다."고 했다.

세계적인 열풍의 주인공 방탄소년단BTS의 앨범 《Wings》에 수록된 〈피 땀 눈물〉이라는 곡의 모티브는 '헤르만 헤세'의 《데미안》이다. 불안과 좌절에 사로잡힌 청춘의 내면을 다룬 작품으로, 수많은 청년 세대의 마음에 깊은 울림을 전한 소설을 모티브로 한 곡은 BTS 열풍으로 인하여 《데미안》의 판매량에 영향을 미칠 정도였다.

이렇듯 장르를 막론하고 예술은 일상 속에서 창작의 모티브를 포착한다. 예술가에 의해 일상에서 채록探錄된 모든 것들은 작품의 모티브로 기능한다. 그것은 화가에게는 캔버스가 되고, 사진 작가에게는 한 장의 사진으로, 작곡가에겐 선율로 재탄생된다. 작가는 묻혔던 기억 속에서 발굴한 모티브를 포착하여 작가만의 질그릇을 빚어낸다. 작가가 일상의 한 켠을 무심히 지나치지 않고 스쳐간 우연도 되돌아볼 수밖에 없는 이유다.

《수필과비평》 2021, 10월호

제4부

01 제재와 주제의 상관성
02 수필 속의 가족 서사
03 시점 변용의 허용과 한계
04 자기 성찰 도구로써의 문학
05 병든 사회의 그늘을 읽는 작가의 독법讀法

01 제재와 주제의 상관성

문학작품 속에서 소재素材는 작품의 근간이 되는 재료다. 어떤 형태로도 가공하지 않는 1차적인 재료다. 제재題材는 여러 소재 중에서 선택한 재료로 주제主題를 드러내기에 적합한, 중심 소재를 말한다. 소재를 가공한 2차적인 자료라고 할 수 있다. 소재와 제재는 구분이 모호한 경우도 있으나 구분되는 것이 바람직하다.

주제는 작품 속에서 작가가 말하고자 하는 중심내용이다. 소재와 제재는 주제를 드러내기 위해 동원되는 모든 재료이며 작품에 동원된 소재를 유기적으로 연결시킨다. 주제는 모든 문장의 내용이 수렴된 글 전체를 아우르는 핵심적인 생각이다.

소재와 제재는 작품의 대상으로 작용한다. 일상에 산재하는 소재는 작가의 눈에 의해 발굴되어 그 진가를 획득한다. 기이한 소재를 포착하는 것만이 최선은 아니다. 평범한 소재일지라도 그것을 어떤 방식으로 빚어내느냐에 따라 작품의 깊이가 달라진다.

소재를 선택할 때 유의해야 할 점은 첫째, 주제를 살리는 데 가장 적절하다고 생각되는 것이어야 한다. 둘째, 구체적이어야 한다. 셋째, 신빙성이 있는 것이어야 한다. 넷째. 참신하여 독자의 흥미를 끌 수 있는 것이어야 한다. 다섯째, 너무 전문적인 것이어서는 곤란하다. 왜냐 하면 수필은 어디까지나 문학작품으로 독자에게 미적 감동을 주는 데 목적이 있는 것이지 지식을 전달하는 데 있는 것이 아니기 때문이다. 《손광성의 수필쓰기》을유문화사. 2008.p249)

  혹자는 수필을 일컬어 삶의 낙수落穗라고 일컫는다. 일상에서 건진 이삭이라는 의미다. 탈곡이 끝난 논바닥에서 벼이삭을 알아보는 이는 그것을 줍는다. 이삭의 가치를 알기 때문이다.

  수필이 체험을 바탕으로 하는 글이라 하여 작가의 모든 체험이나 대상이 소재가 될 수는 없다. 일상에서 건진 소재들 중에서 글감이 될 만한 것을 찾아내 문학적 형상화를 거칠 때 작가의 의미부여는 빛을 발하게 된다.

  수필은 단순한 소재의 나열이 아니다. 소재를 하나로 꿰는 작가의 통찰력이 필요하다. 지난 호의 작품 중 소재와 주제의 긴밀한 상관성을 담아낸 작품들을 살펴보자.

최연실의 〈씨감자〉

많은 문학 작품 속의 어머니는 숭고한 희생으로 표상된다. 어머니의 한恨의 정서가 직접적인 연관성을 갖지 않을지라도 내면으로 파고들면 역사적 트라우마trauma와 맞물려 있음을 알 수 있다. 작가 어머니의 삶도 피난길로 이어진 한국전쟁이 아니었다면, 그렇듯 파란만장한 삶을 살지 않아도 되었으리라. 〈씨감자〉에서는 1960년대 전후 한국문화의 지층을 입체적으로 보여준다.

　작가의 어머니는 감자 꽃 필 무렵에 세상을 떠났다. 평안남도 안주에서 태어난 어머니는 독립운동을 하셨던 아버지를 따라 중국 천진에 정착했다. 고학력의 어머니는 결혼 전 국군병원의 타이피스트로 근무하다가 피난길에 올랐다. 작가가 전하는 어머니의 삶은 가족을 위한 굴곡진 희생의 연속이었다. 어머니가 떠난 후 당신의 삶을 홀로 그리는 작가의 섬세한 응시는 슬픔의 미학으로 집약된다. 생전 어머니의 마음을 읽기에 작가의 곡진한 마음이 더해 사모곡은 애잔하다.

　팔순을 넘긴 어머니는 연로하셨음에도 타인의 도움 없이 규칙적인 일상을 이어갈 정도로 정신력이 남달랐다. 그런 어머니가 병원 신세를 지게 된 것은 두세 번 발을 헛딛는 사고 때문이었다.

　급변한 현대 사회는 가족의 개념과 형태를 변화시켰지만, 대부분의 부모는 가족을 위해 헌신하고 희생한다. 〈씨감자〉의 발단은 아버지의 사업 실패로 인해 시작된 어머니의 고난이다. 어머니는 미군 PX 물건을 판매했으나, 가족의 생계유지에는 미치지 못했다. 어머니에게는 가족의 생계 해결을 위한 씨감자가 절실했다. 그 후 보험 외판원 일을 시작했으나 남에게 아쉬운 소리를 하지 못했던 성품이었기에 쉽지 않았다.

　　어머니는 한 달 동안 보험 일을 해도 아기 주먹만한 씨감자 한 개를 만들지 못했으니 감자 수확은 언감생심 꿈이나 꾸었을까. 보다 못한 아버지가 친지들에게 소식을 전했다. "처가 보험회사에 다니게 됐다며…." 아버지마저도 뒷말을 잇지 못했던 걸로 기억된다. 보험이란 눈에 보이지 않는 물건을 나름 상품화시켜 고객을 확보하는 일이었기에 씨감자는 어머니, 자신이었다

— 최연실의 〈씨감자〉에서

 중학생이 되었을 때 반대편에서 걸어오는 어머니를 만났다. 작가는 고개를 숙이며 모른 채 지나쳤다. 귀가한 어머니는 그 일에 대해 묻지 않았다. 작가에게는 그 일이 마음의 부채로 남아있다. 그녀는 가족의 생계를 위해 자신을 위한 삶을 포기한 채 스스로 씨감자를 자처한 어머니에게 또 하나의 아픔을 안겨드린 것이다. 어느 날 작가는 과일을 사들고 친정에 갔다. 그런 딸에게 어머니는 반가움을 표현하기보다는 알뜰하게 살라는 말만 강조할 정도로 자식의 안위를 걱정했다. 궁핍을 견디며 가족만을 건사해 온 어머니가 떠난 후 유품을 정리했다. 마지막 순간까지 자식에게 무언가를 남기려고 했을까.
 세상에서 가장 힘든 직업은 어머니라는 말이 있다. 이렇듯 모성애를 향한 찬사의 바탕에는 어머니의 희생은 당연하다는 통념이 존재한다. 당시 고등교육을 받았던 어머니는 자신의 자존감과 야망을 버리며 숭고한 목표를 추구해야 했다. 여기에서 가족공동체를 책임지는 것이 자기 자신의 정체성보다도 더 유의미한 가치였으리라.
 어머니의 희생으로 점철된 시간은, 화자가 경험한 파편화한 기억으로 남아있다. 〈씨감자〉에서 유년의 세밀한 묘사와 부모님에 대한 그리움은 작품의 주된 정서로 작용한다. 작품에 담긴 서정성은 지난 시

절에 대한 회상을 입체적 풍경으로 환치한다. 이는 작가가 그 시절을 수용하는 방식이며 〈씨감자〉가 추구하는 서정성과 맞닿은 지점이다.

　이 작품에서 씨감자가 상징하는 것은 가족을 위한 어머니의 희생이다. 어머니는 가족의 생계와 자녀 교육을 위해 한 알의 밀알이 되었다. 가정 경제의 책임자가 되어 보험고객을 확보하기 위해 최선을 다했던 어머니는 떠났다. 당신이 떠난 후에 남겨진 달러는 자식들 손에 안겨 씨감자의 의미로 기능한다. 나아가 어머니의 절제와 희생이 숭고한 가치로 가시화된다.

　작가는 매년 꽃을 피우고 열매를 맺는 씨감자를 통해 어머니의 희생을 떠올린다. 씨감자는 자신의 헌신을 토대로 가족의 생계와 내일을 기약해야 하는 어머니의 책임감을 상징하는 대상물이다. 씨감자의 존재 이유는 다음 해에 다시 감자를 생산하기 위함이다. 번식을 위해 선별한 감자는 다음 해의 수확을 보장한다. 씨감자라는 일상의 소재를 매개로 어머니의 삶의 철학과 가치관을 되짚어보게 하는 작품이다.

김사랑의 〈도꼬마리〉

　　그가 탑승구를 향해서 걸어갔다. 그의 등을 바라보고 있다. 시야에서 사라지면 그 순간부터 허기증이 생겼다. 얼마나 세월을 보내야 허기증이 생기지 않을까? 헤어짐은 만남의 시작이지만 매번 예별은 힘들었다.

　　　　　　　　　　　　　　　　　― 김사랑의 〈도꼬마리〉의 결미

〈도꼬마리〉는 공항에서 아들과의 헤어지는 장면을 결미 부분에 배치했다. 아들과의 작별은 한두 번이 아니건만 작가에게는 감당하기 힘든 아픔이다. 작가는 평소 하늘의 비행운만 바라봐도 한국을 떠난 아들이 그립다.

아들은 안정된 직장을 버리고 자신만의 길을 개척하기 위해 외국행을 결심했다. 무사히 정착하여 시민권까지 취득했으나 작가는 그간의 노고와 고충을 짐작하기에 늘 안쓰러운 마음뿐이다.

어느 날 고향 묵밭에서 도꼬마리가 옷깃에 딸려왔다. 우연한 일이었겠지만 차마 휴지통에 버리지 못한 것은 씨앗이 치맛자락을 움켜쥐고 따라온 것이 아닐까 하는 생각에서다. 계절이 바뀌면 식물들은 앞다투어 꽃을 피우고 열매를 매단다. 그들은 열매에 가시가 돋은 도꼬마리를 경계하며 함께 어울리지 않았다. 제 고향에서야 비바람 맞으며 근심 없이 쑥쑥 자랐을 것이다. 터를 옮긴 도꼬마리는 주변에 아무런 피해를 주지 않았음에도 사람들은 그것을 피하거나 떼어내기 일쑤였다.

도꼬마리는 외래 수종이지만 우리 땅에 토착화된 식물이다. 열매를 지키기 위해서인지 열매가 익으면 가시로 중무장한다. 작가는 평소 영상통화에서 아들의 음성에 떨림은 없는지, 미세한 것들까지 주의를 기울인다. 그가 뿌리내린 이국땅에서 무엇엔가 흔들려 실금이라도 날까봐 조심스럽기 때문이다. 옷깃에 붙어 따라온 도꼬마리처럼 언젠가는 그리움에 사무쳐 날아올 것을 믿는다. 작가에게 아들의 부재 의식은 아들의 심연 어딘가에 자리할 귀소歸巢의 갈망을 넌지시 내비친다.

작가는 도꼬마리에서 아들이 타국에서 안착한 사실과의 상관성을 포착한다. 사람들이 눈길도 주지 않고 자칫 스쳐버릴 만한 식물이 타지에서 실한 뿌리를 내렸다. 아들도 시민권을 얻고 정착에 성공했다. 김사랑은 도꼬마리라는 소재를 의미화하여 주제를 구현하는 과정에서 독창적으로 대상을 분석하고 해석한다. 나아가 아들이 정착하기만을 바라며 노심초사하던 모성은 작가 개인적인 이야기지만, 도꼬마리와 아들의 타국 정착의 연관성은 일반화 단계에 도달한다. 소재의 탐색과 아들의 삶을 입체적으로 보여주면서 보편성과 미학적 가치를 높이는데 기여한다. 나아가 공감의 진동과 가동의 폭이 확장된다.

문학은 인간의 삶과 체험을 소재로 하며, 수필쓰기는 소재를 해석하는 행위다. 이 작품에서 도꼬마리라는 구체적 소재는 작가가 의도한 주제와 자연스럽게 부합한다. 도꼬마리는 작품의 중심 개념과 유기적인 상징으로 작용하여 주제 구현의 문제와 긴밀하게 연결되었다.

김정숙의 〈소리와 통하다〉

술은 인류의 역사와 함께 이어져 왔다. 술 빚는 일에 일가견이 있는 작가이기에 술에 대해서는 나름의 경지에 올랐다. 빚는 과정은 물론 음주에도 어느 정도의 도가 텄다. 작가가 경험에 의하면, 음주는 오감이 활발하게 반응하는 신비한 효능이 있다. 원근법이 파괴되거나 무중력의 우주를 걷는 듯한 신기함에 더해 용기까지 솟는다. 거기에 더해 눈물도 풍년이 든다.

작가는 술을 빚으며 소리와 교감交感한다. 효모가 발효될 때면 무수한 기포들이 발효액을 타고 위로 올라가는 과정에 집중한다. 침침한 항아리 안에서 술이 익어가는 소리는, 작가가 언젠가 골목에서 우연히 듣게 된 누군가 흐느끼는 소리를 닮았다. 해조음이거나 빗소리로 들리기도 한다. 전통주가 발효되는 특유의 소리를 들어본 사람은 그것 특유의 매력에서 빠져나오지 못한다던가. 그것들이 빚어내는 맛도 일품이리라.

> 바닥서부터 끓어 색과 향기와 희열을 품은 술과 마주한다. 잔을 향해 숨 가쁘게 떨어지는 나를 유혹하는 소리, 첫 잔에 취한다. 두 번째 잔부터는 제법 무게 있는 소리가 난다. 넋두리를 받아주는 친구와 전화도 하고 텔레비전 속 드라마에 끼어들기도 한다. 마지막 잔은 들릴 듯 말 듯 그 소리도 아쉽다. 굽이굽이 새겨진 아픔 슬픔 외로움도 언젠가 한편의 인생으로 익어가겠지. 나만의 공간, 낭만을 즐기는 시간, 휴식의 한잔. 치유의 술.
>
> – 김정숙의 〈소리와 통하다〉에서

이제 작가는 건강 문제로 술을 자제하는 편이다. 담담하거나 허전한 날이면 작가를 다독이던 술 익는 소리가 그립다. 세상의 모든 술은 발효와 불가분의 관계를 갖는다. 넓은 의미에서 발효는 미생물과 균 등이 인간에게 유용한 물질로 변하는 과정을 말한다.

〈소리와 통하다〉에서 작가가 일관되게 탐색한 것은 술이 익어가는 소리다. 작가가 한동안 멈췄던 술을 다시 빚게 된 것도, 그 소리 때문이다. 공산품인양 상품화하여 판매되는 술이 제아무리 많아도, 그것들이 익어가는 과정에서 토해내는 은밀한 소리를 들을 수는 없다. 발효가 시작된 술은 매순간 다른 소리를 들려준다. 작가는 술 빚는 방법에서 삶의 술법術法을 터득한 것일까. 발효를 기다리는 것, 인내하는 것, 귀 기울여 듣는 법…. 오랜 소리 그 소리에 귀 기울였다. 그 결과 독을 뚫고 나오는 발효음에 매료된다. 쌀알들의 울컥거리는 소리와 바다가 내는 파도소리, 땅을 자잘하게 적시는 빗소리로 들린다. 제조 과정의 발효 소리는 술을 빚는 사람만이 들을 수 있는 미세한 소리다. 작가는 어느덧 귀명창의 경지에 오른 듯하다.

〈소리와 통하다〉는 술을 소재로 했으나 술에 대한 주변의 이야기보다는 그것의 발효과정에 집중한다. 그 과정에서 저마다 부글거리는 소리를 떠올린 작가는, 술을 앞히고 나서 며칠 후부터 들었던 경험을 소환한다. 술과 소리의 관계로 확산되는 과정을 통해 작가만의 사유와 상상이 내적 의미로 나아간다. 〈소리와 통하다〉에 담긴, 작가에게만 들리는 술의 독창적인 소리는 독립적인 소재를 넘어 작품의 주제로 승화된다.

김은옥의 〈복권〉

작가는 아버지의 삶을 이해하지 못했다. 아버지는 작가가 마음의 준비도 하지 못한 상황에서 떠났기에 당신에 대한 회한은 남달랐다.
　당신의 유품을 정리하던 중 서랍을 여니 주택복권이 가득 쌓여있었다. 그 시절 아버지가 일주일 동안 마음 조이며 기다렸을 종잇조각이었다. 옛날식 복권은 조잡해 보이는 숫자의 나열이 아닌 아버지가 간절히 염원했을 희망의 실체였다.

한국인의 정서는 복福이란 단어와 밀접하다. 저마다 생각하는 복의 의미는 각각일지라도 그것을 염원하는 마음은 다르지 않으리라. 사람들이 복권에 집착하는 것은 인간의 기대 심리를 충족시키기 때문이다. 오늘날에도 버스 정류장 부근의 복권 판매처는 복권을 사기 위해 줄을 선 사람들을 쉽게 볼 수 있다. 그들은 기대 심리에 부풀어 그것을 구매한 이들은 짐짓 무표정하다.

아버지가 복권에 의지하게 되기까지는 짐작되는 사연이 있다. 어느 날 아버지는 스스로 삶을 마감할 결심을 실행에 옮겼다. 그것은 미수에 그치고 어머니에게 발각되었다. 그 후 어머니는 아버지의 주머니를 뒤지곤 했으나, 작가는 이유를 묻지 않았다. 예민했던 청소년기였기에 아버지에 대한 배신감으로 가득찼다. 아무리 어려운 현실일지라도 식솔을 거느린 가장으로서 그런 시도를 한다는 것 자체를 용납할 수 없었으리라.

그가 다시 일어서리라는 의지로 복권에 매달렸던 것은 자신만의 궁여지책이었다. 절망 속에서 부여잡은 지푸라기였으며 힘겨운 현실의 탈출구였다. 아버지 손에 들린 복권은 아버지뿐만 아니라 가족 모두의 염원이었다. 만일 복권 당첨이 현실로 된다면, 온 가족이 고생에서 벗어날 뿐만 아니라 작가에게는 자신만의 방이 생길 터였다.

복권을 남기고 아버지는 떠났다. 당첨되지 못한 그것들은 한갓 종이뭉치로 전락했다. 작가는 이승을 떠난 아버지의 유지를 기억하려는 듯 복권을 버리지 못한다. 작가가 아버지에게 선물한 잠옷 역시 비닐 포장 그대로다. 자신이 아버지 노릇도 못했다는 생각에 딸이 선물한 옷을 차마 입을 수 없었다고 한다. 아버지의 회한은 유족에게 통증으로 남았다.

> 아버지에게는 질곡 같은 인생의 뒤안길 너머 그래도 살아야겠다는 희미한 소망이 있었다. 사는 시간들을 자학하면서도 살아보고 싶은 가느다란 생명의 끈을 기진기진 이어나갔을 것이다. 복권은 핍절한 그의 삶을 의미했고, 한없이 궁핍한 시간의 강을 건너는 나룻배였다. 흐르는 강물 따라 가다 보면 어느덧 기슭에 닿아 희망의 땅을 디딜 수 있는 날을 기다린 건 아닐지. 비록 채 당첨되지 못하고 서랍 속에 들어갈지라도 그분에게는 유일한 삶의 비책이었다.
> — 김은옥의 〈복권〉에서

자식과 부모는 생의 일정 부분을 공유하지만, 죽음 앞에서 이별할 수밖에 없다. 〈복권〉은 버거웠던 아버지의 삶에 대한 개인사에 머무르지 않았다. 경제적 안정과 그로 인한 행복에 대한 기대심리가 담긴 복권은 작품의 주제를 보편적 차원으로 끌어올린다. 복권은 비단 아버지뿐만 아니라 가족 모두에게 실낱같은 희망이었다. 아버지가 그토록 집착했던, 가족의 염원이 담긴 복권은 당시 가족의 삶을 드러내는데 최적의 제재로 작용한다. 궁핍했던 그 시대를 버티기 위해 필요했던 삶의 장치였다. 〈복권〉에서 등장한 '복권'은 작가가 의도한 주제와 잘 부합하여 주제구현에 도달한다. 나아가 울림과 공감의 폭이 확장된다.

최계순의 〈아버지의 훈장〉

이어지는 사부곡은 〈아버지의 훈장〉이다.

'대한민국 국방부'에서 보낸 택배 상자가 도착했다. 상자에 태극기가 그려진 상자에 담긴 아버지의 서훈敍勳은 '6 · 25 무공훈장'이다. 영예로운 훈장과 증서를 택배로 받은 경우는 드문 일이다. 그것도 아버지가 떠난 지 40년이 지난 이후 받은 훈장이다. 작가가 태어나기 전 아버지는 한국전쟁의 참호 속에서 목숨을 걸고 참전했다. 그러나 당신 생전에 그 말을 꺼낸 적이 없다. 이 점이 가족서사의 발단이다.

> 수많은 전우가 쓰러져 목숨을 잃은 전선에서 싸웠던 아버지가 참전 사실을 말하지 않은 까닭을 늦게야 알았다. 두 살 터울의 형제가 모두 전쟁에 참전했다. 휴전이 되고 아버지는 제대하여 집으로 돌아왔지만, 생사를 모르는 돌아오지 못한 동생 때문이다. 할머니는 돌아오지 않는 작은아들을 위해 밤낮으로 정화수 떠 놓고 비손을 했지만 끝내 돌아오지 않았다. 그런 할머니 앞에서 당신만 살아 돌아온 죄스러움에 꺼낼 수가 없었다.
>
> (중략) 그래서였구나, 아버지와 할머니는 크게 한번 웃는 모습조차 볼 수가 없었다. 두 분 모두 몸은 뼈에 가죽을 도배한 듯 바짝 말랐고 어깨는 늘 축 처져 있었다. 그런 아픔을 가슴에 담고 살자니 몸도 마음도 지쳤으리라. 그런데다 엎친 데 덮친 격으로 서너 살 동생을 남겨두고 어머니가 다시는 올 수 없는 먼 길을 떠났으니 아버지의 고통은 한

계를 넘어섰으리라.

— 최계순의 〈아버지의 훈장〉에서

　작은아버지는 끝내 집으로 돌아오지 못했다. 할머니에겐 평생 기다려야 할 아들이었으며, 아버지에게는 지울 수 없는 아픔이었다. 아버지는 죽음의 문턱에서 겨우 돌아왔다는 안도감도 누리지 못했다. 어머니의 고통을 견디는 일도 쉽지 않으리라. 술로 그 세월을 버텼던 아버지는 이순을 넘기지 못하고 떠났다. 〈아버지의 훈장〉에는 엄연한 사실이었음에도 가시화될 수 없었던, 작은아버지의 전사와 그로 인한 암울한 가족사의 심층이 담겨있다.
　작은아버지의 전사를 알지 못했던 작가는 그로 인한 아버지와 할머니의 슬픔을 이해하지 못했다. 아버지의 수훈을 계기로 그분들의 삶을 비로소 이해하기 시작한다. 이유도 모른 채 아버지를 원망했던 딸에게 남겨진 회한은 뒤늦은 애도뿐이다. 국가유공자라는 명예로운 호칭은 아버지의 귀한 희생이 담긴 명예롭지만 아픈 호칭이다.
　대부분의 가족 서사는 별도로 분리해도 완결된 이야기 한 편을 구성할 수 있을 만큼 고유한 이야기 줄기를 형성한다. 작품에 산재한 이야기는 개인사에 한정하지 않고 역사의 흐름과 유기적으로 연결되어 있다. 그것은 당대인들의 실존적 삶의 모습을 총체적으로 보여준다.
　이렇듯 개인의 삶은 거시사巨視史의 어느 지점에 맞닿아 역사 속에 그 흔적을 남긴다. 거친 시대를 살았던 아버지의 삶 속에는 한 나라의 정치, 사회적인 역사가 부분적으로 투영되어 개인의 역사를 이룬다. 작가는 뒤늦은 아버지의 훈장 서훈을 통해 아버지 개인의 업적과 상흔은 물론 그늘이 드리워졌던 가족사에 대해 수긍하게 된다. 〈아버지의 훈장〉에 담긴 비극적인 가족사는 개인의 역사를 뛰어넘어 역사의 한 페이지로 남아있다.

대다수 우리 민족은 잊고 싶은 가족사와 역사를 품은 채 살아간다. 한국전쟁과 분단의 근현대사를 관통해오며 고통스러운 기억과 상처로 남아있는 사건들을 수습하지 않고서는 제대로 된 가족사를 쓸 수 없으리라. 사회 구조에 의한 희생자로서, 개인사와 가족사의 복원은 나아가 역사의 복원이고 가족들의 치유로 나아갈 것이다.

양희용의 〈6905〉

수필의 주요 화소話素는 작가가 직접 경험한 삶의 이야기다. 삶의 직접 경험은 작가에 의해 시간의 흐름에 따라 이야기로 연결된다. 작가의 이야기는 전개되는 과정에서 대상과 인물이 유기성을 갖기 마련이며 이야기의 요체는 특정한 의미를 지향한다. 수필 속 화자의 사유와 행동은 작가의 개념체계에 의해 작동되고, 그 개념체계는 작가의 세계관을 담아낸다.

혹자는 모든 존재에 의식이 있다고 여긴다. 양희용은 자동차에 생명을 불어넣어 인격체의 위치에 올려놓았다. '6905'는 작가가 오랜 시간 탑승한 승용차의 넘버다. 18년째 타다보니 이제 폐차를 앞두고 있다.

저는 울산의 현대자동차라는 명문가에서 태어나 대도시 부산으로 시집온 지 18년째입니다. 조선 시대 양갓집 규수처럼 정략결혼에 의해 지금의 주인 남자를 만났습니다. 세상에 별 남자 없다는 중매쟁이의 수완에 넘어가 몇몇 친구들과 함께 부산으로 향하는 탁송차에 몸을 실었습니다. 제가 조립되면서 꿈꿔왔던 좋은 집안의 멋진 남자는 아니었지만, 간소하게 혼례식은 올렸습니다.

중년의 사내가 저를 한산한 이면도로로 데리고 갔습니다. 저의 앞머리와 뒷머리를 올려주고 거추장스러운 비닐 옷을 벗겨주었습니다. 돗자리에 몇 가지 음식과 물품을 준비한 후, 혼례주를 한 사발 부어 초례상을 차렸습니다. 저에게 큰절을 올리더니 막걸리 한 모금을 마셨습니다. 남은 술을 저의 가슴과 바닥에 뿌리며 안전운전과 무사고를 비손했습니다. 그의 지극정성에 감복하여 '이 사람과 평생을 함께해야겠다.'고 다짐했습니다. 소박한 의례를 마치자마자 우리는 서로의 몸과 마음을 허락했습니다.

— 양희용의 〈6905〉에서

인용문에서와 같이 〈6905〉는 폐차를 앞둔 승용차가 화자話者로 등장한다. 이른바 '전지적 6905 시점'이다. '6905' 관점이라는 참신하고 자유로운 형식은 주제를 심화하는데 적절하게 기능한다. 전문을 통해 작가는 소실점 밖으로 페이드아웃 되고 '6905'와 독자 간 소통하는 듯한 착각에 빠진다. 〈6905〉에서는 자동차의 독백으로 들리는 것은 작가 자신의 심적 고백이다. 거기에 더한 빠른 서사 진행으로 독자가 끼어들 틈이 없다. 그저 빠져들 뿐이다.

작가는 일상의 경험을 자신만의 개성적인 형식에 담아낸다. 자동차가 출고되는 과정에서부터 시작하여, 고사 지내는 장면이나 절차에 어긋남 없는 초례醮禮 장면도 실감나게 묘사했다. 동고동락을 함께한 자동차를 보내고, 신차가 그를 기다리고 있는 실정이다. 주인과의 헤어짐은 기정사실이다. '6905'는 그 상황을 이성적으로는 이해하지만 쉽게 받아들일 수 없다. 이렇게라도 이야기를 풀어내 자신의 존재를 입증하려는 듯하다.

작가는 자동차라는 대상을 통해 자신의 마음을 드러낸다. '6905'의 심사를 진솔하게 토로할 수 있는 일관성은 대상에 대한 신뢰와 관심이다. 자신과 자동차와의 서사를 통해 인간사의 애환과 관계의 소중함을 드러낸다.

인간은 자신의 심신과 사회적 삶의 쾌적함을 위해 물질적 기기를 가까이 두고 소중히 관리한다. 그것은 애착으로 발전한다. 차주인 작가 친구의 교통사고로 덩달아 떠나버린 차를 묘사하며 인간이 생래적으로 겪기 마련인 회자정리會者定離를 받아들인다. 모든 만물은 언젠가 떠나야 한다는 이치를 이미 깨달았기에 주인과의 이별도 순리로 받아들인다. '6905'의 입장에서 보면 한계 상황이지만, 폐차를 앞두고 잠기기 마련인 슬픔의 정서를 내비치는 신파는 없다. 담담하고 명랑하게 슬픔을 극복한다. 긴 세월 동안 맺어진 건강한 관계의 견고함 때문이다. 그것에 대한 인식을 특별한 방식으로 표현한다. 그동안 무사무탈했던 차주와의 동행에 감사할 뿐이다. '6905' 뒤에 숨은 대상에 대한 연민과 깊은 이해가 인상적이다.

저는 못생긴 외간 남자의 손에 끌려 폐차장으로 갔습니다. '6905!'

는 찌그러지면서 몸뚱이는 고철로 분해되었지만, 여러 가지 용품으로 다시 태어날 것입니다. 무엇으로 환생하든 그이를 다시 만날 수 있으면 좋겠습니다.

– 양희용의 〈6905〉에서

〈6905〉의 결미 부분이다. 결미에 서사의 확장은 환생을 통해서라도 주인과의 재회를 염원한다. 작가가 상상력은 상식적인 서술 한계를 넘어 헤어짐 그 이후의 세계를 염원한다. 이렇듯 작가의 통찰력은 주제가 분명한 수필로 완성된다. 자신이 주체가 되어 자신의 그릇만큼 자동차로서의 삶을 누린 자동차가 인격체인 것처럼 느껴져 생동감이 전해진다. 새롭다는 것은 세상에 없는 것을 그리는 것이 아니다. 남들이 우연히 지나칠 만한 상황에 대해 새로운 관점으로 의미를 부여하고 그에 대한 답을 찾는 것이다.

수필은 단순한 에피소드나 독자 입장에서 보았을 때 무의미한 개인사의 나열이 아니다. 수필이 자유로운 형식의 글인 만큼 작가 나름의 구성 전략을 통해 수필의 문학적 기능을 상기해야 한다. 나아가 작품을 통한 미적 울림과 공감은 독자의 몫이다.

《수필과비평》 2024, 6월호

02 수필 속의 가족 서사

1. 가족은 인간 삶의 근원이자 인류의 역사이며 사회 변화를 측정하는 바로미터라 할 수 있다. 가족은 구성원 개인의 삶에 끊임없이 관여하기 마련이어서 갈등 없는 완전한 형태로 존재하기는 어려운 대상이다. 숙명이 있다면 그것은 가족과 가장 잘 어울리는 낱말이리라.

가족은 힘든 일이 있을 때 의지할 수 있는 마지막 보루라는 생각에 편안함을 느끼기도 하지만, 사소한 일까지 부모라는 이름으로 충고하거나 간섭하는 모습에서 답답함을 느끼게 되는 양가적인 모습으로 인지된다.

가족의 형태와 의미는 삶의 존재 양식에 따라 변화를 겪어왔으며, 인간의 삶을 좌우하거나 사회적 정체성을 형성하는 기제로 작용한다. 인간의 성장과 아울러 삶의 문제와 긴밀한 관계에 있는 가족은 문학에서 빈번하게 다루어온 소재다.

따라서 문학작품 속에서의 가족 서사는 한 사회에 가해지는 변화와 갈등 등의 요인으로 표출되는 경우가 많다. 근대 이후 기존의 가족 공동체와 변화무쌍한 사회적 굴곡은 다양한 형태의 가족 서사로 등장했다. 한국문학에서 가족 서사가 빈번하게 부각되는 이유는 우리 사회가 가족 간의 유대관계를 중시하는 공동체 인식이 각별하기 때문이며, 부침이 심했던 우리의 사회 양상을 단적으로 드러내는 반증이기도 하다.

수필은 장르의 특성상 대부분 작중 화자와 필자가 일치하는 형식을 취하고 있다. 가족 서사를 담아낸 수필에서 작가는 가족을 바라보는 견해와 태도를 직접 드러내기 마련이다. 타 장르에 비해 가족 서사가 핵심적인 요소로 작용해온 수필에서 가상의 화자를 내세워 가족 이야기를 드러내거나 관찰자 입장만을 담지하는 경우는 드물다. 누가 내 가족의 이야기를 하겠는가.

이전의 가족 서사를 대표하는 모티프는 가부장 제도의 중심이던 엄격한 아버지나 어머니 희생 서사를 직접적으로 서술하는 형태가 주류를 이루었다. 그러나 지난 호에 발표된 작품 중 가족 서사를 화소로 한 작품은 그런 방식에서 비켜 서 있다. 작가의 삶과 긴밀한 관계를 맺고 있는 '노노 케어老老care'와 배우자와의 사별 등 결코 가볍지 않은 일상에서 참다운 의미를 발견해낸다. 급격한 고령화 사회에서 성공적 노화에 대한 정답 없는 질문에 귀 기울여 보자.

2. 김정태 〈밥이라 쓰고 법이라고 읽는다〉

김정태 작가는 전작에서도 가족을 위해 헌신하던 어머니와 밥과 똥의 순환 고리에 대해 성찰한 바 있다. 밥에서 똥에 이르는 지엄한 여정의 중심에 어머니가 있었던 〈밥과 똥을 생각하며〉(수필과 비평 2020. 3월호)에서 작가는 병실의 노모에게 건강 상태를 호전시킬 변변한 똥 한 덩이를 만들어드리지 못했다는 소회를 토로한 바 있다. 5월 호에 실린 〈밥이라 쓰고 법이라고 읽는다〉는 인간 생존의 최소 조건인 밥의 단순한 가치를 넘어선 모계 계승의 가족 질서 찾기로 승화시켰다.

세계에서 유례가 없을 정도로 급격한 변화를 겪어온 한국 사회는 식민지배와 분단, 개발독재와 민주화를 거쳐 신자유주의적 경쟁체제가 숨가쁘게 전개되었다. 이렇듯 변화를 거듭하는 과정에서 가족주의 질서가 강화되며 생존과 발전을 유지해왔고, 그 중심에 자리한 모성의 위치는 굳건하다.

작가의 어머니도 예외가 아니다. 어려웠던 시절 어머니에게는 가족의 끼니를 챙기는 일이 세상에 존재하는 어떤 법칙보다 우선했다. 그러나 지금 어머니는 시계는 세상과는 무관한 의식의 흐름 속에 머무르고 있다. "해가 앞산으로 기울면 어머니의 모든 일정은 쌀을 씻고 밥을 안치는 것으로 집중" 되었던 그 시절은 결코 돌아오지 않으리라.

당신 삶의 필수 조건이었던 밥의 시간은 개념의 혼돈 속에서 빈번히 오작동된다. "시간을 가늠하지 못하니 점심 이후 갑자기 먹구름이라도 몰려와 사위가 어둑해지면 어머니의 시간은 저녁밥을 안쳐야 될 시간으로 건너뛰기 일쑤"였다. 어머니의 밥 짓기는 더 이상 해서는 안 될 위험한 행동이 되어버렸기에, 자신만의 주관적 시간 속의 밥 짓기로 인한 위험에서 벗어나기 위해 가족들은 압력솥 뚜껑을 감추기에 이른다.

위험천만한 도구로 전락한 솥뚜껑을 감추었으나 어머니는 기어코 찾아내 밥 짓기를 시작했다. "압력솥의 추는 사물놀이판의 상쇠머리 돌아가듯 하고 밥 탄내가 진동" 했으니 가족의 노력만으로 어머니 의식 속의 혼돈과 집착을 떨쳐낼 수는 없었다. 화자의 가족 서사는 당대를 살았던 한국인의 공통된 아픈 역사다.

작가에게는 온 가족을 평화롭게 불러 모았던 비린 밥 향기에 대한 기억이 있다. 어머니의 밥 짓기는 당신만의 숭고한 의식이요 법이었다. 그 법에는 세상의 어떤 법과도 비할 수 없는 아름다움이 있기에 위험에도 불구하고 밥 짓기를 만류만 할 수는 없다는 결론에 다다른다. 어머니만의 법이 숭고한 것은 항구성恒久性에 있다. 자신의 법을 숭고하게 준수해온 어머니에게는 마땅히 상賞이 주어져야 하나 말년을 비참하게 만드는 노인성 질환이 기다리고 있다.

> 잠깐의 사랑이야 누군들 못하랴. 그러나 한 가정에서 역사라 쓸 수 있는 밥은 다르다. 뜨거운 한 끼를 먹어서 될 일이 아니다. 오늘도 세 끼를 먹고, 또 내일도 다른 세 끼를 먹어야 한다. 다른 대책이 없다. 대책이 없는 것을 대책을 세워 만든 것이 밥이고, 사랑이고, 한 가정의 역사다. 박박 소리를 지르며 포악을 떠는 쌀독을 들여다보며 왜 원망이 없었으랴. 빈 바가지를 받아든 옆집 여인이 닭 모이 주듯 내어준 몇 줌의 쌀 바가지를 들고 그 집 부엌 궁둥이를 돌아 나올 때 치욕스러움은 비껴갔을까.
>
> — 김정태의 〈밥이라 쓰고 법이라고 읽는다〉에서

김훈 소설가에게도 밥은 연약한 인간을 보여주는 강렬한 상징이다. "누구나 다 먹어야 하는 것이지만, 제 목구멍으로 넘어가는 밥만이 각자의 고픈 배를 채워줄 수" 있기 때문이다. 김훈은 밥을 벌기 위해, 밥을 넘길 수 없을 정도로 필사적으로 일을 해야 하는 인간의 아이러니를 '대책없음'으로 표현했다. 2002년 그가 거리에서 쓴 〈밥에 대한 단상〉은 "황사 바람 부는 거리에서 시위군중의 밥과 전경의 밥과 기자의 밥은 다르지 않았다. 그 거리에서, 밥의 개별성과 밥의 보편성은 같은 것이었다. 아마도 세상의 모든 밥이 그러할 것이다."로 칼럼을 마무리한다.

김정태의 〈밥이라 쓰고 법이라고 읽는다〉의 서두의 문장을 살펴보자.

> 아내와 모의했고 나는 실행에 옮겼다. 모의 시간은 늘어졌고, 긴 시간은 축축하고 헐거워 몸에 감기지 않았다. 나는 말할 수 있는 것들을 찾았고, 말하여질 수 있는 것들의 더러움에 목이 메여 겨우 말했다. 더러움을 말할 때, 내가 알고 있는 세상의 아름다움이 아까워 손끝이 시렸다.
>
> — 김정태의 〈밥이라 쓰고 법이라고 읽는다〉에서

문장은 작가가 자신의 작품에 걸맞게 배치한 전략의 소산이다. 김정태가 주제를 드러내기 위해 선택한 문장은 칼로 잘라낸 듯한 '~이다'로 이어진다. 김훈의 문장을 연상시키는 단문短文은 어떤 관형어나 부사어를 덧붙여도 단정적으로 읽힌다.

밥이 법이 되어버린 연유는 소리의 최소 단위로서의 'ㅏ'와 'ㅓ'가 다른 음운 현상보다 심오하다. 영화《살인의 추억》에서 형사 송강호가 용의자에게 "밥은 먹고 다니냐?"라고 물었던 명대사가 오래 회자되었다. 이는 용의자건 연쇄 살인범이건 밥은 먹고 다녀야 한다는, 법문이요 진리가 아니겠는가. "우리의 빛나는 날들이 밥벌이 때문에 소진되고 낭비되었다."던 작가 스탕달의 언술도 밥을 먹어야만 하는 인간, 즉 호모 밥피엔스로서의 존재를 뼈저리게 자각하게 한다.

3. 조헌 〈애기똥풀〉

젊은 자식이 노부모를 봉양하는 일은 옛날 얘기가 되었다. 빠른 속도로 진행되던 고령화는 초고령사회가 되었다. 우리 사회의 중요한 사회적 이슈로 대두되고 있는, '노노케어 老老care'는 노년의 자식이 부모를 돌보거나, 65세 이상의 노인이 노인을 직접 돌보는 것을 말한다.

100수에 가까운 작가 아버지의 고관절이 무너졌다. 수술은 어렵사리 끝났으나, 요도 삽관으로 속옷을 입을 수 없기에 간병은 아들인 작가의 몫이다. 그러나 누운 채로 변을 보는 일이 문제다.

아버지는 자식에게 배변 수발을 겪게 하고 싶지 않았다. 변의는, 자신의 의지와는 무관한 통제 불능의 영역이기에 품위를 잃지 않으려는 안간힘에도 어찌해볼 수 없다. 반면 작가는 아버지의 존엄을 지켜드리려는 생각으로, 그 일이 대수롭지 않게 보여야 한다는 강박에 사로잡힌다. 부자간의 복잡한 심사가 교차되는 병실의 분위기가 고스

란이 전이된다.

　　아들이 어렸을 적이다. 개천가를 걷다가 노랗게 핀 애기똥풀을 꺾어 준 적이 있다. 가지에서 귤색 즙액이 애기 똥과 비슷하다는 노란 풀꽃 말이다. 신기해하던 아이가 '애기똥풀'이라고 알려주니 눈을 찡그리며 냅다 던졌다. '똥이 촌수 가린다.'는 말이 있다. 그 당시 내게 아들의 똥은 싸기만 해도 신통하고 기특했던 시절이었다. 이튿날 아들이 할아버지 병문안을 왔다. 마침 나는 아버지의 변 수발을 들고 있었다. 수습을 하다 돌아보니 아들은 코를 쥔 채 어느 틈에 밖에 나가 있었다. 2촌만 되도 언짢아 가리는 게 변인가 보다.

- 조헌 〈애기똥풀〉에서

　　부모가 나긋하게 바라보는 어린 자녀의 똥은 생명의 상징이요 감사의 대상이다. 자식의 똥은 단순한 배설물의 의미를 넘어선 건강과 평화로움의 상징이기 때문이다. 어린 자식의 똥오줌은 꺼리지 않으면서 연로한 부모님의 배설물이 부담스러운 것은 특별히 불효자라서 아닌, 보편적인 정서다.

　　자식의 똥오줌을 꺼려하지 않는 부모는 칭찬할 일이 아니지만, 부모님의 배설물을 기꺼워하는 자식은 마땅히 칭찬할 만하다. 어린 자식과 연로한 부모님의 똥오줌에 대한 언급은 명심보감에도 남아있다.

　　"유아뇨분예幼兒尿糞穢　군심무염기君心無厭忌
　　어린 자식의 더러운 똥오줌은 그대의 마음에 전혀 거리낌이 없으

면서

>노친체타영老親涕唾零 반유증혐의反有憎嫌意"
>늙은 부모님의 눈물과 침 떨어지면 도리어 미워하고 싫어하는 마음이 드네
>
>— 〈명심보감, 팔반가팔수八反歌八首〉에서

21세기의 도래와 함께 쏟아진 수많은 미래예측 중 단연 눈에 띄는 것은 생명 연장이 실현된다는 대목이다. "2100년 인간의 평균수명 100세, 최장 수명 150세"를 내다 본 고령화 현상은 인류 전체의 생산성 저하와 함께 심각한 세대 간 갈등을 초래한다. 세계보건기구WHO 에서도 "건강수명이 생명 수명보다 더 중요하다."며, 생명 연장의 꿈에 대해 경계한다. 장수가 미덕이 아니라 노동, 복지, 경제 등 사회의 근간을 뒤흔드는 파괴력을 지니게 될 것을 우려했다. 준비 없이 만난 고령사회가 어떻게 펼쳐질지 혼란스럽다.

>늙음과 죽음, 인간이 필연코 질 수밖에 없는 싸움에서 어떡하면 품위 있고 슬기롭게 백기를 들 수 있는지, 그리고 그 시간은 언제가 합당한 것인지. 죽는 게 사는 것보다 낫다는 생각이 들 때까지가 우리가 살아야 할 수명일 텐데, 그것이 어디 맘먹은 대로 되는 일인가. 아버지의 찐득한 눈가를 보며 알맞은 수명의 한계를 새삼 생각해 본다.
>
>— 조헌 〈애기똥풀〉에서

과학 발전을 대비하지 못하는 사회와, 사회의 변화를 예측하지 못하는 과학 발전의 시대에 노인이 노인을 간병하거나 부양하는 문제는 우리에게 당면한 과제다. 정신적인 고통은 가족 간에 서로 소통할 수 있지만 육체적 고통은 나눌 수 없다는 사실이 새삼스럽다.

어머니의 희생이 대부분의 가족 서사의 중심이라면 부자 갈등은 인류 역사상 가장 오래된 갈등일 것이다. 그러나 조헌의 경우는 그렇듯 보편화된 정서와 거리를 유지한다.

아버지는 아들에게 불편을 주지 않아야겠다는 마음에 통제 불능의 배설을 억제하기 위해 고통을 감내하고, 아들은 간병이 대수롭지 않게 보이려는 안간힘으로 서로를 배려한다. 어린 시절의 "신통하고 기특했던" 아들의 똥과 애기똥풀 에피소드의 적절한 배치는 비유적 상상력을 증폭시킨다.

4. 박숙자 〈얼룩자국〉

〈얼룩자국〉은 조간신문 문화면의 "마음으로 사진 읽기" 란에 실린 한 장의 사진에서 시작된다. 두툼한 외투를 입고 눈길을 걷고 있는 사진 속 부자父子의 뒷모습이 정겹지만 힘들어 보인다. 거기엔 작가 아버지의 모습이 투영되어 있기 때문이다.

아버지는 자식 교육에 유난히 헌신적이었다. 딸의 등록금보다 조카의 등록금을 걱정했던 아버지의 성향에 동조할 수 없던 어머니와의 갈등은 "마당가에서 아버지의 담배 연기가 밤새 맴돌았다."라는 한 줄의 문장으로 묘사된다. 이재에 밝지 못했던 아버지를 대신해 어머니의 생활력은 강해질 수밖에 없었다.

공직자였던 작가의 아버지는 업무상 부당한 사건의 희생자로 자리에서 물러나게 된다. 촉망받는 사무관에게 내려진 부당한 처사는 몇 년이 지난 후에야 복직 판결로 내려진다. 명예 회복은 되었으나 짧지 않았을 소송기간에 아버지와 가족이 겪었을 고충을 헤아릴 수 있으랴.

소송의 심적 부담으로 인해 건강을 해칠 정도로 심각해진 아버지의 흡연은 의사의 금연 처방도 무효했다. 갑자기 다가온 존재감의 추락으로 인한 상실의 세월을 보냈으리라. 복직 판결이 나오고, "모든 것이 원래대로 돌아왔으니, 남은 삶은 사는 것처럼 살자."던 어머니의 바람도 아버지의 건강을 되돌리지 못했다.

> 아버지를 산에 모시고, 며칠 후 베란다 구석진 곳에서 빗물에 흠씬 젖은 담배꽁초를 발견했다. 언제 여기서 이렇게 몰래 피우셨나? 그마저도 마음 편히 못 피셨구나. 어느 누구도 담배 한 개비만큼의 배려도 보이지 않으면서 '금연이 건강'이란 말로 아버지를 또다시 벼랑 끝으로 내몰았다. 결국 손에서 놓지 못한 담배는 혼백인 양 꽁초 부스러기가 되어 구석진 베란다에서 모습을 드러냈다.
>
> '나 힘들었다….'
>
> — 박숙자의 〈얼룩자국〉에서

아버지가 떠난 후 발견한 담배꽁초는 사회로부터 어떤 위로도 받지 못한 무고한 공직자와 무력해진 가장의 울분을 대변한다. 유일한 피난처인 흡연마저도 건강을 염려하는 가족의 시선을 피해야 했기에 마음 편히 피우지 못했던 것이다. 현실의 고단함을 담은 꽁초의 얼룩은 자신의 회한과 힘듦조차 마음껏 토로하지 못한 가장이자 한 존재의 아픈 흔적이었다.

결미는 다시 서두의 사진을 재배열하여 서사 전개의 효과적인 마무리를 시도한다. 인화된 지면으로 전해지는 부자父子의 정은 작가에게도 묵묵히 가족의 울타리가 되었던 아버지가 계셨다는 기억을 불러온다. "돌아오지 않는 것들, 때를 놓친 미안함에 눈물조차 누런 색깔로 혼탁하다." 아버지께 닥친 북풍을 막아드릴 차례인데 그 시절은 이미 지나갔으며, 아버지는 더 이상 존재하지 않는다.

5. 김용순 〈청포도 맛 캔디 두 알〉

작가의 남편은 중환자실에서 투병 중이다. 그의 여권과 운전면허증은 이미 폐기되거나 말소를 앞둔 상태다. '주민등록증이 있어야 주민이지.'라는 작가의 생각은 퇴원 후 남편이 복귀할 사회적 공간과 관계를 전제한다. 작가에게 남편의 주민등록증은 단순한 신원 증명을 위한 용도만은 아니다. 그것은 병중에 있을지언정 명백히 생존 중인 남편의 존재를 입증하기 위한 증표다.

해로한 부부 중 한 사람은 결국 사별을 경험할 수밖에 없다. 인간의 노화와 같이 사별은 누구나 겪는 일이지만, 상실감으로 인한 스트레스의 강도는 노년기의 삶을 송두리째 흔들 정도로 크다. 사별이 주는 상실감은 언어적 표상 자체가 불가능할 정도이며 가장 고통스러운 경험 중 하나이다. 다른 사람들은 금세 자기 자리로 돌아가지만 자신만이 홀로 남아 먼저 떠난 사람이 남긴 빈자리와 공허를 감당해 내야 하기 때문이다.

애도는 우리가 사랑하는 사람이 세상에 없고 우리의 가슴속에 그리움과 기억으로만 남게 된다는 절망스러운 현실을 인정하는 것에서부터 시작된다. 김용순은 남편과의 사별을 겪으며 표면에 드러난 애도를 자제하며 투병 중 주민등록증을 발급받는 과정의 서술에 집중한다.

남편을 대신하여 주민등록증을 발급받기 위한 작가의 고군분투가 시작된다. 코로나 확진자의 수가 기록을 갱신하는 엄중한 시기였으나 발급기관을 방문한다. 그러나 재발급도 당사자가 신청해야 한다는 '규정에 의해' 발길을 돌렸다. 나중에야 인터넷 사이트를 통해 신청하는 방법을 알고 신청한다. 이제 수령하는 일만 남았다.

신분증을 받기 위해 한걸음에 달려갔으나 본인만 수령할 수 있단다. '규정에 의해'서다. 사람을 위한 규정이 사람을 가로막고 있어, 발급되었으나 수령할 수 없었다.

또 다른 방법이 있었다. 담당 직원이 대신 신청한 경우에는 대리 수령도 가능하다는 사실을 뒤늦게 알게 되었다. 도움을 주겠다는 주무관을 어렵사리 만나 신청 절차를 밟기로 했으나 하필 주무관이 코로나에 확진되었다. 그동안 남편의 호흡은 더욱 불안해졌다.

그럴수록 작가는 남편의 존재 증명에 몰두한다. 급기야 격리 기간이 끝난 담당 주무관이 방호복 차림으로 남편의 병실을 찾아 지문 채취 등의 발급 절차를 진행했다.

남편의 주민등록증은 그의 생명이었다. 허투루 보낸 시간이 안타깝기만 했다. 처음부터 친절한 주무관을 찾아 현장 접수를 했더라면, 코로나 19가 직원을 덮치지만 않았다면 적어도 한 달 이상의 시간을 허비하지 않아도 되었을 텐데….

톨스토이는 '사람은 무엇으로 사는가'를 통해 이렇게 말한다. 사람에게는 자신에게 무엇이 필요한지를 아는 능력이 주어져 있지 않다고. 그때 나는 남편에게 주민등록증이 제일로 필요한 줄 알았다. 유효기간이 정해져 있지 않은 주민등록증을 재발급 받아 주는 일은 내가 해야 할 의무인 줄만 알았다.

— 김용순의 〈청포도 맛 캔디 두 알〉에서

남편의 병세는 악화되었으나 지엄한 방역수칙으로 가족 면회도 할 수 없는 상황으로 치달았다. 주민등록증 발급을 20일 앞두고 남편은 주민으로서의 신분 증명이 불필요한 세상으로 전입하였다.

병상의 남편에게 해줄 수 있는 당면한 일이 신분증을 재발급해주는 일이라는 생각에 사로잡혔던 작가는 정작 발급된 신분증을 받을 수 없었다. 이 세상 사람이 아니었기 때문에 수령이 불가능한 것 역시 규정 때문이었다. 간신히 부탁하여 만져보고 사진을 찍어둘 수밖에 없었다.

인간사의 무수한 일정은 어긋남을 전제하는지 모른다는 생각이 들 때가 있다. 자기 미래를 보는 지혜가 없는 인간에겐 자신에게 무엇이 필요한가를 아는 지혜도 주어지지 않았다. 남편의 쾌유를 담은 기원의 증표이자 장치로써의 신분증은 이제 무용지물이 되었을 뿐만 아니라 보관하는 일조차 허락되지 않았다.

다시 서두로 돌아가보자.

> 캔디 두 개가 비닐에 싸인 채 말간 눈망울로 올려다본다. 비닐은 투명하지만, 엄연히 존재하며 기밀氣密의 기능으로 청포도의 향도 사탕의 맛도 느낄 수는 없게 한다. 담당 주무관이 성급히 다가와서 주민등록증 대신 손에 쥐어 준 청포도 맛 캔디 두 알이다.
>
> — 김용순의 〈청포도 맛 캔디 두 알〉에서

담당 직원이 신분증을 받을 수 없는 유족에게 건넨 캔디 두 알은 불특정 다수의 민원인에게 건넨 단순한 서비스였으리라. 중환자나 개인의 절박한 상황에도 예외없이 엄중히 준수되는 신분증 발급 규정은 관공서의 공정한 업무 집행 시 정해놓은 준칙이지만 예외적인 상황은 전혀 고려되지 않았다는 점은 오류다.

진정한 애도는 잊기 위해서가 아니라 잊지 않기 위해서 하는 것이고, 시간이 흐르면서 희미해져가는 기억과의 싸움이다. 배우자와의 사별에 대한 직접적인 애도를 자제하며 신분증 발급 과정을 통한 남편의 존재 증명에 매달린 작가에겐 예외없는 규정이 안타깝다.

정작 갖가지 편법으로 규정을 위반하는 무리는 이 사회에 존재하는 소위 지도층이다. 상류층의 도덕적 의무를 당연시 여기는 선진국과 달리 한국 사회는 그런 모습을 찾기 어렵다. 부당한 방법으로 얻은 부와 권력을 당연하게 생각하고 악용한다. 그들이 사는 세상은 온갖 부정과 비리의 진열장을 방불케 한다.

이 순간에도 일부 특권층에게는 각종 규정을 뛰어넘는 편법이 난무하다. 그러나 정작 절실한 예외를 존중하는 문화는 없다. 예외는 차이가 존재한다는 사실을 인정하는 것에서부터 출발한다. 상황을 통찰하는 분별력으로 차이를 인정하고 받아들이는 포용력이 필요한 시대다.

6. 누구나의 집안에는 가족 사진 몇 장이 있다. 사진의 구성원은 부모와 자식, 부부, 형제, 자매 등 일련의 관계 속에서 비슷하지만 이면에 담긴 분위기와 서사는 제각각이리라. 저마다 얼굴이 다르듯 각 가정이 삶을 꾸려 가는 모습도 모두 다르다. 사진 속의 얼굴은 여러 겹의 관계를 통해 나의 존재를 증명한다.

가족사진을 문장으로 풀어쓴 듯한 수필 속 저마다의 가족 서사는 흘러간 시간의 가역성을 받아들이며 희미해지는 가족 간의 기억을 되살려내기에 적절한 장치다. 가족의 버팀목으로 한 생애를 온몸으로 살아낸 가족 구성원의 서사는 가족만의 문양과 역사를 품고 있다.

이상의 텍스트들은 유교적 가부장제가 현대의 가족에서 어떻게 작동하는지를 보여주는데 많은 지면을 할애했던 기존의 작품과는 거리를 두고 있다. 피해갈 수 없는 연로한 부모의 간병과 죽음, 배우자와의 별리에 대한 애절함으로 자기만의 차별화된 작품세계를 펼치며 우리 사회의 가족주의의 현주소를 대변할 만한 공동체의 서사를 보여주었다.

《수필과비평》 2022, 6월호

03 시점 변용의 허용과 한계

1. 시점 분류와 모순

'시점視點, point of view'은 사물을 바라보는 각도나 위치를 뜻하며, 누구의 시선으로 서술하느냐라는 문제의식에서 출발한다. 문학작품에서는 이야기를 서술해 나가는 서술자의 위치와 사건을 보는 시각을 말한다.

시점은 작가의 취향이라고 생각할 수 있으나, 작가가 해당 작품에 가장 맞춤하다고 생각하여 찾아낸 서술 방식이다. 작가는 시점 변용을 통해 사상事象을 다양한 관점에서 의미있게 관찰하고, 역지사지의 마음으로 자신의 심사와 주장을 펼친다. 서술의 초점을 가리키는 소설적 장치에서 기인한 시점은 통상 1인칭 주인공 시점, 1인칭 관찰자 시점과 3인칭 관찰자 시점, 전지적 작가시점 등으로 구분한다.

드문 예지만 2인칭 시점으로 대표되는 한흑구의 수필 〈보리〉는 "보리. 너는 차가운 땅 속에서 온 겨울을 자라왔다."를 서두로 시작한다. "너 보리는"과 같은 활유법의 전형은 2인칭 수필의 실험성을 보여주었으나, 주어를 '너'로 바꾼 것에 불과할 뿐 변용된 1인칭, 3인칭으로 볼 수 있다.

모든 텍스트는 시점의 구분을 떠나 작가인 '나'의 시선으로 서술된다는 오해를 초래한다. '나'의 경우는 보고 생각하고 말하는 일인칭 화자라는 지칭이 가능하지만, 삼인칭의 '그'도 대체로 작가가 묘사한 대상들이다. '그'의 시선과 생각이 드러나는 경우라 할지라도 그것은 실제 서술자Narrator인 작가의 시선과 뚜렷이 구분되지 않아 3인칭 시점이란 용어는 개념에 혼란을 초래할 소지가 많다.

그렇다면 3인칭 시점과 혼용되어 쓰이는 '작가 전지적' 시점이란 용어는 '일인칭 화자'라는 말과 대비되는 개념으로는 부적절하다. '일인칭 화자'라는 지칭에서는 작가를 감춘 채 작품 속의 주인공을 화자로 삼았지만 '작가 전지적'이란 지칭은 작가를 상정한 화자를 등장시켰기 때문에 용어 설정에 오류가 있는 것도 사실이다. 이러한 오류는 서구 이론인 시점론을 도입하면서 치밀한 고려없이 번역했거나 그 이론을 여과없이 추종한 점 등이 원인이다(〈'시점론'의 반성과 재정립〉 김성렬, NRF 인문사회 연구 학술논문. 2015). 따라서 창작기법의 진화와 다양성의 요구에 따라 수정이 필요할 때다.

2. 주제 공감을 위해 설정한 다양한 시점

수필이 처한 시점의 한계를 벗어나기 위해 작가는 단조로운 평면구도에서의 탈주를 꿈꾼다. 인간 내면을 탐색하는 문학에서, 작가와 등장인물의 내면을 어떻게 드러내느냐는 시점의 구분은 삶의 본질을 해명하기 위한 작가의 인식론적 판단을 뒷받침한다.

《수필과비평》3월호에 실린 작품 중 각기 다른 시점을 운용한 작품 속으로 들어가 보자.

2-1. 강천의 〈국화를 위하여〉에서 표면상의 화자話者는 국화다. 서두에서부터 "나는 꽃. 전시장에 놓인 거뭇한 화분이 나의 보금자리."라는 서술로 국화를 전면에 내세운다. 이어서 국화의 주관적인 심리와 상황에 대해 서술하는 과정에서 국화의 내면세계가 독자들에게 직접적으로 전달된다.

형식상 국화가 주인공이지만 이면에는 3인칭으로 물러난 관찰자 시점의 작가가 존재한다. 작품 속에 등장하지 않는 서술자는 객관적인 태도로 국화의 입장만을 사실대로 묘사한다. 이런 경우 작가가 직접적으로 개입하지 않고 국화를 독자 앞에 보여주게 되므로 독자와의 거리는 그만큼 가까워진다. 서술자의 관찰 폭이 제한되어 국화의 내면에는 들어가지 못하나 객관성 확보에 유리하다.

서술자인 강천이 국화에 감정을 이입하여 진행한 이 글의 장점은 몰입감이다. 작가가 화자로 불러온 국화는 혹독한 환경 속에서도 "다른 종과 경쟁하지 않고 터를 같이하는 이웃에 피해를 끼치지 않는" 무던한 심성을 가졌다. 인간의 관점이 아닌 식물의 시점으로 진행된 작품에서 강천은 국화라는 식물의 심리나 처한 상황 등을 세세하고 긴장감 있게 묘사하여 실감을 더했다.

이런 형식의 글이 빠지기 쉬운 함정은 서사의 중심에 드러난 국화라는 대상에 함몰되어 자칫 객관적인 시야를 잃을 수 있다는 점이다. 작가가 국화와 동일시되어 그 틀에 갇힐 우려가 있기 때문이다. 작가에게는 개인적 경험과 사유의 시선으로 절실한 주제일지라도 독자에게는 작가의 일방적인 정서로 서술할 경우 독자의 공감을 얻지 못한다.

그러나 〈국화를 위하여〉는 도입에서부터 국화를 화자로 설정한 작가가, 작품의 결미까지 직접 등장하지 않고 국화라는 독립된 개체의 시각으로만 상황을 전달한다. 이러한 기법은 화자의 상황과 입장에 대한 한계가 명확하다.

작품 속의 국화는 척박한 환경에서도 성공적으로 번식하며 "고운 외모와 향내까지" 물려받았다. 그러한 미덕이 사람들에게 발각되면서 비극은 시작된다. 인간에 의해 규정된 꽃의 가치와 의미는 정작 그 자신에게는 독이 되었다.

> 그러고는 '사군자'라는 거창한 명분까지 덧씌워 유림의 표상이라고 떠받들었다. 척박하고 황량한 환경에서도 고고한 도를 잃지 않는다 하여 '은자'라 칭하며 서화를 짓기도 했다. 선비의 미덕이라며 '오상고절'이라는 관념의 옷을 입혀놓고 터무니없는 충절을 강요했다. 삶아 먹고, 고아 먹고, 말려 먹어서 불로장생했다고 아예 '장수화'라 떠들면서 괴롭히기 다반사다. 어디 그뿐인가. 망자의 영혼이 저승에서도 평화롭기를 바란다며 내 허리를 분질러서 바친다. 죽음으로서 죽음을 위로하니, 나의 희생은 누가 위문해 줄 것인지 어찌 되묻지 않을 수 있겠는가.
> — 강천의 〈국화를 위하여〉에서

국화가 바라본 인간의 행동은 여기서 멈추지 않는다. 국화를 실험실에서 배양하여 자기복제로 증식시킨 후 명분에 따라 사용하고 버린다. 식물로서의 자아와 주체성을 박탈당한 국화는 인간들이 덧씌운 충절과 기개의 본보기로 둔갑한다. 국화가 서리를 맞은 것은 자신의 생존을 위해서지만 인간의 자기중심적 사고는 고절을 지키기 위해서라는 식의 과잉 의미를 부여한다. 거기에 더해 독특한 향기를 일컬어 고매하다는 족쇄까지 채운다. 〈국화를 위하여〉의 경우 서술자가 보고 느낀 것만을 알 수 있다는 한계를 넘어 생동감 넘치는 묘사로 극적 아이러니를 조성하기에 이른다.

문학작품에서 시점의 선택은 중요한 과제이다. 작가의 시점에 서술자의 역할이 작품 속에 무리없이 녹아있다면 예상되는 난점을 극복할 수 있지만, 이점을 고려하지 않고 대상의 심리만을 일방적으로 서술하는데 그친다면 독자의 관심이 유지되기 어렵다. 작가는 국화를 '나'로 내세우며 예상되는 한계를 뛰어넘어 대상에 대한 높은 몰입도를 유지한다.

저잣거리의 볼거리로 전락한 국화는 자신의 의지와는 무관하게 인간의 필요에 의해 근거없는 가치를 덧입었다. 선을 넘은 대리만족에 취해 있는 인간을 바라보며, 국화는 인간으로부터의 자유의지를 갈망할 뿐이다.

> 사람들이 국화라고 이름 붙여 주기 훨씬 이전에도 나는 이 계절을 지키고 있었다. 윤리와 도덕을 입에 올리기 한참 전부터 나는 시린 바람맞을지언정 이미 행복했었다. 그대, 정녕 실현하고 싶은 이상이 있

다면 자기의 몸으로 직접 도달해 보라. 모든 생명이 한 가지 이치에서 나왔음을 그대는 기억하라. 의미나 명분에 얽매이지 말고, '만물이 제물齊物'이라는 말로 그대의 가슴을 채우라.

― 강천의 〈국화를 위하여〉에서

장자莊子는 일찍이 그의 제물론齊物論에서 모든 형상은 유기적으로 연관을 가진 하나의 전체이므로 그 기능의 우열을 논할 수 없는 평등한 견지에서 만물을 관찰해야 함을 설파했다. 장자는 자신의 의지대로 확신하고 그에 따라 시비를 분별하는 일을 포함하여, 더 나은 삶을 위한 인간의 노력과 성취가 얼마나 잘못된 기반 위에 놓여 있는지, 다양한 비유와 우화를 통해 말해준다. 만물 일체의 무차별 평등 상태에 도달하는 것이야말로 수양을 거친 인간이 도달해야 할 궁극점이다.

강천은 인간에 의해 와전된 가치를 갑옷인양 걸친 국화라는 대상과 인간의 평등성을 제시하며 자연스러운 삶의 흐름을 따라 살지 못하는 인간의 속성을 질타한다. 존재의 진실에 다가서려는 작가의 의도가 반영된 〈국화를 위하여〉는 의인화된 국화를 내세워 내면의 자아를 투사했으며, 삶의 진실을 객관적 위치에서 통찰했다. 화자의 시각에 한계가 없다는 사실을 입증하여 3인칭 수필의 미학을 보여준다.

〈국화를 위하여〉에서처럼 화자가 반드시 사람일 필요는 없다. 주제를 드러내기 위해 국화를 페르소나로 활용한 시도가 참신하다. 서술자가 보고 느낀 것만을 알 수 있다는 한계에 사로잡혀 상황 묘사와 극적 아이러니를 조성하는 것이 어려울 수 있다는 우려를 불식시키기에 충분하다.

2-2. 김순경의 〈승蠅, 덧없는 삶〉은 인간이 장악하는 세상에서 살아남아야 하는 파리蠅의 험난한 삶에 대해 말한다. 관찰자가 보이는 것만을 묘사하는 것과 달리 김순경은 3인칭 전지적 시점에서 모든 것을 꿰뚫고 파리가 처한 위태로운 현실을 서술한다.

3인칭 전지적 작가 시점은 리얼리티 확보를 위해 전지적인 시점의 서술자를 내세워 대상의 심리를 직접 전달한다. 자아 성찰의 문학인 수필의 특성상 자아를 타자화시켜 3인칭의 시점으로 바라보면, 작가가 자신의 객관적인 통찰과 감정적 거리두기로 인한 객관적 자아 표출이 용이하다.

파리가 시공간을 초월하여 겪었을 에피소드와 그들이 처한 현실을 서술하여, 총체적으로 진단하고 해석한다. 이런 경우 파리의 내면까지는 다룰 수 없으므로, 작가는 주관적 편향에서 벗어나 합리성을 추구한다.

이 글은 단락이 시작되는 중심 문장에서 주어를 생략했다. 단락의 첫 문장을 살펴보면 "때와 장소를 가리지 않고 나댄다."→ "먹을 때만큼은 품격을 찾는다."→ "외모 콤플렉스 때문이다."→ "식습관이 문제였다."→ "졸지에 타도 대상이 되었다." 등의 두괄식 구성으로 핵심 내용을 내세우고 부연 설명하는 형식으로 이어간다.

〈승蠅, 덧없는 삶〉에서 단락이 바뀌는 문장마다 주어를 반복 배치했다면 산만함을 줄 수 있다 그러나 앞 문장과의 매끈한 연결로 굳이 주어를 배치하지 않아도 내용이 인지될 만큼 자연스럽다. 이러한 역피라미드식 글쓰기의 효능은 핵심 내용이 선명하게 드러나 독자를 설득하기 용이하다. 짧은 호흡으로 읽히는 김순경의 내공과 과감한 시도는 스피디한 진행으로 생동감과 긴박함을 안겨준다.

나를 타자화하여 3인칭 시점으로 바라보는 이런 방식은 1인칭 시점의 한계를 극복하기 위한 시도다. 작가는 파리의 간접 경험을 전달하는 과정에서 간접 인용 화법을 반복해서 사용할 수밖에 없는 한계가 있다. 작가가 전면에 등장하여 "파리는~ 어떠어떠했다."라는 식의 형식을 택했다면 파리의 입장을 서술하는 과정에서 간접 인용 화법의 반복을 피할 수 없었으리라. 이를 장점으로 전환한 작가의 노련함이 드러난다.

> 먹을 때만큼은 품격을 찾는다. 묘猫공이나 서생원처럼 호시탐탐 노려보다가 빠르게 들고 튀거나 경망스럽게 갉아 먹지도 않고 견공같이 꼴사납게 온갖 아양을 떨지도 않는다. 물론 대가를 지불하고 허락받은 것은 아니지만, 게걸스럽게 씹는 소리를 내거나 물어뜯지도 않고 격조 높은 양반 흉내를 낸다. 조심스럽게 과일 주스나 스무디를 빨아 먹는 상류층 부인들같이 교양있게 먹으려고 애를 쓴다.
>
> – 김순경의 〈승蠅, 덧없는 삶〉에서

검은 털로 뒤덮인 파리가 음식을 우아하게 먹는 것은 "날아갈 듯 수려한 몸매"의 모기를 의식하기 때문이란다. 그러나 부패한 음식을 마다하지 않았던 조상으로부터 물려받은 식습관으로 인해 감염병의 주범으로 낙인이 찍혔다.

> 조상 때부터 부패한 음식을 주식으로 하며 살았다. 별다른 능력이 없

어 음식을 만들거나 사냥은 엄두도 내지 못하고 상하거나 썩은 음식에 침을 발라 표면을 녹이고 이를 다시 빨아 먹었다. 타고난 후각과 촉각만으로 살아가다 보니 쌀밥 보리밥을 찾을 겨를이 없었다. 심지어 병균이나 바이러스가 득실거리는 곳에도 빨대를 들이대다 보니 병균을 옮기는 매개체가 되었다. 한번 낙인찍히니 역병이 창궐할 때마다 모든 혐의를 뒤집어썼다.

― 김순경의 〈승蠅, 덧없는 삶〉에서

이런 파리도 먹이사슬 유지에 기여한다. 종자식물의 꽃을 암술머리에 붙이는 수분受粉을 돕는 역할이다. 먹이사슬의 엄연한 질서에 기여하는 일이야말로 파리가 존재하는 명백한 이유다. 가루받이 시 파리는 벌보다 증식 속도가 뛰어나며, 쏘일 염려가 없어 안전하다. 작가는 시대의 변천에 따른 파리의 생태를 작품 밖에서 분석하고 해석한다. 나아가 파리가 처한 위기 상황을 통해 주제를 간접적으로 드러낸다.

근래는 위생적으로 변한 주변 환경으로 인해 파리는 생존을 위협받고 나아가 먹이사슬도 파괴되기에 이르렀다. 작가는 생태계 교란과 저출산 문제 등 시대의 위기를 거론하면서도 파리의 시점을 견지한다. 이는 비단 파리만의 문제가 아닌 인간 생존과도 직결된다.

〈승蠅, 덧없는 삶〉은 작가를 투영한 객관적 서술로 파리의 변화된 생태 여건과 목숨을 위협받는 당면한 현실을 명백하게 제시하고 해석한다. 김순경은 파리와 생태계의 운명에 대하여 객관적이고 냉정하게 서술하는 현대적 서사 방식을 택했다.

작가는 파리가 처한 상황을 객관적으로 인식하기 위해 1인칭의 위치에서 과감하게 내려와 파리를 내세운다. 사회상의 변천으로 존재 위기에 놓인 곤충의 객관적인 시각으로 세계를 바라보고 서술한다.

2-3. 1인칭 관찰자시점인 제은숙의 〈절대독자〉는 작가가 작품 속 주인공인 남편에 대해 서술하는 시점이다. 1인칭 관찰자 시점에서는 '나'라는 인물이 관찰자로 등장한다. 작가는 주체적인 역할을 하지 않고 관찰할 뿐이어서 독자의 관심은 주 인물인 남편에게 주어진다. 서술자인 작가는 남편의 생각이나 행동을 유추할 따름이다. 작가가 관찰자 역할만을 수행하며 남편에게 포커스를 맞추기 때문에 객관성을 유지할 수 있다.

독자의 감정 이입이 용이하게 설정된 독자님의 면면을 따라가 보자.

글을 쓰는 사람이라면 손발이 척척 맞는 독자를 만난 순간 한껏 흐뭇해진다. 무한한 감동을 아낌없이 펼쳐 보이고 때로는 냉정한 비판으로 글심을 더욱 굳건하게 만드는 환상의 짝꿍. 내게는 세상 무엇과도 바꿀 수 없는 독자님이 한 분 계신다. 언제부터인가 그분이 간청하여 글을 보여주게 되었는데 제법 그럴듯한 평을 내놓아서 여태 곁에 두고 있다. 몇 번의 퇴고에도 긴가민가했던 부분은 가차없이 집어냈고 절절히 애고哀苦로운 문장에는 격한 공감을 보이며 눈물을 글썽이는 날도 있다. 신랄한 비판을 쏟아붓고 독설로 꾸짖을 적에는 무안하고 얄밉기도 하다. 더군다나 일 년이 다 가도록 책 한 권 읽지 않고 일기 한 줄 못쓰는 그에게 냉혹한 평가를 받아야 하다니 기가 막힐 노릇이다.
                                                – 제은숙의 〈절대독자〉에서

　'독자님'이라는 의도된 존칭과 예사롭지 않은 그분의 성향이 곳곳에 포진해있다. 그분은 "일 년이 다 가도록 책 한 권 읽지 않고 일기 한 줄 못 쓰는" 터라 문학적 소양과 자질을 기대할 수는 없다. 그럼에도 불구하고 절대 독자의 자리를 굳건히 유지하고 있다. 이러한 현실적 괴리감은 아이러니하게도 독자의 이입과 호기심을 불러오기에 충분하다. 그분의 비문학적인 성향이야말로 보편타당함으로 무장한 넓은 독자층을 대변하기에 유리한 조건이다. 모든 독자들이 작가나 문학성을 갖춘 사람이 아니라는 점은 자명한 사실이다.
　작가도 그 점을 간과하지 않았기에 독자님을 귀히 여긴다. "누구라도 이해하도록 쉽게 써야 한다는 잣대"의 역할에 최적화된 분이기 때문이다. 독자님의 평가 결과는 숨길 수 없는 표정으로 드러나기에, 그 어떤 합평보다도 진솔한 생활밀착형 가내家內검열이다.
　작가는 독자님에 대한 불만을 쿠션을 빼거나 정강이를 가격하는 행동으로 표출한다. 이렇듯 다소 유치한 작가의 대응은 독자에게 친근감으로 안겨주고 작가와 독자의 심리적 거리를 좁혀주는 긍정적인 요인으로 작용한다.

　처음에는 불꽃같은 열정으로 어서 글을 보여 달라고 조르던 절대 독자께서 연일 숨소리 하나 없이 잠잠하다. 애정이 한풀 식은 듯 뜨뜻미지근하고 어쩌다 공들인 원고를 주어도 읽기는 뒷전인 듯 바닥에 떨어졌거나 발끝에 널브러져 있기 다반사다. 사연인즉 주식으로 큰 수익을 낸 동료가 미련 없이 사직서를 내고 유유히 떠나는 모습을 본 후 터무니없이 주식 공부를 한답시고 종일 핸드폰에 빠져 지낸 까닭이다. 그렇게 쉽다면야 갑부 아닌 사람이 없겠으나 단꿈에 부풀어 있는지라 말리지도 못한다. 이렇듯 그분의 관심이 천리일도千里一跳에 쏠려 있으니 내 글이 순위 밖으로 밀려난 것은 당연한 처사이다.

— 제은숙의 〈절대독자〉에서

  언제부턴가 작가의 글이 독자님의 관심 밖으로 밀려난 일이 생긴다. 동료의 투자 후폭풍 때문이다. 신자유주의 경제가 몰고 온 상대적 박탈감으로 전의戰意를 상실한 독자님의 심사에 씁쓸하게 공감하게 된다.
  〈절대독자〉의 경우 서술 주체인 작가는 관찰자이고 포커스는 남편에 고정되어 있다. 작가가 남편의 내면 심리 묘사 대신 서술에 의존해야 하는 이런 경우 작가의 눈에 비친 상황과 대상만을 다룰 수밖에 없는 제약이 있다.
  1인칭 화자의 발화가 정석이었던 수필의 서술 형식은 작가가 이끌어 가지만, 작가가 글 속의 '나'가 되거나, 글 속의 '그'로 하여금 이야기의 주체가 되도록 이끌어 가기도 한다. 1인칭 관찰자 시점을 구사한 〈절대독자〉는 주인공의 내면을 숨김으로써 긴장감을 자아낸다. 남편에 대해 이야기하면서도 그의 내면을 직접적으로 드러내지 않고 작가의 시점에서 남편을 보여주므로 그의 심리 변화와 행동은 긴장감을 준다.

나아가 사건의 중심에 있는 주인공에 함몰되어 작가와 주인공을 동일시 여기거나 객관적인 시야를 잃기 쉬운 면을 안정적으로 극복한다. 작품 속 등장인물인 독자님의 내면을 장황하게 설명하기보다는 객관적인 관찰을 통해 작품 속 인물인 절대독자를 통한 작가로서의 나를 드러내기도 한다.

이런 경우 작가 자신의 개인적 경험일 뿐 독자의 공감에까지는 이르지 못할 수 있다. 그러나 제은숙은 자신의 창작에 관한 남편의 역할과 태도에 대해 객관적인 묘사로 일관한다. 행간의 뉘앙스로 남편의 됨됨이와 가정의 분위기가 고스란히 독자에게 전이된다. 이러한 기법 구사는 독자에게 친근감과 신뢰감을 줄 수 있으며, 독자와 가까운 심리적 거리로 화자의 내면의 갈등이나 정서 변화가 생생하게 전달된다.

2-4 백현숙의 〈겨울 햇살〉은 1인칭 주인공 시점으로 진행된다. 화자가 주인공이 되어 자신의 이야기를 서술하므로 독자의 감정에 직접 호소하는 힘을 갖고 서술 내용에 신뢰감을 불러온다. 작가의 내면 세계를 드러내는 데 가장 좋은 시점이지만 작가의 시각에서만 사건을 바라보기 때문에 타인의 마음 속을 들여다 볼 수 없다는 제약이 있다.

1인칭 주인공 시점은 여러모로 제약이 심한 반면 주인공 시점의 서술 방식을 선호하는 수필에서의 활용도는 높다. 중립적이고 객관적인 것을 드러내는데 한계가 있으므로 자기고백적인 형태의 작품에서 주로 사용된다. 작가의 경험을 직접 서술하기 때문에 작가가 처한 상황과 심리가 더욱 세세하게 전달된다. 〈겨울 햇살〉에서 나는 작가이면서 화자이며 주인공이자 독자다.

1층에 사는 작가에겐 햇빛이 귀하다. 잠깐 비추는 창문의 햇살이 소중하여 어두운 실내에 켜놓은 전등을 잠시 끌 정도다. "파란 하늘, 시린 공기 그리고 맑은 햇살. 숨을 크게 들이마시며 그 빛을 영접"하기 위한 산책길의 발걸음은 가볍다.

햇빛을 찾아가는 산책에서 돌아와 아늑한 안식처의 전등을 켜면, 겨울에 접어든 인생길도 따뜻하게 느껴진다. 그때 스치듯 지나간 뉴스의 자막을 본다.

> '쪽방촌, 고시원 고독사' 뉴스의 자막이 눈에 들어온다. 비좁은 골목에 창문도 없는 집들이 덕지덕지 겹쳐져 있는 화면이 이어진다. 햇빛한 줌 없는 컴컴한 방에서 희미한 전등 하나 의지한 채 살아가는 초라한 육신들이 그린 도시의 뒷골목 풍경이다. 누군가가 저 어둠 속에서 햇빛을 찾아 하늘나라로 여행을 떠났는가 보다. 의미 없는 삶이 어디 있으랴. 그들의 삶과 죽음이 가난한 불빛만큼이나 서럽다. 스치듯 지나간 뉴스 한 토막에 알 수 없는 비애감으로 한참을 그냥 앉아있었다.
> – 백현숙의 〈겨울 햇살〉에서

화면은 창문도 없는 집들과 비좁은 골목을 보여준다. 빛이라곤 없는 삶에서 돌파구를 찾지 못한 누군가의 생명이 그곳에서 사그라들었다. "스치듯 지나간 뉴스 한 토막에 알 수 없는 비애감"은 극심한 양극화의 현장인 현대사회의 그늘진 곳을 불러온다. 명암이 교차하기 마련인 사회를 살아가는 현대인의 양면성은 어두운 곳을 외면하며 아무렇지 않게 살아가다 가끔씩 분개한다. "승자독식의 잔인한" 정글에서 살아가는 작가도 예외가 아니다. 햇빛이 들지 않은 작가의 집- 산책길에서 만난 햇살- 귀가하여 전등을 켜서 맞이한 따스한 빛- 햇빛 없는 쪽방에서 고독사를 맞은 누군가를 기리는 과정에 이르기까지 햇살이 주는 의미를 일관성 있게 배치했다.

현실을 반영하는 형식의 예술인 문학은 결코 삶과 유리될 수 없다. 문학은 주어진 현실과 인간의 근원적인 고통을 외면하지 않고 더 나은 세상을 담아야 한다. 1인칭의 시점으로 복지의 사각 지대인 사회의 그늘에 대한 관심으로 이어지기까지의 정서 변화가 무리없이 진행되어 감정이입에 다다른다. 방관자적 입장을 벗어난 작가의 시선을 따라 독자도 작가의 입장이 되어보는 계기를 마련했다.

> 솔직히 우리 사회의 그늘진 곳에 대해 나는 방관자적인 입장이었다. 그들의 운명이요, 그들 자신이 풀어야 할 숙제였다. 내 마음을 보탠다고 달라질 것도 없으며, 누가 알아주지도 않을 일에 굳이 손발 들고 나설 일도 없었다. 동정심, 측은지심을 가진 것으로 나의 도덕적인 책임을 합리화했다. 이 글을 쓰기 전까지는.
>
> — 백현숙의 〈겨울 햇살〉에서

그렇다고 작가가 나서 적극적인 개입을 할 수는 없는 것이 현실이다. 다만 쪽방촌에서 어두운 삶을 이어가는 이들에게 햇살이 비추기만을 바랄 뿐이다. 타인의 삶과 나아가 세계를 이해하는데 중요한 역할을 해온 문학은 사고를 통해 인간의 협소한 경험세계를 벗어나게 하며, 바로 이 상상을 통해 우리는 보다 인간의 모습에 근접하게 된다. 현대 사회에 문학이 필요한 이유다.

3. 시점론의 한계

위에서 살펴본 작품들의 공통점은 작가의 의도를 전달하기 위해 직설화법은 자제했으나 공감은 배가되었다. "덜 말할수록 더 느끼고, 더 말할수록 덜 느낀다."는 감정의 역설에 접근한 것으로 보인다. 대상과의 원활한 소통을 의도하며 작품에 적합한 시점을 적용한 것이다.

모두에서 언급한 바와 같이 현재 통용되는 '1인칭 시점', '3인칭 시점' 등의 용어는 자칫 3인칭 인물 또는 2인칭 인물이 사건을 서술하고 전개해 나간다는 오해를 불러오기 쉽다. 사건을 서술하고 전개해 나가는 사람은 작가 또는 내포 작가이며 1인칭 또는 3인칭으로 구분되는 인물 또는 대상이 아니다. 따라서 3인칭 작가 전지적·관찰자적 시점이라는 용어는 모순이 있다.

작가 내면의 언어화를 산문의 특징으로 볼 때 사물을 카메라의 눈으로 바라보는 3인칭 객관적 시점만으로는 주인공의 내면을 그리는데 한계가 있다. 수필은 장르의 특성상 1인칭 주인공 시점이 주종을 이루었기에 그동안 시점의 중요성은 부각되지 않았다.

그러나 수필이 자기중심적 관점에서 서술하는 문학이라 하여 1인칭의 시점만을 견지할 수 없기에 다양한 시점의 변용이 필요하다. 1

인칭 시점은 화자 자신을 표현하는데 자유롭지만, 타자를 대상으로 삼을 때는 시야가 협소하기 마련이어서 직접 관찰된 내용만을 전달 가능한 한계가 있기 때문이다.

  타자의 내면 심리나 생각을 표현하기 위해서는 가시적인 면에 대해서만 추측이 가능하기 때문에 시점의 혼용도 허용된다. 현대소설처럼 수필에서도 한 작품 안에서 복수의 시점을 혼용하는 사례도 흔하다. 따라서 시점의 변용은 무한하다.

《수필과비평》 2022, 4월호

04 자기 성찰 도구로써의 문학

　무한 경쟁 시대에 살아가는 현대인들은 경제와 효용의 가치에 매몰되어 대부분 성찰의 시간을 갖지 못하고 있다. 자기 성찰은 타인을 통해 이루어지는 것이 아니라 스스로 자신의 삶을 되돌아보고 '인간답게 살고 있는가?'와 같은 근원적이면서 반복적인 질문에 답하면서 이루어진다. 자기 성찰의 목적은 자신의 삶을 다른 시각으로 바라보고 새로운 삶을 계획하고 실행하는 것이다.

　성찰적 사고는 자신의 내면을 바라보는 단순한 반성反省의 의미와는 달리, 새로운 자기 이해를 실현하는데 의미가 있다. "자기 성찰省察 introspection은 자신의 삶을 되돌아보는 경험을 통한 자기 발견이며 자기 완성의 과정이다.(오정훈, 「자아성찰시 교육방법 연구」, 한국열린교육학회, 2011, 27쪽)"라는 언술과 같이 인간은 성찰하는 과정에서 자기 삶을 총체적으로 인식하고 바람직한 자아를 형성할 수 있는 기회를 갖는다.

자아 성찰은 자신의 감정과 생각을 바로 알고 분석하여 이를 조절할 수 있는 능력이며, 자신의 행동이나 마음에 대한 반성과 살핌을 의미한다. 더불어 타인과의 소통을 통해 자기를 확인하고 사회적 자아로서의 역할 인식을 심어주는 계기로 작용한다.

문학 작품에서 자아 성찰의 필수 요건은 자신을 객관적인 시선으로 바라보는 것에서 출발한다. 작가의 유의미한 경험은 이야기로 재현되고 사유를 확장해 나간다. 일상의 경험에서 시작한 작품은 성찰을 통해 새로운 의미를 부여한다. 그로 인한 내적 변화는 자신의 삶에 대한 깊은 이해와 공감은 물론 상대방에게 공감을 안겨준다.

작가는 대상과의 관계를 이해하고 해석하는 과정을 통해 자기 이해와 성찰적 사고에 도달한다. 문학의 영역은 무한하지만 보편적인 수필의 형태에서는 자아를 반성하고 새롭게 거듭난 자신을 바라보기 마련이다. 이때 작가의 시선은 자아 내부를 향해 있다. 자기 성찰의 인식의 전개에 따른 성찰적 글쓰기의 과정은 '기억의 재생→언어로 형상화→사건의 객관화 및 재구조화→인식의 변화와 사고의 확장' 순으로 전개된다. (고혜원 「성찰적 글쓰기의 과정과 효용성에 관한 연구」 어문론집. 2014)

수필은 장르의 특성상 작가에게 자연스럽게 자신의 삶을 성찰하는 계기를 안겨준다. 작가의 내면에 자리한 성찰의 의도가 분명한 수필의 경우 예시로 든 과정을 거쳐 설득력과 타당성을 획득한다. 이것이 자기화로 이어지는 과정에서 수필가는 자신의 삶을 주관하는 주체로서 자신에 초점을 맞춘 성찰적 사고를 수행한다.

한 편의 수필을 구성하는 다양한 요소들은 궁극적으로 주제의 형상화로 수렴된다. 여기에서 주제를 드러내는 방식은 '무엇'보다는 '어떻게'가 중요하다. 주제를 드러내는 방식에 의해 문학적 장치 여부를 가늠할 수 있기 때문이다. 개인에서 출발한 주제는 보편성을 확보하기 마련이며, 여기에서 수필의 작품성이 결정된다.

《수필과 비평》 1월호에 수록된 작품 중 작가만의 주관적인 감정에 빠지지 않고, 자신만의 설계도로 구축한 한 편의 수필에서 일관된 주제 구현과 자기 성찰의 방식이 돋보이는 작품을 중심으로 살펴보고자 한다.

신현순의 〈걸어가는 사람〉에서 작가는 전시회에서 조각가이자 화가인 '알베르토 자코메티(Alberto Giacometti, 1901~1966)'의 사진을 본 적이 있다. '앙리 가르띠에 브레송'이 찍은 사진 속의 자코메티는 우리에게 익숙한 자코메티의 조각작품을 닮아 있었다. 가느다란 골조에 형상미를 무시한 비쩍 마른 모습의 조각상은 걸어가는 미라를 연상시켰다.

〈걸어가는 사람〉에서 신현순이 '자코메티'를 불러오는 방식은 불규칙하고 비선형적이다. 작가가 작품에 개입하는 방식을 살펴보면 '브레송'의 사진에서 만난 '자코메티' - 미술 강좌에서 알게 된 '자코메티'의 작품 세계' - '작품에 영향을 준 자코메티의 생애' - 국내 전시회에서 만난 〈걸어가는 사람〉에 대한 감상 - 조각상과의 공감을 통한 자신의 모습과 조우하는 과정으로 요약된다.

작가는 자코메티와 관련된 자신의 기억을 소환하며 다면적인 구성 전략을 구사한다. 자코메티에 대한 기억과 그의 작품을 대면한 상황에서의 기억들이 하나씩 수면 위로 떠오르며 자기화에 다다른다. 평면적 구성의 한계를 넘어 의미 생성을 위한 화소의 배치 방식이 신선하다.

'브레송'의 사진에 담긴 자코메티는 자신의 조각작품 속의 인물과 닮아 있다. 처음에는 혐오감마저 안겨줄 정도로 생경했으나, 그의 삶을 알게 되면서 점차 공감한다.

자코메티는 1,2차 세계대전을 겪으며 죽음이라는 주제에 집착하게 된 후로, 삶의 풍요로움이나 충만함과는 거리가 먼 인간의 본질에 매달리기 시작했다. 그의 조각작품의 거친 표면은 우리가 살아가고 있는 세계의 실상을 보여주며, 가늘게 묘사한 남자의 전신상은 위축된 인간의 모습을 대변했다. 다른 작품에서도 재료의 질감이 드러난 푹 꺼진 뺨, 입을 벌린 채 미동도 없는 두상은 자코메티가 목격한 죽어가던 친구의 모습이었다.

그가 10년만에 이루어 낸 것은 모든 것을 덜어내 축소된 고작 5cm 규격의 인물상이었다. 그는 모델을 보이는 대로 조각하지 않고 실제보다 축소하여 거칠고 앙상한 형상으로 완성시켰다. 존재감이 미미했던 그 작품은 오늘날 우리에게 자코메티를 떠올리면 연상되는 마르고 길쭉한 인물상이다.

그 후 작가는 국내 전시에서 자코메티의 작품을 직접 만난다. 180cm 높이의 〈걸어가는 사람〉이었다. 2010년 런던의 소더비 경매에서 1,200억 원에 낙찰되었다는 그의 대표작이다. 작가는 작품 속의 남자가 부스러질 듯한 약한 형체로 정면을 응시하며 걸어가려는 의지를 본다. 작품 속의 남자는 고난 속에서도 외로움을 이기며 세상을 향한 한 발을 내딛고 있었다. 자신의 길을 걷는 한 인간의 의지가 담긴 발걸음이었다.

> 나는 바닥에 놓여있는 방석에 주저앉아 어두운 공간 속의 거대한 조각상과 마주했다. 인간의 고뇌와 숙명을 표현한 자코메티의 깊은 의도를 좀 더 분명히 알 수 있었고 걸어가는 사람이 곧 나임을 깨달았다. 끝도 보이지 않는 어두운 터널을 부릅뜬 눈으로 안간힘을 쓰며 걸음을 옮겼던 내가 그곳에 있었다. 힘겨운 시간들이었다. 외롭고 쓸쓸하게 걸어갔던 지난날의 나와 참으로 오랜만에 조우하는 시간이었다.
> – 신현순의 〈걸어가는 사람〉에서

작품 속의 남자는 좁은 어깨와 가느다란 목덜미, 바짝 마른 몸에 철골같이 윤기없는 팔다리로 풍만함이라고는 찾을 수 없다. 거기에 더해 눈, 코, 입의 형상조차 선명하지 않다. 비정상적으로 길게 늘어뜨린 거칠고 앙상한 인체를 통해 극한에 놓인 인간의 고독한 실존을 형상화했다. 작품의 주인공은 행선지도 불분명하지만 어디론가 걸어가야만 하는 존재로서의 인간의 모습이다.

마침내 작품 속의 그 사람은 위태로운 상황에서 예측이 불가한 삶을 살아가는 작가 자신이 된다. "오늘도 한 사람이 흔들리며 걸어가고 있다."는 결미는, 그럼에도 불구하고 자신의 길을 걸어가야만 하는 현대인의 필연적인 삶을 대변한다. 기억의 재생에서 시작된 〈걸어가는 사람〉은 경험의 객관화와 구조화를 거쳐, 작가 인식의 변화와 사고의 확장으로 마무리된다.

"걸어가는 사람이 곧 나"라는 사실에 이르러 이 글의 주제는 명백해진다. 불확실의 삶을 살아가는 인간 존재의 숙명은 모든 것을 덜어내고 고독하게 걸어가는 조각상과 다를 바 없다. 조각 작품을 통한 사유와 의미화의 긴밀함이 주는 울림이 크다.

수필 작품의 무게와 가치를 결정하는 기준은 자신의 체험이 현대에 이르러 어떤 의미를 지니며 어떤 방식으로 접근했는지의 여부가 관건이다. 신현순은 서사 구조를 전개하고 의미를 부여하는 평면적 방식을 넘어 다양한 방식으로 독자에게 다가간다.

〈걸어가는 사람〉에서 세상과 인간을 바라보는 작가의 시선은 현상 너머의 현상을 향하고 있다. 거시적인 것보다는 미시적인 것에, 추상적인 이념보다는 작가가 처한 사회의 구체적 현실에 깊은 관심을 쏟는 작가의 기본 소임에 충실한 역할을 해낸다.

변종호의 〈칠漆〉은 전통을 계승하는 주제와 관련된 영상을 담아낸 유튜브에서 작가를 사로잡은 것은 옻漆 공예다. 작가의 호기심은 영상 시청에 머무르지 않는다.

> 채취 현장을 보러 충북 옥천을 찾았다. 피부에 닿으면 옻이 올라 눈만 빼고 가렸으니 오죽 더울까. 물에 빠졌다 나온 몰골의 40대 칼잡이는 이방인을 반기지 않는다. 내뱉는 말은 가시투성이고 눈총은 따가웠다. 연신 고개를 숙이며 찾아온 연유를 밝혔다. 그제야 생수로 목을 축이더니 잔뜩 세웠던 가시를 눕힌다.
>
> — 변종호의 〈칠漆〉에서

한 분야에 일가를 이룬 사람의 경우, 자신의 비법을 낯선 사람이나 외부에 공개하기를 꺼린다. 이를 무릅쓰고 가까스로 장인과 접촉한 작가의 성실함은 현장성을 담보한 치열한 문학정신으로 독자에게 신뢰감을 주고 공감을 폭을 넓히는 계기로 작용한다. 옻을 채취하는 과정에서 흘러나오는 수액을 옻나무의 "피눈물"로 묘사한 작가는 옻나무라는 대상과 그것을 채취하는 장인의 지난至難한 공정에 동참하려는 마음의 준비가 되었음을 암시한다.

야무지게 움켜잡은 칼이 옻나무 껍질에 V자로 홈을 내자 왈칵 피눈물을 쏟는다. 말간 첫 물에 이어 진득한 액이 흐른다. 한 방울이라도 놓칠세라 전용 주걱으로 알뜰하게 긁어 담는다. 그래 봐야 칼집 하나에 고작 서너 방울이다. 속울음을 삼키는 모습이 가련하다. 십 년 가까이 몸집을 키워야 상흔을 훈장처럼 남길 수 있다. 칠은 종일 채취해야 200~300g을 얻을 수 있단다. 두어 시간 지켜봤지만, 전통을 이어간다는 사명감 없이는 할 수 없을 것 같다.

— 변종호의 〈칠漆〉에서

이어서 배경 지식을 통한 주제의 구체화를 시도한다. 작가가 주제를 드러내는 방식은 거창하거나 현학적인 어휘가 아니다. 우리가 무심히 지나쳤던 대상을 새롭고 참신하게 바라보며, 구체적이고 명징한 서술로 접근한다.

장인의 공정은 옻나무에서 시작된다. 공예의 재료가 되는 질료는 무심코 지나칠 법한 나무다. 인류가 반만 년 넘게 사용해온 천연 도

료인 옻칠은 우수한 색감과 내구성으로 고급 마감재, 접착제, 방부제 등 다양한 쓰임과 친환경성으로 주목받고 있으나 작업 조건이 까다로워 응용이 한정적이었다.

작가가 언급한 손대현 장인은 그 점을 극복한 경우다. 국빈용 선물은 그의 손길을 거칠 정도이며, 특유의 옻칠 기법으로 국내외 유명 브랜드와의 작업에도 참여했다. 세계적인 기업의 자동차 내부의 컨디션 일부를 옻칠로 마감한 장인은 스크래치 방지를 위해 철저하게 강화된 공법으로 품질을 유지시켰다고 한다.

현대 감각으로 나전칠기를 재현한 공예품을 보고 작가가 감명을 받은 이유는 외관의 화려움만은 아니다. 뭇사람들의 시선을 붙잡을 만한 겉모습 뒤로 목재의 뒤틀림을 방지하고 습도와 열에도 잘 견디는 강한 천연 칠의 기능을 최적화하기까지 장인이 겪어내야 하는 정교한 고통을 읽은 것이다.

티끌 하나 없이 두텁게 올린 새까맣거나 빨간 옻칠은 아름답다. 한 겹씩 바르고 건조하는 과정을 반복하며 현재의 경지에 도달한 장인의 고통을 짐작해 본다. 칠기 공예에 필수인 나전의 공정도 만만치 않다. 나전 패를 작은 조각으로 끊어 한 땀 한 땀 수를 놓듯 완성하는 패턴 역시 웬만한 내공으로는 할 수 없는 일이다.

변종호의 〈칠漆〉에서는 옻칠과 관련된 작가의 체험이 다층적인 의미로 해석된다. 옻칠 장인이 옻나무 수액을 반복하여 바르는 작업 공정은 작가의 창작 과정과 무관하지 않다. 일상적 관점에서 바라본 체험의 의미는 작가의 삶에 가치를 부여하는데 그치지 않고 창작에 임하는 마음가짐과 자연스럽게 교직된다.

작가가 자신의 체험에 대해 일반화된 설명이나 사회적 규율에 맞추어 해석하는 것이 아니라, 자신만의 옻칠 체험이 창작에 임하는 작가의 자세에 어떤 동기와 의미부여를 했는지 명백하게 밝히고 있다. 작가로서 자신에게 유의미한 순간의 체험을 통한 성찰과 반성적인 작업에서 창작의 의미를 재발견한다.

사물이나 사람을 비춰 보이는 거울은 그 특성상 문학적인 메타포로 빈번하게 사용된다. 인류 최초의 거울은 그리스 신화 속 나르시스 이야기처럼 스스로의 모습을 비춰보던 잔잔한 연못이었다. 고대의 거울은 금속을 세공해서 만든 귀중품이었으나 유리에 비해 반사도가 낮아 선명한 상像을 만들기는 어려웠다.

거울과 유리의 재질은 동일한 유리지만 유리는 빛을 통과시키기 때문에 상이 맺히지 않는다. 거울은 유리 표면에 수은을 부착한 뒤에 금속을 넣어 아말감으로 굳히는 방식으로 제작되어 빛의 반사로 인한 상을 맺게 한다.

거울을 보는 일은 누구나의 일상에서 겪는 일이다. 작가의 거울 보기는 외모를 점검하기 위한 일상의 습관을 넘어 자신의 정체성을 찾기 위한 도정道程으로 작동한다. 물리적 거울이라는 대상을 통해 거울의 의미에 대해 새롭게 사유하는 심리적 거울을 불러온다.

박수경의 〈아말감〉에서 작가가 거울을 보는 일에서 시작된 구체적 에피소드는 주제 의식으로 확대된다. 쇼윈도에 비친 자신의 모습을 보며 거울인 줄 알았으나 투명한 유리였을 때에는 착각이 일었던 경험은 누구에게나 있다.

작가가 매일 거울 속에서 만나게 되는 주름살은 세월의 연륜으로 받은 훈장이지만 달가운 것만은 아니다. 거울은 자신 이외의 존재를 차단하고, 있는 그대로의 모습만을 반사한다. 작가에게는 자신만을 되비추는 거울이 아닌 유리 밖 세상을 보는 것이 필요했으리라.

백설공주 속의 '거울'은 왕비가 자기 확인 욕구를 표출하는 도구였다. 바깥 세상과 단절된 삶을 살았을 왕비에게 거울은 세상의 모든 것이자, 자기 존재의 전부였으리라. 동화 속의 왕비뿐 아니다. 인간에게는 누구에게나 거울 욕구가 존재한다. 거울 속에 비친 자기 모습을 통해 자신을 확인하고픈 욕구는 끊을 수 없는 인간의 본능이기 때문이다.

> 차라리 세상에 거울이 없다면? 껍데기를 보지 않고 살아갈 수 있을까 싶다. 갑갑증에 대체할 것들을 찾아 헤매고 있을 모습이 연상된다. 고인 물에서라도 구하려 할 것이다. 맞은편에 있는 무엇인가에 나를 확인받고 싶을 테다. 어린 시절부터 지금까지 그랬듯 말이다. 타인의 눈동자에 새겨진 나를 외면할 수 있을까. 그가 정의한 나에게서 자유로워질 수 있을까.
>
> — 박수경의 〈아말감〉에서

모든 거울은 사물을 있는 그대로 비추지 않는다. 유리와 거울의 특성을 구분하지 못했을 때 발생하는 시각적인 오류와도 같은 일들은 인간관계에서도 흔히 일어난다. 내 모습을 반사하는 타자와도 같은 거울에 보이는 내 모습이 바로 나인지 모호할 때가 있다. 거울은 종류나 보는 각도, 주변 조명에 따라, 심지어 보는 이의 마음에 따라 거울에 비치는 상은 각기 다른 형태로 반사되어 나타나기 때문이다.

존재의 혼돈을 경험한 현대인이 스스로에게 던질 수 있는 질문은 "나는 나 자신을 온전히 파악하고 있는가" 라는 근원적인 물음이다. 내가 나를 제대로 알기 어려운 상황에서 나를 비추는 거울은 스스로에 대한 질문을 던져보는 계기로 작용한다.

문학은 해답이 아니라 잠재된 질문을 들추는 일이다. 그 대상은 자기 자신이거나 타인, 또는 인간이 아닌 대상일 수 있다. 사회적 존재로서의 자신을 탐색하고 성찰하는 일은 새로운 자의식과 사유를 형성하며 새로운 세계에 도달한다.

'아말감'이라는 질료는 보이는 것들을 그대로 투과하는 유리의 특성을 거울로 전환시킨다. 뒤가 막힌 유리로 인해 거울의 노예가 되어버린 현대인들은 거울에 맺혀 보여질 형상에 연연한다. 이 글에서 '아말감'은 흑백의 논리에 자신의 입장을 표명하지 않아도 되는 방패로 작용한다.

작가는 세상이라는 강을 건너기 위해 겪었던 무력감과 망설임을 직시함으로써 경험의 의미화에 도달한다. 거울 보기라는 사소한 에피소드를 발단으로 그 행위를 새롭게 사유하고 주제 의식을 구성해낸다. 일상적인 생활에서 새로운 문제를 발견하고 경험을 의미화하는 행위는 인문학적 사고의 시작점이다.

조기호의 〈자금우紫金牛를 만나다〉에서는, 작가의 시집 상재를 축하하며 동인 모임에서 보내준 서양란이 시들었다. 몇 년 후 진초록 잎

사귀가 무성해지자 비로소 관심을 갖게 되었다.

뒤늦게 이름을 알아낸 꽃은 이름조차 생소한 자금우였다. "아름다운 빛을 내는 소"라는 뜻을 가졌다니 작가의 호기심을 자극하기에 충분했으리라. 부처와 소와 자금우의 연관성을 찾고자 살펴본 〈심우도尋牛圖〉를 통해, 작가는 소를 찾기 위하여 헤매듯 부단히 수행한다면 마침내 득도하게 된다는 의미임을 알게 된다.

> 소를 찾으러 가는 것부터, 소 발자국을 보고 소를 만나 잡아서 소를 길들여 타고 집으로 와서 소는 아주 잊어버리고 나만 존재한다, 소도 나도 없고 근본으로 돌아가 세속에 들어가 자기를 들어내 중생과 호흡을 같이하는 경지에 이르는 것이 심우도 열 장의 그림 내용이다. (중략)
> 서양란 화분의 꽃이 이울었다고 한쪽 구석에 처박아 놓고 목숨 떨어지지 않을 정도로 물만 주며 괄시하고 푸대접한 저 푸나무 자금우에게 오늘 세상 사는 법을 다시 배운다. 그토록 오묘한 뜻으로 지어진 자금우를 알아보지 못하고 어느 날은 아무것도 아닌 잡목으로 여겨 잘라버리려고 하였었다.
>
> — 조기호의 〈자금우紫金牛를 만나다〉에서

작가는 자신의 무지로 인해 자금우의 진가를 알지 못했을 뿐 아니라 전지하려고까지 했다. 직접적이고 단순한 작가의 심경 변화의 이면에는 "자금우 나무로 인하여 내 헛짚어 살아온 지난 일들이 매우 부끄러운 날"이었음을 토로한다. 〈자금우紫金牛를 만나다〉의 서사 구성은 자전적 요소와 자기 성찰이라는 기본 문법에 충실하다.

작가는 자신의 체험을 재현하는 과정을 통해 무난히 주제에 도달한다. 고백과 자기 성찰은 자신의 내면을 매개로 한다. 〈자금우紫金牛를 만나다〉에 반영된 작가의 내면은 겸손한 자아다.

지나친 묘사나 수식을 걷어낸 담백한 기술과 진솔한 태도로 독자에게 다가간다. 모든 글의 주제가 윤리적이고 당위적인 명제로 귀결될 필요는 없으나, 일상에서 지나칠 법한 사소한 파편들을 재발견하는 즐거움을 준다.

사람은 겸손의 미덕을 잘 알지만 그것을 행동으로 옮기는 일은 쉽지 않다. 이 글에서 작가는 대상과 갈등하고 대립하기보다는 화초에 대해 무지했음을 인정하며 순응한다. 소통의 근본이 자기 성찰이라면 스스로를 과소평가하는 작가의 겸손은 자신과 소통하는 삶의 지혜이다. 스스로 자신을 높이 평가할수록 그가 선 자리는 불안해지고, 반대로 자신을 낮추면 낮출수록 그가 선 자리는 더욱 견고해진다던가.

위에서 살펴본 바와 같이 작가는 자신의 경험을 통해 얻은 삶의 가치를 독자와 공유한다. 나아가 성찰의 범위를 확대하고 사회에 대한 인식의 폭을 넓혀간다. 이는 자신을 돌아보게 하는 통찰을 제공하며 조화로운 삶을 영위하는 토대로 작용한다.

자기 성찰의 도구로써의 문학은 자신의 삶과 존재에 관한 문제를 기초적인 데로부터 고민하고 반성하여 스스로 깨달음에 도달하도록 한다. 대상에 대한 작가의 깊이 있는 고민은 독자에게 의미 있는 사유의 과정을 제공한다.

《수필과비평》 2022. 2월호

05 병든 사회의 그늘을 읽는 작가의 독법讀法

산업화와 과학기술 발달로 인해 삶의 만족도가 크게 향상되었으며, 어떤 측면에서는 인간을 해방시켰다고 볼 수 있다. 그럼에도 불구하고 현대인은 공허함과 불안감을 안은 채 점점 황폐해지는 상실의 시대를 살아가고 있다. 물질에 대한 의존도가 높은 현대사회는 인간의 주체성과 존엄성을 외면하는 부정적인 현상이 증가하고 있다.

지난 9월 넷플릭스에서 공개된 드라마 《오징어 게임》 신드롬은, "《오징어 게임》 보았냐?"는 안부를 주고받을 정도였다. 개연성을 무시한 영화적 허용이 난무한 드라마는, 거액의 상금이 걸린 의문의 게임 참가자들이 최후의 승자가 되기 위해 벌이는 극한의 게임 스토리다. 게임 참가자는 저마다 돈을 벌어야만 하는 이유가 절박했다. 드라마가 설계한 게임의 법칙과 적자생존適者生存은 영화 《올드보이》에 담긴 잔혹한 장르적 특성과 《기생충》이 보여주는 비정한 현실을 적나라하게 재현하여 단순한 형태로 섞어놓은 듯했다.

드라마 속 세상은 물질 만능주의와 양극화 사태가 만연한 현대사회의 축소판이었다. 다양한 게임의 이면에는 극한 경쟁으로 내몰린 사회의 병폐가 담겨있었고, 목숨을 걸어야만 하는 등장인물들을 통해 자본주의 계급 사회의 모순과 인간 군상을 냉소적으로 풍자했다.

《오징어 게임》이 국내는 물론 해외에서까지 열풍을 일으킨 이유에 대한 분석이 분분하다. 혹자는 달라진 한국 문화의 위상 때문이라고 했으나, 스토리텔링 자체의 완성도나 표절 시비와는 별개로 게임이라는 소재의 특성상 결말에 대한 궁금증 때문이 아닐까. 각자도생을 추구해야 하는 사회의 병폐는 어느 나라나 예외 없으며. 계층과 빈부 격차 역시 공통적인 사회 현상이다. 거기에 더해 어려운 은유나 상징을 쓰지 않았기에 누구나 쉽게 받아들일 수 있으며 자신도 출연자와 같은 처지에 살고 있다는 공감을 불러왔으리라.

싱가포르 최대 일간지인 《더 스트레이츠 타임즈, The Straits Times》는 우리나라에서의 《오징어 게임》 열풍에 대해 "한국은 삼성, SK, 현대 등 세계적 기업의 고향이지만 많은 사람들은 치솟는 부동산 가격, 가계부채 급증, 소득 격차 확대와 청년층 실업으로 고통받고 있"으며, 그런 점들은 "(코로나) 팬데믹으로 더욱 심화되었다."고 보도했다.

우리나라는 유럽에서 몇 세기에 걸쳐 이룰 만한 경제적인 성과를 50여 년만에 이루었다. 그 과정에서 남들보다 빨라야 한다는 의식 변화로 인하여 부작용을 양산했다. 그것의 치유는 경제력으로도 만회할 수 없는 정신의 문제로 대두되고 있다.

우리는 기회의 평등과 과정의 공정함에 대해 교육받았지만 정작 현실에선 노력 여부와 결과물의 상관관계가 무관함을 경험했다. 거기에 더해 기득권을 가진 이들은 편법을 동원하여 막대한 부를 축적하게 되는 사회적 병폐들도 수없이 보아왔다.

각박하고 개인적인 사회의 특성상 내가 피해자만 아니라면, 쉽게 잊혀지거나 무감각해지기 쉽다. 더불어 불평등한 사회 문제로 인한 직접적인 피해가 나를 비켜가기만을 바란다. 당면한 일이 아니라면 내가 처한 사회가 문제라는 식의 변명으로 자신에게 면죄부를 부여하기도 한다. 우리의 이런 모습은 결국 사회 문제를 양산하는 주체가 되어 자신이 피해자가 되는 사회 속에서 살아간다. 경쟁 시대에서 낙오자가 될 수 없기 때문이다.

문학의 본질은 삶에서 처한 문제에 대한 관심에서 출발한다. 삶의 현장인 사회와 그 사회의 구성원인 타자와 나, 인간의 욕망과 사회적인 윤리의 대립은 문학이 추구해야 할 꾸준한 과제다. 그럼에도 불구하고 신변성·서정성에 사로잡힌 수필의 전형성은 사회적 이슈에 대한 언급을 회피하는 경향이 있었다. 그러나 사회의 양극화 현상이 심화되면서 점차 사회 현상을 반영하는 수필이 확대되고 있으며, 이는 한국 수필의 지평을 넓힐 수 있다는 점에서 긍정적으로 받아들여진다.

지난 호에 실린 작품 중에는 개인으로서의 '나'를 벗어나 사회의 그늘을 향한 진정성과 작가의 독법讀法이 담겨 있었다. 어지러운 세태를 응시하는 작가만의 고뇌로 속도를 추구하는 사회에서 인간됨을 실천하는가 하면(윤혜주 〈그늘의 말〉), 민초들에게 보장되지 않은 밥을 위해 동학을 부르짖던 시대의 아픔이 현재까지 이어지는 고달픈 삶에 대해 천착했다(하재열 〈밥 주는 데요〉). 자신의 재력을 총동원하여 피라미드 구조의 정상에 자녀를 올려놓기 위한 엇나간 부모의 병적인 사랑의 비극과(조헌 〈가슴 아픈 비상飛上〉), 사회의 그늘에 속한 사람들과 동행하며 어떤 여건에서도 의연하게 직분을 잃지 않는 골목길의 전봇대와의 사연(이용수 〈전봇대 단상斷想〉)도 있다.

윤혜주 〈그늘의 말〉

도입부에 작가가 병원 대기실 벽면에서 본 그림은 무중력 상태의 우주 공간을 떠올리게 했다. 작가는 "캔버스의 상하를 가로지르는 희미한 빛과 S자 곡선의 파동 같은 형상"에서 작품에 담긴 속엣말을 들었다. '모르는 이들의 고단하고 슬픈 말'이 들리는 듯한 환청은 화가가 내면에 숨겨둔 말이었다. 소리 없는 화가의 말을 들은 작가는 누군가가 심연에 숨긴 '마음의 뒷면'을 헤아린다.

다음 장면은 추석 대목을 앞둔 대형 마트다. 인산인해를 이룬 마트에는 온종일 QR코드 스캔 안내를 반복하는 직원의 고된 시간과, '고객은 왕'이라는 견고한 생각에 사로잡혀 직원의 불친절을 항의하는 고객이 있다. 계산대에는 포인트 번호를 깜박 잊었다는 고객과 호주머니를 뒤져 현금을 찾는 어르신도 보인다. 그들로 인해 계산이 지연되면 대기자의 행렬은 늘어난다.

빠름을 추구하는 시대다. 속도가 숭배되는 사회에서는 신속함과 효율성만을 인정받기 때문에 시간을 벌어 주는 빠름이 인간이 추구해야 할 최고의 덕이다. 따라서 앞 사람의 느린 계산을 기다리는 데에는 인내가 필요하다.

〈그늘의 말〉을 관통하는 핵심적인 모티프는 타인의 그늘에 말 걸기다. 인간에 대한 존중이 결여된 정신병적인 사회는 자기 중심성에 사로잡혀 타인을 함부로 대하는 심리가 일반화된 사회다. 인간에 대한 가치가 사회적으로 합의되지 않은 사회에서 그 구성원으로 존재하는 한 인간성의 회복은 요원하다.

작가가 마주친 계산대의 직원은 울상으로 응대하며 무척 힘들게 견디고 있었으나, 그녀의 안색을 살피는 사람은 없다. 소비자는 그녀에게 빠른 계산만을 요구하지만, 계산대의 직원에게도 딱한 사정은 존재한다.

> "정향 씨, 종량제 봉투 하나 주세요." 나는 명찰을 보고 그녀의 이름을 나직이 불렀다. 마치 지금 내가 꼭 해야 할 일인 것처럼. 그냥 그렇게 해야 될 것만 같았다. 그녀가 내 눈을 마주 보았다. 왈칵 눈물이 고이는 게 보였다. "이름 불러주는 사람 처음이에요." 그때였다. 허겁지겁 달려온 다른 직원이 계산대를 교체해 받아 앉았다. 그녀가 돌보아야 할 누군가가 급하게 아픈 건지 "빨리 병원 데려가 봐. 얼마나 아프면 이 시간에 전화를 했겠어." 둘의 대화가 선명하게 들렸다. 그녀는 구긴 얼굴과 뚝뚝한 말투 뒤에 당혹스럽고 슬픈 마음을 애써 참아내고 있었던 것이었다.
>
> — 윤혜주의 〈그늘의 말〉에서

그녀는 가족이 위급한 상황에서도 교대 근무자가 오기 전까지 계산대를 지키는 중이었다. 소비자에게 익명으로 존재하기 마련인 서비스업 종사자에게 자신이 처한 상황과 정서 상태는 고려 대상이 아니다. 다른 계산대도 있지만 자리를 비우는 일은 빠름을 추구하는 고객의 심기를 불편하게 하기 때문이다. 작가는 그녀가 처한 밥벌이의 지겨움을 지면에 드러내지 않았으나 행간에서 선명히 읽힌다.

작가가 그녀를 호명呼名한 것은 불특정 다수의 심리적 횡포로부터 그녀를 보호하고 마음의 뒷면을 헤아리는 인간적인 마음에서 기인한다. 그것은 고통을 감내하며 계산대에서 간신히 버티던 그녀를 인간 존재로서 인정해주는 행위이다. 작가가 이름을 불러주기 전의 그녀와 이름을 불러준 후의 존재의 의미는 다르다. 그녀의 눈에 눈물이 고인 것도 그 때문이다. 작가의 말 걸기는 고객과 직원으로서의 관계를 넘어선 직원에 대한 인간적인 예의였다.

당시 계산원이 처한 상황을 모르는, 정확히 표현하자면 그런 사정을 알려는 시도조차 불필요한 소비자들은 자신의 권리만을 주장하기 마련이다. 그것이 몇 분일지라도 자본주의의 고객들은 그 시간조차 손해볼 수 없기 때문이다. 그것을 알기에 그녀는 힘든 순간을 버티는 중이었다.

작가가 병원에서 보았던 그림에서 화가가 숨긴 '그늘의 말'을 들었듯이 계산원의 표정에서 그늘을 읽었다. "자기보다 약한 대상. 남들과 발을 맞출 수 없는 사람의 심정이 어떤 것인지 안다고 말하는 사람은 따뜻한 사람"임을 알고, 양지보다는 그늘을 향해 있는 작가의 시선은 인간답게 사는 것의 의미를 짚어보게 한다.

자신의 고통과 행복에만 몰입하는 사람은 타인의 고통에 공감하지 못한다. 화자가 생각하는 인격자는 "뒤처진 사람의 심정을 아는 사람"이다. 독일의 시인 '노발리스Novalis'는 "인간이 된다는 것, 그것이 예술"이라고 했다. 저마다 인간적인 향으로 익어가는 사람이야말로 진정한 예술가가 아닐까.

〈그늘의 말〉은 개인의 경험에서 발원하기 마련인 수필의 특성상 작가의 감정과 주관적 시각에 매몰될 가능성을 극복하고, 인간됨의 보편적 차원으로 고양시켰다.

하재열 〈밥 주는 데요〉

지리멸렬한 밥벌이를 위해 자신의 감정 따위는 접어두어야 하는 것은 현대인만의 고민일까. 밥벌이의 고충의 역사는 시대를 거스른 조선시대에도 예외가 아니었다.

작가가 대형서점을 찾은 것은 수운 최제우 선생의 동학 관련 자료를 확인하기 위해서였다. 거대한 두 개의 백화점 앞 도로에 자리한 천주교 성지에는 교구에서 건립한 기념관이 있으나, 같은 자리에서 동학을 외치다 참형을 당했던 선생의 흔적은 없다. "이름자 하나 없는 역사의 흐름이 얄궂다."고 생각한 작가는 동학을 부르짖던 시대를 소환한다.

조선의 세도정치와 학정虐政은 죄 없는 백성들을 유민으로 전락시켰다. 수운 선생 등이 동학을 부르짖을 수밖에 없던 이유다. 후천개벽을 염원하며 농민들이 살기 위해 일으킨 민란은 전국으로 불처럼 번졌다.

선생의 순도비를 찾기 위해 작가가 헤맨 곳은 도심의 번화가다. 거대 자본의 대표적인 유통 시스템인 대형 백화점과 눈에 띄지 않는 순도비는 실리와 명분의 충돌로 시대의 무상함을 대변한다. 그들이 형장으로 끌려가던 길목으로 짐작되는 곳쯤에서 커다란 오석에 건립 날짜만 새겨진 비를 발견한다.

문득 하늘을 쳐다보던 그는 공터와 노변에 정물처럼 고정적으로 앉아 있던 사람들을 본다. 평소 허수아비처럼 보였던 이들이 정물화를 박차고 나와 줄을 서기 시작한다. 수녀님은 작가를 '줄 설 용기가 없어 미적대는' 사람으로 착각하고 도시락을 내민다. 작가가 엉겁결에 도시락을 받은 곳은 백성의 배고픔을 걱정했던 수운 선생의 순도비 옆이었다. 도심의 현란한 불빛과 샛길의 무료급식 풍경에서 자본주의 시대의 음양이 교차한다.

조선 시대의 허기진 농민과 현대 사회의 노숙자라는 두 대상의 유사성은 비유 연상과 상상을 통해 동일성을 불러온다. 화자의 경험으로 얻어진 화제에 보편적 의미를 부여하는 하재열의 〈밥 주는 데요〉에서 시도한 유비 구조는 화소의 동일성을 부각시키는 효율적인 방법으로 시대를 초월한 민초들의 실상과 현대사회 빈곤층의 현실을 보여준다.

동물로서의 인간의 비애는 밥을 먹어야만 생명을 유지한다는 점이다. 새도 나무도 스스로 먹이를 찾을 수 있으나 인간은 밥벌이를 통해서만이 먹이를 얻는다. 이런 일은 노동의 신성함과는 별개로 인간을 고단하게 한다. 인간은 밥을 벌기 위해 일하고, 그 밥을 먹은 힘으로 또다시 밥을 벌기 위해 일하는 삶을 무한 반복한다.

'수운 어르신, 소생도 밥을 받았습니다. 죽을까 걱정하며 입도 가리고 사는 어려운 시절에 밥도 주고 돈도 그냥 주는 이 치세가 그지없이 좋습니다. 그런데 경우에도 안 맞는 돈마저 내미니 백성이 헷갈립니다. 왕과 왕이 되려는 자들이 그때나 지금이나 더러운 권력 욕심 채우려 백성의 구휼을 핑계로 나랏빚을 내어 그리한다고 합니다. 이는 다음 세대 젊은이의 몫까지 수탈하는 것이니 당대의 것인 땅세 농간에 군포와 환곡으로 괴롭힌 그때의 탐관오리보다 더한 자들입니다. 시절이 이러니 어르신이 바라던 후천 개벽의 세상은 여전히 오기 어려울 듯합니다.'

— 하재열의 〈밥 주는 데요〉에서

작품집 《밥벌이의 지겨움》으로 밥벌이 미학에 일가—家를 이룬 소설가 김훈은 "전기밥통 속에서 밥이 익어가는 평화롭고 비린 향기에 목이 메였"던 일을 떠올리며 "밥에는 대책이 없다. 한두 끼 먹어서 되는 일이 아니라, 죽는 날까지 때가 되면 반드시 먹어야 한다. 이것이 밥이다. 이것이 진저리나는 밥"이라고 쓴 바 있다.

〈밥 주는 데요〉에서의 화자는 이렇듯 신성하면서도 진저리나는 밥의 역사가 조선사회가 당면한 총체적 위기였음을 떠올린다. 거슬러 올라가 보면 인류가 생존하기 시작한 어느 시대에나 당면했던 최대 이슈였다.

배고픔을 달래기 위한 민초의 함성이 들릴 듯한 수운 선생의 순도비가 있는 자리는 대형 백화점과 상가가 즐비한 자본의 중심지다. 그 곁에서 아이러니하게도 허수아비처럼 대기하다 무료급식을 받는 노숙자가 있는 곳이다. 이는 화소의 유사성을 찾아 공감을 확장하는 유비類比 구조를 통해 화자의 의도를 확장시킨다.

조헌 〈가슴 아픈 비상飛上〉

밥만 충족되면 만사가 해결되는 인간사라면, 밥벌이를 해결한 인간군상이 부르는 인생 찬가가 만연하리라. 인간은 사회 속에서 타인과 관계를 맺으며 살아간다. 타인이 가족일지라도 상호관계의 속성은 자신의 욕구 표출을 가로막기도 한다.

가정을 안식처라고 하는 이유는 가정에서만큼은 누구든 자신의 상태에 관계없이 존재하는 것 자체로 인정받고 사랑받기 때문이다. "인간이 인간이기 위해서는 가족적이어야 한다."라고 주장한 마르셀 G·Marcel에 따르면, 가정이란 이 세상에서 최초로 가장 순수한 의미로 '우리'라고 부를 수 있는 공동체다. 그러나 〈가슴 아픈 비상飛上〉에서 가족의 의미를 상실한 가정의 부모는 자녀를 자신의 욕망의 도구로 보았다.

30년 전 작가가 겪은 일이다. 제자 A는, 친구의 늦동이라며 교장이 특별히 보살펴주기를 부탁했던 학생이다. 명문대 출신의 부모는 고위직과 전문직에 종사하는 엘리트였다.

입학식 후 만난 A 어머니의 교묘한 화법에 담긴 대화의 요지는, '나는 재력가이며 선생님에게 필요한 도움을 줄 정도의 영향력이 있으니, 내 아들은 당연히 명문대생이 되도록 해주시라.'로 요약된다. 교사에게 이런 방식으로 자신을 어필하는 어머니의 자식은 어떤 인간으로 성장할까.

A는 어머니와는 달리 과묵했으며, 왜소한 체구에 상대방을 바라보지 못한 눈동자는 흔들렸다. 화자가 보기엔 "이를 꽉 물어 생긴 경직된 볼 근육과 노상 쥐고 있는 주먹은 원망이나 분노의 다른 표현"으로 보였다. 반면 각 분야의 유명 전문가에게 받은 특별과외 덕분인지 미술, 체육, 음악 등 모든 과목에서 실력이 뛰어났다. 내신 성적 관리 비법을 자랑하는 어머니의 너스레를 들은 작가는 "짐을 잔뜩 짊어진 어린 당나귀의 힘겨운 걸음걸이"를 떠올렸다. 비극은 이미 시작되었다.

어느 날, 화자는 교장의 긴급 부탁으로 A의 집을 방문했다. 집은 아이의 분노로 난장판이 되어있었다. 횡설수설하며 "엄마가 아니라 악마"라며 격분하던 A의 행동은 갈수록 난폭해졌다. A는 이미 두 차례나 정신병원을 드나든 전력이 있었기에, 부모에 대한 배신감과 병원에서의 공포가 트라우마로 남아 온몸을 부들부들 떨고 있었다.

그 후 비 내리던 밤, 작가만을 믿고 의지했던 A가 맨발로 찾아왔다. 그를 다독이며 부모에게 다시는 입원시키지 않게 하리라고 약속했으나 그 약속은 지켜지지 않았다. 다음 날 부모가 부른 병원차를 본 A가 자기 방에서 뛰어내린 것이다.

청소년기는 인격 형성에 큰 영향을 미치는 시기로 신체적, 감정적인 변화가 급격하여 스트레스와 그에 따른 문제도 많은 시기다. 따라서 감수성이 예민하여 개인적·사회적 환경의 영향을 받기 쉽다. A는 자아에 대한 의식을 경험하고 자율성을 발달시켜야 할 시기에 부모로부터 받은 학업 스트레스와 갈등을 자기 힘으로 감당할 수 없을 만큼 힘든 상황에 처했다. A는 자신을 입원시키려고 달려온 병원차를 보고 극단의 선택을 했다. 자신이 당면한 최악의 갈등상황에서 벗어나려는 충동적 행동이었다.

아이들의 미래를 위한 것이라며 자행된 폭력적인 훈육과 성적에 대한 과도한 욕망은 부모 자신의 욕망일 뿐이다. 그것을 자녀에 투영시켜 '나처럼 아이도 성공해야 한다'는 심리를 반영한다. 기득권을 누리는 부모일수록 이런 심리가 강하다.

프랑스 철학자 자크 라캉은 "인간은 타인의 욕망을 욕망한다."고 했다. 라캉에 의하면 자녀에게 부모는 타자他者이다. 자녀는 이 타자를 통해 세상과 타인 그리고 자신을 바라보게 된다. 동시에 부모는 자녀가 세상의 욕망을 습득하는 창구이다. 자녀는 부모의 사랑과 보호를 필요로하므로 이것을 얻기 위해 자녀는 부모의 욕망을 욕망한다. 이 과정을 통해 자녀는 '욕망하는 주체'로 태어난다.

그런데 부모의 욕망 역시 타자의 욕망이므로 자녀는 부모의 욕망을 결코 만족시킬 수 없다. 이것이 부모와 자녀 간의 감정적, 관계적 그리고 교육적 부조화와 갈등을 불러일으킨다. 해결방법은 부모가 자녀와 거리를 유지함으로써 자녀의 욕망에 과도하게 집착하지 않는 것이다.

자녀교육에 대한 열정이라는 포장된 어휘에 담긴 부모의 요구가 자신의 것이 아닌 부모의 욕망을 욕망해야 했기에 이를 감당할 수 없었던 A를 극단적인 선택으로 내몰았으리라.

작가는 도입부에서 식물에 가해지는 인간의 손길이, 식물에게는 스트레스의 요인이며 개화를 인위적으로 앞당겼을 때 식물에게는 해악으로 작용함을 말하고 있다. 자녀의 개화開花를 기다려주지 못한 부모의 성급함은 되돌릴 수 없는 비극을 초래했다.

전문가들은 OECD 국가 중 자살률이 가장 높은 우리 사회를 정신병적인 사회라고 경고한 바 있다. 타인에게 배려없는 마음으로 자신의 욕망을 추구하다 보면 정신은 황폐해지기 마련이다. 자녀에게 투사된 변질된 욕망은 돌이킬 수 없는 비극을 불러왔다.

    타인의 죽음에 이렇듯 가슴이 찢어져 본 적이 있을까. 마지막 지푸라기라도 잡아보려 찾아왔던 그를 사지死地로 몰아넣은 나, 그 자책은 오랜 세월이 흘렀음에도 탈색되지 않은 채 무참한 상처로 남아있다. 짧은 생, 단 한 번도 자신의 삶을 살아보지 못하고 부모의 욕심대로 만들어지던 한 학생의 몸부림은 아물 수 없는 상흔이 되어 아직도 내 가슴속에서 진물을 흘리고 있다.
    허공으로 몸을 내던질 수밖에 없었던 그. 그건 아마 지상으로의 추락이 아니라 저 높은 창공을 향한 비상이 아니었을까. 주변의 온갖 올가미를 끊고 자유롭게 훨훨 날아오르고 싶은 그 아이의 꿈은 아니었을까. 부디 나의 이 짐작이 책무를 다하지 못한 내 죄책감에 대한 얄팍한 핑계가 아니길 진심으로 바라본다.

                        – 조헌의 〈가슴 아픈 비상飛上〉에서

작가가 A와의 약속을 지키도록 부모가 기다려주기만 했어도 비극은 막을 수 있었으리라. 퇴로 없는 막다른 길에서 자신의 길을 찾지 못한 A의 죽음을 회상하는 일은 도덕적 감수성이 예민한 작가의 상처다. 타자의 아픔에 공감하며 부모의 정서적 학대에 의해 개화하지 못한 제자의 마지막이 "추락이 아닌 비상"이기를 바라는 심사는 A에게 보내는 작가의 헌사이자 위로다.

이용수 〈전봇대 단상斷想〉

작가의 시선이 향하는 곳은 '전봇대'라는 대상이다. 산행 중 비를 만난 작가는 하산하며 길가에 서 있는 전봇대를 유심히 바라본다. 비를 피할 곳 없는 전봇대의 역할은 전기를 이동하는 줄을 붙잡는 것뿐 아니라. 작가가 일상에서 흔히 마주치는, 귀할 것도 특별할 것 없는 우리 생활을 지탱하는 정물과 다름없는 전봇대를 그냥 지나치지 못하는 이유다.

작가의 전봇대 예찬은 이어진다. 아이들의 놀이터에 더해, 갖가지 사연을 전달하는 '서민들의 연락 장소'는 물론 '땡처리, 알바 구함, 싼 이자 대출, 이삿짐 센터, 족집게 과외' 등 다양한 정보를 전달해주는 메신저이기도 하다. 전봇대에 붙여진 월셋방 광고를 떼어가는 여인도 있다.

구두 수선방을 곁에 둔 전봇대는 자기 자리임을 내세워 텃세를 부리지 않는다. 그곳에는 농인 수선 아저씨와 수화로 작가의 의사를 전달해 주던 아주머니도 있었다. 오래 전 농인과 소통을 위해 수화를 배운 적이 있는 작가의 시선은 낮은 곳, 그늘진 곳을 향한다. 구두 수선방을 나선 작가는 전봇대가 미소를 주고받는 듯한 기분에 젖어 감정 이입과 동일시同一視에 이른다. 화자가 전봇대에 대한 애정의 시선을 보낸 이유는 자신이 걸어온 행보와 무관하지 않기 때문이다.

작가는 전봇대와 주변 풍경의 단순한 묘사를 넘어, 수화를 배우고

월세방 광고로 집을 구했던 과거의 경험을 소환하며 공감을 이끌어 낸다. 〈전봇대 단상斷想〉에 등장하는 에피소드와 다양한 삽화는 낮은 곳을 바라보는 작가의 가치관을 내포하며 보편화된 전봇대 주변의 문화와 삶의 방식을 대변한다. 나아가 독자의 이해와 공감을 형성하고 정서적 경험을 확장시킨다.

인면수심의 추악한 일들이 신문 지상에 오르내린다. 국가의 녹을 먹고 사는 사람들이 자신의 잇속만 챙기고 법을 문란케 하고 있다. 온갖 말썽을 부리면서도 반성하기는커녕 오히려 큰소리친다. 적반하장 격이다. 도둑이 도리어 매를 드는 시대에 우리는 살고 있다.

전봇대는 두루 한 뼘 땅만 소유하고도 만족할 줄 안다.

오늘도 내일도 그 자리, 아무도 관심을 가져주지 않는 그 자리에서 말없이 자기가 맡은 일을 충실히 할 뿐이다

— 이용수의 〈전봇대 단상斷想〉에서

눈과 비바람 속에서도 의연한 전봇대는 세상에 그만한 쓰임으로 존재하는 것으로 자족自足한다. 작가는 그런 미덕을 지닌 전봇대와 교감하며 사물 통찰의 전형을 보여준다. 인간도 그만한 덕을 갖추기가 쉽지 않다. 작가가 바라본 현 사회는 골목의 파수꾼인 전봇대의 미덕조차 갖추지 못한 미숙한 사회다.

작가는 세상과 인간을 이해하고 현상 너머에 존재한 삶의 지혜를 찾기 위해 추상적인 이념이나 지식보다는 구체성을 지닌 현실에 관심을 갖기 마련이다. 작가가 자신의 삶을 성찰한 수필은 독자에게도

공감을 불러온다. 소소한 일상과 친화력이 강한 수필은 특별할 것 없는 일상에서 삶의 의미와 진실을 발견하기 때문이다.

  분주함 속에 자신을 맡긴 채 일상에 함몰된 현대인에게 삶의 의미를 성찰하고 반추하는 일은 쉬운 일만은 아니다. 작가의 객관적 경험과 주관적 의식이 혼합된 결과물인 수필 작품이 개인적인 차원에서 비롯된 성찰일지라도 일반적으로 확대되기 마련이다. 작가는 우리가 처한 낮고 그늘진 현실과 삶의 의미를 훼손하는 사회 문제에 대해 진지하고 예리한 비판의 시각을 견지해야 한다. 이러한 의식을 가진 작가들이 깊고 넓은 시선으로 바라본 자본주의의 현실은 비판적일 수밖에 없다.

《수필과비평》 2021. 12월호

수록작가 색인

강순지 〈담쟁이 발걸음〉 · 199
강천 〈국화를 위하여〉 · 264
　　〈나비의 출근길〉 · 207
강표성 〈그림자에 들다〉 · 220
강향숙 〈당신이 머무는 곳〉 · 14
김근우 〈공사중〉 · 189
김덕조 〈그해 겨울은 따뜻했다〉 · 217
김보성 〈안심安心〉 · 49
김사랑 〈도꼬마리〉 · 234
김삼복 〈호반우〉 · 138
김순경 〈승蠅, 덧없는 삶〉 · 268
김영도 〈벚꽃이 흐드러지는 날〉 · 45
김용순 〈꽃향유가 핀 작은 액자〉 · 102
　　〈청포도 맛 캔디 두 알〉 · 257
김은옥 〈복권〉 · 238
김잠출 〈반구천盤龜川에서〉 · 17
김재희 〈붓꽃〉 · 201
김정숙 〈소리와 통하다〉 · 236
김정태 〈밥이라 쓰고 법이라고 읽는다〉 · 248
김정화 〈막장〉 · 87
김진삼 〈파지 모으는 할아버지〉 · 43
김희숙 〈동動〉 · 71

나윤옥 〈발뒤꿈치〉 · 179
노혜숙 〈우연과 운명 사이〉 · 54
모임득 〈세시화〉 · 205
민명자 〈미라와 시간의 배를 타고〉 · 125
박랑숙 〈분명 진화입니다〉 · 52
박범수 〈조문 소회所懷〉 · 222
박석원 〈아름다운 마무리〉 · 130
박수경 〈아말감〉 · 287
박숙자 〈얼룩자국〉 · 255
박영득 〈쌍봉 낙타의 눈물〉 · 29
박종희 〈소반小盤〉 · 171
배혜숙 〈지국총 지국총 어사와〉 · 11
백남일 〈소유의 득실〉 · 100
백현숙 〈겨울 햇살〉 · 274
변종호 〈인두의 궤적 낙화烙畵〉 · 160
　　　〈칠漆〉 · 284
봉혜선 〈책등이 사는 나라〉 · 146
서순옥 〈그녀의 보따리〉 · 38
송복련 〈방심〉 · 121
신규 〈황천길은 주막조차 없다는데〉 · 128
신정호 〈겨울여행〉 · 81
신현순 〈걸어가는 사람〉 · 281

심선경 〈인생수선〉 · 68
안경덕 〈발바닥을 읽다〉 · 177
양희용 〈6905〉 · 243
오금자 〈벚꽃 엔딩〉 · 133
오순진 〈은비령을 걷다〉 · 27
유병덕 〈황색 신호등〉 · 194
유영희 〈트루먼의 인사〉 · 18
윤석희 〈곳간 헐어내다〉 · 97
윤혜주 〈그늘의 말〉 · 295
이동실 〈고통의 무게〉 · 173
이방주 〈지렁이가 품은 우주〉 · 214
이성환 〈역린을 건드리다〉 · 83
이양주 〈어린 나그네〉 · 56
이에스더 〈소년과 안개꽃〉 · 65
이용미 〈멀리 뛰기〉 · 162
이용수 〈전봇대 단상斷想〉 · 305
이정숙 〈페달 밟기〉 · 163
이치운 〈이번만〉 · 175
　　　〈짠맛, 익숙함을 깨우다〉 · 104
이행희 〈나와 친구가 되고 싶다〉 · 89
임낙호 〈쥐다래〉 · 134
임철호 〈산길에서 만난 노인〉 · 41
장미숙 〈극한을 향하여〉 · 119
　　　〈숨바꼭질〉 · 143
　　　〈여러 개의 눈〉 · 75
전미란 〈에로틱한 창〉 · 36

정태헌 〈울게 하소서〉 · 192
제은숙 〈쓴다〉 · 24
　　　〈절대독자〉 · 271
조기호 〈자금우紫金牛를 만나다〉 · 289
조남숙 〈피아노 광상곡〉 · 148
조헌 〈가슴 아픈 비상飛上〉 · 301
　　　〈애기똥풀〉 · 252
진가록 〈두루마리를 풀다〉 · 73
진해자 〈고사리순〉 · 114
차재문 〈메모개론〉 · 156
최계순 〈아버지의 훈장〉 · 241
최명임 〈누괵, 그 아우성을 읽다〉 · 63
최미아 〈부록 같은 가을날〉 · 20
　　　〈의문의 일패〉 · 31
최연실 〈씨감자〉 · 231
최운숙 〈위로〉 · 140
하재열 〈밥 주는 데요〉 · 298
한복용 〈껍질〉 · 184
　　　〈몬스테라와 같이〉 · 107
함무성 〈거미〉 · 111
허혜연 〈내 안에 비상구〉 · 116
홍정현 〈가방은 가방이다〉 · 187
　　　〈위풍당당 저주사건〉 · 92
황선유 〈적막의 두 관점〉 · 58
황진숙 〈헌책 경전〉 · 165

엄현옥 문학평론집

공감의 윤리학

인쇄 2025년 7월 1일
발행 2025년 7월 3일

지은이 엄현옥
발행인 서정환
펴낸곳 수필과비평사
주 소 서울시 종로구 삼일대로 32길 36(운현신화타워) 305호
전 화 (02) 3675-3885, (063) 275-4000
팩 스 (063) 274-3131
이메일 essay321@hanmail.net
출판등록 제300-2013-133호
인쇄·제본 신아출판사

저작권자 ⓒ 2025, 엄현옥
이 책의 저작권은 저자에게 있습니다. 서면에 의한 저자의 허락없이 내용의 일부를 인용하거나 발췌하는 것을 금합니다.
COPYRIGHT ⓒ 2025, by Um Hyeonok
All rights reserved including the rights of reproduction in whole or in part in any form.
저자와 협의, 인지는 생략합니다.
잘못된 책은 바꿔 드립니다

ISBN 979-11-5933-579-2 03810
값 20,000원

Printed in KOREA